BRAHMS-STUDIEN

BAND 17

Im Auftrag der
Johannes-Brahms-Gesellschaft
Internationale Vereinigung e.V.
Herausgegeben
von

Beatrix Borchard und Kerstin Schüssler-Bach

VERLEGT BEI HANS SCHNEIDER • TUTZING

2014

ISBN 978-3-86296-072-9

© 2014 by Hans Schneider, D-82323 Tutzing

Alle Rechte vorbehalten, insbesondere die des Nachdrucks und der Übersetzung.
Ohne schriftliche Genehmigung des Verlages ist es auch nicht gestattet, dieses
urheberrechtlich geschützte Werk oder Teile daraus in einem photomechanischen
oder sonstigen Reproduktionsverfahren zu vervielfältigen und zu verbreiten.

Herstellung:
Belichtung u. Druck: Printservice Bokor, 83646 Bad Tölz
Bindung: Verarbeitung Georg Bauer, 85622 Weißenfeld
Gedruckt auf alterungsbeständigem Papier
www.schneider-musikbuch.de

INHALT

VORWORT 9

THOMAS SYNOFZIK (ZWICKAU)
Domenico Scarlatti – Clara Schumann – Johannes Brahms
Neues zu einer Dreiecksbeziehung 11

ANDRÉ PODSCHUN (HAMBURG)
„Hüte dich nur und bewahre deine Seele wohl"
Der „Tag von Potsdam" und der dritte der *Fest- und Gedenksprüche* von
Johannes Brahms 29

MICHAEL STRUCK (KIEL)
Skandal in Kopenhagen? Johannes Brahms' Aufenthalt in der dänischen
Hauptstadt anno 1868 51

KERSTIN SCHÜSSLER-BACH (HAMBURG)
„Fragmente aus melancholischen Balladen"
Die *Ophelia-Lieder* von Johannes Brahms und ihre Transkription für Sopran
und Streichquartett durch Aribert Reimann 79

ROBERT PASCALL (NOTTINGHAM)
Johannes Brahms und Charles Villiers Stanford: Der Briefwechsel . . 97

ANDREAS ZURBRIGGEN (BERN)
Eduard Brinckmeier als Übersetzer des „Gesang aus Fingal".
Eine Richtigstellung 113

STYRA AVINS (NEW YORK)
Revision des Requiems: Ein Brief in Dresden und
Brahms' Schweizer Reise mit seinem Vater 135

KATRIN BOCK, ULRICH TADDAY (BREMEN)
Bericht zum Fund der Bremer Fassung des *Triumphliedes* in C-Dur
von Johannes Brahms 153

NORS S. JOSEPHSON (DEIDESHEIM)
Zyklische Intervalltechniken in der Musik von Johannes Brahms . . 163

JÜRI REINVERE (BERLIN)
Lebenskreuzungen – Wie Brahms' Musik die Menschen trifft . . . 183

MICHAEL STRUCK (KIEL)
Wie soll man Johannes Brahms' 5. *Ungarischen Tanz* spielen?
Ein ‚unbekanntes' Schreiben des Komponisten 197

NIKLAS SCHMIDT (HAMBURG)
Brahmsiade Hamburg 2013. Johannes Brahms zwischen Tradition
und Aufbruch 205

NORBERT MEURS (MAINZ)
Die schöne Magelone von Johannes Brahms
Anmerkungen zur Schallplatten- und Aufführungsgeschichte
eines problematischen Zyklus 211

CD-REZENSIONEN 223

JOHANNES BEHR, KATRIN EICH, MICHAEL STRUCK (KIEL)
Neues aus der Kieler Forschungsstelle der Neuen Brahms-Ausgabe . 229

WOLFGANG SANDBERGER (LÜBECK)
Neues aus dem Brahms-Institut an der Musikhochschule Lübeck
Bericht aus den Jahren 2012–13 237

DIE AUTORINNEN UND AUTOREN DER BEITRÄGE 249

Vorwort

Neues zu Brahms – geht das überhaupt noch? In diesem Heft der *Brahms-Studien* geben unsere Autorinnen und Autoren eine positive Antwort: denn bislang unbekannte Quellen und ungewohnte Perspektiven ergänzen und revidieren tradierte Brahms-Bilder.

‚Brahms-Interpretationen' im weitesten Sinne interessieren uns als Herausgeberinnen. Auch das zweite Heft unter unserer Schriftleitung vereint daher Werkanalysen und biographische Betrachtungen mit Schlaglichtern auf Brahms' Präsenz im aktuellen Musikleben.

Eine sehr persönliche, essayistische Sicht auf Brahms' Bedeutung für seinen eigenen Werdegang entwirft der estnische Komponist Jüri Reinvere. Niklas Schmidt, der langjährige Cellist des Trio Fontenay, hat eine kammermusikalische *Brahmsiade* in Hamburg angeregt, und mit dem Liedzyklus *Die schöne Magelone* auf Tonträger sowie in der heutigen Konzertpraxis beschäftigt sich Norbert Meurs. Ein Beispiel für Brahms-Bearbeitungen der Moderne beleuchtet Kerstin Schüssler-Bach mit den subtilen Transkriptionen der *Ophelia-Lieder* durch Aribert Reimann. Brahms' zyklische Intervalltechniken, die weit ins 20. Jahrhundert weisen, legt Nors S. Josephson in seiner Analyse frei.

Neue Dokumente zu Brahms? Man mag es kaum glauben. Aber mit teils detektivischem Spürsinn wird immer wieder Überraschendes zu Tage gefördert. Über ihren spektakulären Fund der Bremer Fassung des *Triumphlieds* berichten Katrin Bock und Ulrich Tadday. Thomas Synofzik gewinnt aus einem von Clara Schumann und Brahms verwendeten Manuskript mit Scarlatti-Sonaten Rückschlüsse auf Clara Schumanns Konzertrepertoire. Zwei unbekannte Briefe von Brahms werden entschlüsselt: Styra Avins trägt mit einem von Brahms und seinem Vater unterzeichneten Brief Interessantes zur Entstehungsgeschichte des *Deutschen Requiems* bei. Und auch zu einem der populärsten Brahms-Stücke gibt es noch Neues zu sagen, wie Michael Struck mit Erkenntnissen zur Aufführungspraxis des 5. *Ungarischen Tanzes* anhand eines Schreibens des Komponisten beweist. Brahms' Bibliotheksbestand belegt, wie Andreas Zurbriggen zeigt, dass nicht Herder, sondern Eduard Brinckmeier der Übersetzer seiner Ossian-Vertonung *Gesang aus Fingal* ist. Robert Pascall stellt die Korrespondenz zwischen Brahms und dem englischen Komponisten Charles Villiers Stanford vor.

Den politischen Konnotationen von Brahms' Werken widmen sich zwei Aufsätze: Ob Brahms' Affront gegen den einstigen Kriegsgegner Dänemark tatsächlich Auswirkungen auf seine Kopenhagener Konzertreise 1868 hatte, fragt Michael Struck. Und André Podschun untersucht die überraschende nationalsozialistische Funktionalisierung des dritten der *Fest- und Gedenksprüche* am „Tag von Potsdam" 1933.

Das Brahms-Spektrum ergänzen Rezensionen einiger herausragender Neueinspielungen von Brahms' Werken sowie Informationen aus den beiden großen deutschen Brahms-Forschungsstätten: Johannes Behr, Katrin Eich und Michael Struck berichten aus der Kieler Forschungsstelle der Neuen Brahms-Ausgabe. Wolfgang Sandberger präsentiert die Arbeit der letzten Jahre am Brahms-Institut Lübeck.

Unser herzlicher Dank gilt allen Autorinnen und Autoren der Beiträge sowie Florian Rügamer für seine sorgfältige Redaktionsassistenz und Trefor Smith für seine Überprüfung der englischen abstracts. Ganz besonders bedanken wir uns zudem bei Jakob Staempfli, der der Johannes-Brahms-Gesellschaft Hamburg nach Auflösung der Johannes-Brahms-Gesellschaft Schweiz, Gwatt eine freundliche Spende für die Drucklegung dieser *Brahms-Studien* zukommen ließ.

Hamburg, im Juni 2014
Beatrix Borchard und Kerstin Schüssler-Bach

THOMAS SYNOFZIK

Domenico Scarlatti – Clara Schumann – Johannes Brahms
Neues zu einer Dreiecksbeziehung

Abstract. This article discusses a recently discovered manuscript containing 14 sonatas by Domenico Scarlatti which is now kept in the Robert-Schumann Haus in Zwickau. Johannes Brahms often performed these sonatas in public, and according to a note written by Clara Schumann's grandson Ferdinand Schumann, he had them copied out for Clara. This was done by a Hamburg copyist (McCorkle No. 6), and the copy also contains entries by both Brahms and Clara Schumann. It can be shown that since 1839 Clara had been playing sonatas by Domenico Scarlatti regularly and had owned the same Carl Czerny (1839/40) edition from which the sonatas were copied. By consulting the new manuscript, as well as other documents, most of the Scarlatti sonatas that appear on Clara Schumann's concert programmes can now be identified.

„Scarlatti liebe ich nicht ausnehmend, das macht aber die Gleichheit seiner Sachen (in Form und Charakter), einzelne Stücke spiele ich gern."[1]

Brahms' briefliche Stellungnahme aus dem Jahr 1856 verrät keine übermäßige Begeisterung für die Klaviersonaten Domenico Scarlattis. Später aber huldigte Brahms dem italienischen Meister am Anfang seines Lieds op. 72 Nr. 5 durch ein Zitat der Anfangstakte aus der Sonate K. 412[2] und verfügte in seiner Musikaliensammlung über wichtige handschriftliche und gedruckte Quellen zu weit über 300 Sonaten Scarlattis.[3]

Brahms' Äußerung entstammt einen Brief, den er Anfang Dezember 1856 aus Hamburg an Clara Schumann in Kopenhagen schrieb. Clara

---

[1] *Clara Schumann – Johannes Brahms. Briefe aus den Jahren 1853–1896*, hrsg. von Berthold Litzmann, Bd. 1, Leipzig 1927, S. 197.

[2] Vgl. Franzpeter Goebels, „Scarlattiana. Bemerkungen zur Scarlatti-Rezeption von Johannes Brahms", in: *Musica* 40/1986, S. 320–328. Die Nummerierung der Scarlatti-Sonaten folgt dem Werkverzeichnis von Ralph Kirkpatrick, *Domenico Scarlatti*, Bd. II, München 1972.

[3] Vgl. Kurt Hofmann, *Die Bibliothek von Johannes Brahms*, Hamburg 1974, S. 163.

Schumann war dort vom 11. November bis 13. Dezember 1856 zu sechs Konzerten zu Gast. Briefe Clara Schumanns an Brahms aus diesem Zeitraum sind verschollen. Brahms' Äußerung zu Scarlatti dürfte im vorausgehenden Brief durch Clara Schumann angeregt worden sein; sie steht im Brieftext selbst ohne direkten Kontext.

Auf den Programmen der sechs Kopenhagener Konzerte Clara Schumanns 1856 ist Scarlatti nicht vertreten. Bei ihrem letzten Besuch in Kopenhagen im Jahr 1842 war dies anders gewesen: die beiden ersten Konzerte am 3. und 5. April 1842 enthielten jeweils ein „Clavierstück" von Domenico Scarlatti. Und dies hatte Nachwirkung gehabt, in Form einer im Verlag Lose & Olsen erschienenen Einzelausgabe „Sonata pour le Piano seul … executee par Madame Clara Schumann".[4] Es handelt sich um die Sonate A-Dur K. 113. Die Ausgabe bildet ein Kuriosum, da sie komplett Ton für Ton mit Fingersätzen versehen ist. Obwohl Robert Schumann Verlagskontakte zu dem dänischen Verlag unterhalten hatte – seine Hans Christian Andersen gewidmeten *Fünf Lieder* op. 40 erschienen hier[5] – dürfte die Ausgabe schwerlich von Clara Schumann direkt autorisiert sein und Rückschlüsse auf die von ihr gewählten Fingersätze zulassen: die dänische Ausgabe erweist sich nämlich als ‚Raubkopie' aus der *Pianoforteschule des Conservatorium der Musik in Paris. Dritte Abtheilung: Auswahl grösserer Übungsstücke für das Piano-Forte von P. E. Bach, Seb. Bach, Clementi, Händel, Mozart, Scarlatti u.a. mit vorgezeichnetem Fingersatz*, Leipzig: Breitkopf & Härtel 1805.[6]

Wenigstens aber erlaubt die Ausgabe eine Identifikation des Scarlattischen „Clavierstücks", das Clara Schumann 1842 in Kopenhagen vortrug. An Robert Schumann in Leipzig schrieb Clara Schumann 1842 von dort: „Nach der Donna del lago Fantasie [von Sigismund Thalberg] wurde ich hervorgerufen mit einem wahren Sturm, und spielte dann noch das Ding von Scarlatti, auf welches sie hier ganz närrisch sind."[7]

„Das Ding" von Scarlatti[8] war offenbar ein Stück, das Robert Schumann zuzuordnen wusste – vermutlich verbarg sich hinter der seit 1839 in Clara

---

[4] Exemplar im Robert-Schumann-Haus Zwickau: 13.580–D1.
[5] Vgl. den Briefwechsel zwischen Robert Schumann und dem dänischen Verlag in *Schumann-Briefedition* III.8, Köln 2010, S. 257–272.
[6] Ein Druckfehler in T. 13, wo die Fingersatzziffern für Ober- und Unterstimme irrtümlich vertauscht sind, ist in der Kopenhagener Ausgabe berichtigt.
[7] Brief vom 11. April 1842, *Clara und Robert Schumann. Briefwechsel. Kritische Gesamtausgabe*, hrsg. von Eva Weissweiler, Bd. 3, Basel und Frankfurt am Main 2001, S. 1174.
[8] Vgl. auch Clara Wiecks Brief an Robert Schumann vom 3. Dezember 1839 über „das [Stück] von Scarlatti" (*Clara und Robert Schumann. Briefwechsel. Kritische Gesamtausgabe*, hrsg. von Eva Weissweiler, Bd. 2, Basel und Frankfurt am Main 1987, S. 812) –

Schumanns Konzertprogrammen immer wiederkehrenden Bezeichnung „Clavierstück" mit wenig Varianz dieses Stück, Scarlattis Sonate A-Dur K. 113. Das Repertoireverzeichnis von Berthold Litzmann belegt seit 1839 nur ein (nicht näher spezifiziertes) „Klavierstück" Domenico Scarlattis; erst ab 1846 kommen weitere, unspezifizierte „Klavierstücke" hinzu.[9]

1839 berichtete Clara Wieck ihrem Bräutigam von ihrem täglichen Überepertoire, die beiden ersten Etüden aus Johann Baptist Cramers Opus 50 und eine Sonate von Scarlatti („die habe ich so gern") – vermutlich wiederum die A-Dur-Sonate K. 113.[10]

Bis zur Publikation von zweihundert Scarlatti-Sonaten durch Carl Czerny 1839/40[11] war die Zahl in zeitgenössischen Ausgaben verfügbarer Stücke gering. Im Vorwort seiner Ausgabe räumt Carl Czerny Clara Schumann (die zu dieser Zeit noch unter ihrem Mädchennamen Clara Wieck auftrat) einen besonderen Rang ein: „in der neuesten Zeit haben Liszt und Clara Wieck durch den öffentlichen Vortrag seiner Fugen und Sonaten bewiesen, wie unverwüstlich deren Wert und glänzende Wirkung bleibt."[12]

Erstmals ausdrücklich auf Clara Wiecks Programmzetteln erwähnt wurde ein Stück von Scarlatti am 7. November 1839 bei einem Konzert in Stettin. Doch schon zuvor verraten Brief- und Tagebuchzeugnisse, dass Clara Wieck in privaten Zirkeln eine oder mehrere Fugen von Domenico Scarlatti spielte,[13] und auf solche Vorträge in Wiener Gesellschaftskreisen bezog sich vermutlich auch Carl Czerny. Als Quelle könnte die in Wien 1828 erschienene Ausgabe *Trois Fugues pour le Pianoforte ou l'Orgue par Dominique et Alexandre Scarlatti. Première Edition d'après un manuscript* gedient haben; die von Domenico Scarlatti die Fugen g-Moll K. 30 („Katzenfuge") und d-Moll K. 41 enthält.

---

auch hier ging sie offenbar davon aus, dass der Adressat wusste, um welches Stück es sich handelt.

[9] Berthold Litzmann, *Clara Schumann. Ein Künstlerleben. Nach Tagebüchern und Briefen*, Bd. 3: *Clara Schumann und ihre Freunde, 1856–1896*, Leipzig ³1910, S. 618f. Den ersten Programmzettel-Hinweis auf eine Repertoireerweiterung gibt ein Konzert am 4. Februar 1850 in Dresden, in dem Clara Schumann ein „Clavierstück D-Dur" von Scarlatti spielte (Programmsammlung Nr. 274, Robert-Schumann-Haus Zwickau, 10463–A4/C3).

[10] Brief vom 29. Juli 1839, *Clara und Robert Schumann. Briefwechsel*, Bd. 2, S. 667.

[11] Domenico Scarlatti, *Sämmtliche Werke für Pianoforte. Mit Bezeichnung des Fingersatzes von Carl Czerny*, Wien: Haslinger 1839/1840. Vgl. Robert Schumanns Rezension der ersten Lieferung in *Neue Zeitschrift für Musik* Bd. 10, Nr. 39: 14. Mai 1839, S. 153.

[12] Das Vorwort erschien allerdings erst im Dezember 1840 mit der 25. Lieferung. Carl Czerny lernte Clara Wieck bei einem Leipzig-Besuch im April 1836 kennen; es ist davon auszugehen, dass er sie auch bei ihrem Wien-Aufenthalt 1837/38 hörte.

[13] *Schumann-Briefedition* I.5, Köln 2013, S. 210/213.

Franz Brendel, der als Schüler Friedrich Wiecks dessen Tochter Clara seit den frühen 1830er-Jahren häufig spielen gehört hatte, rühmt ähnlich wie Czerny:

„Liszt und Clara Schumann haben Compositionen öffentlich gespielt, jener die Katzenfuge, diese eine Sonate, bemerkenswerth durch das Ueberschlagen der Hände."[14]

Auch Brendel kann sich nur auf die Sonate A-Dur K. 113 beziehen,[15] die eines von Scarlattis Bravourstücken in dieser Beziehung bildet.[16]

In der im Robert-Schumann-Haus mit ca. 1300 Konzertzetteln komplett erhaltenen Programmsammlung Clara Schumanns ist Scarlatti in über 100 Konzerten mit von Clara Schumann vorgetragenen Klaviersolostücken vertreten. Johannes Brahms hingegen ist nur in 75 Konzertprogrammen mit Klaviersolomusik präsent, und dabei kommt über 25 Mal allein das Brahms'sche Arrangement der Gavotte von Gluck (McCorkle Anh. Ia Nr. 2) zum Vortrag.[17] Bis 1856 sind die Vortragsstücke von Scarlatti auf den Programmzetteln Clara Schumanns mit einer Ausnahme[18] durchweg als

---

[14] Franz Brendel, *Geschichte der Musik in Italien, Deutschland und Frankreich von den ersten christlichen Zeiten bis auf die Gegenwart. Fünfundzwanzig Vorlesungen*, Leipzig ²1855, Bd. 1, S. 125.

[15] Auch eine ausnahmsweise recht konkrete Charakterisierung eines von Clara Schumann in ihrem Konzert am 31. März 1841 im Leipziger Gewandhaus vorgetragenen Klavierstücks von Scarlatti in der Zeitschrift *Der Salon. Beiblatt zur Eilpost für Moden* 16 (1841), S. 198 scheint gut auf die A-Dur-Sonate K. 113 zu passen: „Besonders bei diesem letztern erhielt die Concertgeberin stürmischen Applaus und wiederholte die Töne des neckischen Geistes, der in der Composition Scarlatti's über die Claviatur springt und der seiner Meisterin gehorcht."

[16] Die Behauptung „Clara Wieck is reported to have almost fallen from the piano stool while negotiating some acrobatic hand-crossing in one of them" (Malcom Boyd, *Domenico Scarlatti, Master of Music*, London 1986, S. 219) ist angesichts dieser Reputation Clara Schumanns unglaubwürdig; entsprechende Berichte sind nicht nachweisbar. Über zwei missglückte Aufführungen von Scarlatti-Stücken im Frühjahr 1847 in Prag und Berlin vgl. Litzmann, *Clara Schumann, Ein Künstlerleben*, Bd. 2, Leipzig 1905, S. 153 und Robert Schumann, *Tagebücher*, Bd. 2, hrsg. von Gerd Nauhaus, S. 413.

[17] In der Statistik der von Clara Schumann meistgespielten Komponisten bei Reinhard Kopiez/Andreas C. Lehmann/Janina Klassen, *Clara Schumann's collection of playbills: A historiometric analysis of life-span development, mobility, and repertoire canonization*, in: *Poetics* 37 (2009), S. 50–73, hier S. 63, wird Scarlatti hingegen ignoriert, Brahms steht mit 2,3% zwischen Mozart (2,1%) und Bach (3,1%). Die dortige Statistik schließt Klavierkonzerte und Klavierkammermusik ein, wodurch sich die hier genannte Zahl von 75 Nennungen für Brahms auf 120 erhöhen würde. Die Nicht-Berücksichtigung Scarlattis in der Studie erklärt sich möglicherweise daraus, dass die von Clara Schumann vorgetragenen Scarlatti-Stücke von den Autoren nicht konkret identifiziert werden konnten.

[18] Nr. 320 20. Dezember 1853 Amsterdam „Sonate".

„Clavierstück" bezeichet, nur zweimal erfolgt eine Tonartenangabe.[19] Auch in zwei russischen Zeitungsanzeigen wurde 1844 in Moskau spezifischer verfahren: als Titel erscheint die Tempobezeichnung „Presto", aus Sekundärquellen lässt sich auch die Tonartenangabe A-Dur erschließen.[20] Wiederum handelte es sich hier also zweifellos um die „Kopenhagener" Sonate K. 113, die in der Ausgabe von Lose & Olsen mit „Presto" überschrieben ist. Auch Clara Schumanns Kollegin und Freundin Wilhelmine Clauss-Szarvady hatte diese Sonate im Repertoire, wie ein im Robert-Schumann-Haus Zwickau erhaltenes Albumblatt von ihr beweist.[21]

Nach 1856 jedoch werden auf Clara Schumanns Programmzetteln in der Regel spezifische Tempobezeichnungen bei den Scarlatti-Sonaten gedruckt – ein Hinweis auf größere Differenzierung in der Repertoireauswahl. Diese stärkere Ausdifferenzierung der von Domenico Scarlatti vorgetragenen Stücke in den Konzertprogrammen Clara Schumanns seit 1856 fällt zeitlich zusammen mit der eingangs zitierten Briefstelle von Johannes Brahms. Hinzu kommt ein vom Clara-Schumann-Biographen Berthold Litzmann gebotener Repertoirenachweis, der anscheinend auf den ihm noch zugänglichen, später aber vernichteten Tagebüchern Clara Schumanns für diese Zeit beruht.[22] Letztmalig verzeichnet Litzmann für 1856 eine Erweiterung des Repertoires an Klavierstücken Scarlattis. Es handelt sich nun um immerhin acht Einzelstücke, die mit Tempo- und Tonartangaben spezifiziert sind (Tab. 1).

Tempo di ballo D-dur [1]
Allegrissimo G-moll [2]
Allegro vivace F-moll [3]
Presto G-dur [4], A-dur [5]
Allegro C-dur [6]
Allegretto A-moll [7]
Andante C-moll [8]

Tab. 1 Scarlatti-Studienwerke und Repertoire Clara Schumanns 1856 (nach Litzmann)

---

[19] Nr. 274 4. Februar 1850 Dresden „Clavierstück (D-dur)"; Nr. 408 17. Juni 1856 London „CLAVIERSTÜCK IN A MAJOR".
[20] Olga Losseva, *Die Russlandreise Clara und Robert Schumanns (1844)*, Mainz 2004 (= Schumann Forschungen 8), S. 144.
[21] Robert-Schumann-Haus Zwickau: 7692–A1; signiert „Utrecht den 6t Dez. 1854".
[22] Litzmann, *Clara Schumann*, Bd. 3, S. 621. Die Liste „Studienwerke und Repertoire" folgt nach Angabe Litzmanns ab 1831 den Programmzetteln, „in den meisten Fällen [werde] jedes Stück da genannt, wo es zuerst in den Programmen vorkommt. Da diese häufig ungenau sind, wurden, wo es nötig und möglich war, ... Tonarten nach den Handexemplaren und dem Tagebuch ergänzt." Keine der in diesem Fall gebotenen Informationen kann auf Clara Schumanns Programmzettel des Jahres 1856 zurückgehen.

Das Robert-Schumann-Haus Zwickau verfügt seit kurzem über eine auf indirektem Weg aus dem Nachlass des Schumann-Enkels Ferdinand in den Bestand gekommene Abschrift von vierzehn Sonaten Domenico Scarlattis. Sie stammt aus dem Besitz Clara Schumanns, Außen- und Innentitel sind von Johannes Brahms geschrieben. Auf der Umschlaginnenseite befindet sich eine handschriftliche Notiz Ferdinand Schumanns: „Diese Sonaten, später im Druck erschienen, hier in der Abschrift des Copisten vorliegend, liebte Brahms besonders. Er spielte sie öfters öffentlich in eigenen Conzerten und ließ diese Abschrift für Clara Schumann anfertigen. Titelaufschrift auf dem Deckel und auf der ersten Seite sind von seiner Hand."[23] Die enthaltenen Sonaten verzeichnet Tab. 2.

S.	Tonart	Tempobezeichnung	Kirkpatrick	Czerny
2–3	g-Moll	Allegrissimo	K. 450	44
4–5	D-Dur	Non Presto ma a Tempo di Ballo	K. 430	50
6–9	A-Dur	Prestissimo	K. 113 [Allegro]	52
10–12	C-Dur	Molto Allegro	K. 487 [Allegro]	55
13–15	A-Dur	Allegro vivace	K. 39 [Allegro]	65
16–19	E-Dur	Molto Allegro vivace	K. 216 [Allegro]	66
20–21	fis-Moll	Allegro vivace	K. 447 [Allegro]	151
22–24	B-Dur	Allegro	K. 551	184
25–27	D-Dur	Allegro vivace	K. 535 [Allegro]	185
28–30	f-Moll	Allegro vivace	K. 519 [Allegro assay]	189
31–33	d-Moll	Prestissimo	K. 517	190
34–35	F-Dur/ f-Moll	Andante cantabile	[Muzio Clementi?]	195
36–37	c-Moll	Allegro	K. 11 [ohne Bezeichnung]	17
38–41	A-Dur	Presto	K. 24	30

Tab. 2 Inhalt der Handschrift Robert-Schumann-Haus Zwickau: 12.Dep.Petzschmann,24–A1c.

Als Schreiber der Notenhandschrift wurde von Johannes Behr (Johannes Brahms Gesamtausgabe – Forschungsstelle, Musikwissenschaftliches Insti-

---

[23] Robert-Schumann-Haus Zwickau: 2012.Dep.Petzschmann,24–A1c. Es folgt noch die Widmung: „Herrn Dr. med. Petzschmann in Mülsen St. Jacob zum Andenken und in dankbarer Verbundenheit von Ferdinand Schumann, Reinsdorf im Juni 1946".

tut der Universität Kiel) der McCorkle-Kopist Nr. 6[24] identifiziert.[25] Dieser gilt als Hamburger Kopist; die bisher nachweisbaren Kopien entstammen dem Zeitraum 1858/59.

Teilweise gibt es Korrekturen, die zum Teil noch vom Kopisten selbst (Abb. 1a), teilweise von Johannes Brahms oder Clara Schumann (Abb. 1b sowie T. 1 der unten folgenden Abb. 2) stammen.

Abb. 1a Korrektur des Kopisten (durch Rasur) (Robert-Schumann-Haus Zwickau: 12.Dep.Petzschmann,24–A1c, S. 31, T. 10)

Abb. 1b Vermutlich von Johannes Brahms (oder Clara Schumann) in Rötel ergänztes Kreuz-Akzidenz (Robert-Schumann-Haus Zwickau: 12.Dep.Petzschmann,24–A1c, S. 3, T. 3).

Einen Sonderfall bilden die beiden letzten Sonaten. Einerseits fallen sie aus der bis dahin chronologischen Folge der Nummerierungen der Czerny-Ausgabe heraus: Zunächst werden Sonaten abgeschrieben, die in der Czerny-Ausgabe zwischen den Nummern 40 und 195 zu finden sind, dann folgen die letzten beiden, die bei Czerny unter den Nummern 17 und 30 laufen. Zudem wurde bei diesen beiden Sonaten nur der Notentext vom Kopisten eingetragen, sämtliche Tempobezeichnungen und Eintragungen zur Dynamik sind hingegen – in Gemeinschaftsarbeit – erst nachträglich von Johannes Brahms und Clara Schumann ergänzt. Der Wechsel von Eintragungen Clara Schumanns zu Eintragungen von Johannes Brahms erfolgt zwischen zweitem und drittem System der letzten Sonate K. 24 (Abb. 2).

---

[24] Vgl. Margit McCorkle, *Johannes Brahms. Thematisch-bibliographisches Werkverzeichnis*, München 1984, S. 812.
[25] Freundliche Mitteilung vom 8. August 2013.

Leider können die ergänzten Eintragungen zu Dynamik und Tempo (wie im Fall der Fingersätze in der Kopenhagener Ausgabe von K. 113) nur bedingt als Zeugnis der Aufführungspraxis von Brahms und Clara Schumann angesehen werden: sie sind fast sämtlich aus der Ausgabe von Carl Czerny übernommen.[26]

Abb. 2 Domenico Scarlatti, Sonate K. 24 (Robert-Schumann-Haus Zwickau: 12.Dep.Petzschmann,24–A1c), Kopistenhandschrift mit Korrekturen und Nachträgen von Clara Schumann und Johannes Brahms

Diese beiden Sonaten K. 11 und K. 24 sind die einzigen, die aus der frühen gedruckten Sammlung der 1739 in London erschienenen *Essercizii* stammen. Im eingangs zitierten Brief von Johannes Brahms an Clara Schumann fuhr dieser fort:

„Ich habe gerade einen guten Band. Und dann denke den Unterschied, die Czernysche Ausgabe oder diese alte herrliche besitzen!!"[27]

Schon Elisabeth McKay vermutete, dass es sich bei dem erwähnten Band um das für Brahms' Musikalienbibliothek nachgewiesene Originalexemplar

---

[26] Am Anfang von T. 4 notiert Czerny nicht sf, sondern ff; das sf in T. 15 wurde von Brahms offenbar in Analogie zu T. 14 ergänzt – es fehlt bei Czerny.

[27] Litzmann, *Clara Schumann – Johannes Brahms. Briefe*, S. 197.

der *Essercizii* von 1739 handeln dürfte,[28] das einen entsprechenden Datierungseintrag aufweist. Somit läge nahe, dass für diese beiden letzten Sonaten der handschriftlichen Sammlung der Originaldruck die Kopisten-Vorlage bot. Alle anderen Sonaten wurden nach der Ausgabe von Carl Czerny 1839/40 kopiert, wie die mit dessen Ausgabe übereinstimmenden hinzugefügten Bezeichnungen zu Artikulation und Dynamik verraten.[29]

Nur ein äußerliches Indiz für diese Vermutung gibt die Tatsache, dass der Zeilenumbruch in der Mitte des vierten Takts der Sonate K. 24 bei der ersten Zeile im Druck von 1739 und der Abschrift übereinstimmt. Aussagekräftiger ist die Tatsache, dass in den ersten Takten des B-Teils derselben Sonate nach 3 1/2 Takten anderthalb Takte leer gelassen wurden. In der Ausgabe von 1739 fehlt hier in Takt 4 des B-Teils ein halber Takt; die Ausgabe Czernys ergänzt die fehlende Takthälfte stillschweigend durch Wiederholung der vorausgehenden Takthälfte.

Wie zuvor gezeigt, folgen die nachträglich von Brahms und Clara Schumann zu diesen beiden Sonaten ergänzten Tempo- und Artikulationsbezeichnungen sowie die dynamischen Angaben dann jedoch ebenfalls der Ausgabe von Carl Czerny. Robert Schumanns Musikaliensammlung enthielt diese Ausgabe,[30] Clara Schumann hatte also direkten Zugang dazu; schon vor der Hochzeit hatte sie 1840 einzelne Lieferungen von Robert Schumann entliehen.[31] Brahms besaß zu dieser Zeit keine vollständige Ausgabe der von ihm sehr geschätzten Czerny-Ausgabe, die er erst 1884, offenbar bei einer Auktion, erwerben konnte.[32]

---

[28] Elizabeth McKay, „Brahms and Scarlatti", in: *The Musical Times* 130 (1990), S. 586–88 (vgl. zu diesem Artikel auch die Korrekturen von Klaus Häfner, in: *The Musical Times* 131 [1990], S. 10).

[29] Erst später dürfte Brahms seine siebenbändige Sammlung von Abschriften des römischen Musiksammlers Fortunato Santini erworben haben, die Czerny als Vorlage seiner Ausgabe nutzte. Da Czernys Nachlass in die Gesellschaft für Musikfreunde gelangte, wäre naheliegend, dass Brahms während seiner Tätigkeit als artistischer Direktor der Gesellschaft 1872–1875 Zugang zu den Manuskripten erlangt haben könnte.

[30] Musikalienverzeichnis (Abschrift), Robert-Schumann-Haus Zwickau: 5678–A3c, S. 29 „sämmtliche Werke f. Clavier. 2 Bde."

[31] Vgl. die am 4. und 23. Mai zwischen Clara Wieck in Berlin und Robert Schumann in Leipzig gewechselten Briefe, *Clara und Robert Schumann. Briefwechsel*, Bd. 3, S. 1018 und 1047.

[32] Vgl. die Ankündigung der Auktion im Brief an Fritz Simrock vom 1. Mai 1884 und Brahms' Angabe, er besitze diese Ausgabe nun, im Brief an Simrock vom 25. Oktober 1884 (Johannes Brahms, *Briefe an Fritz Simrock*, hrsg. von Max Kalbeck, Berlin 1919 (= Briefwechsel Bd. 11), S. 62 und S. 77). Zur Wertschätzung vgl. den Brief vom 30. Oktober 1884 über „die ausgezeichnete Ausgabe von Czerny" (ebd., S. 78).

Die Notiz des Enkels Ferdinand Schumann ist also zumindest in der Behauptung irrig, die Sonaten seien erst „später im Druck erschienen" (vgl. Anm. 23). Auch hinsichtlich des von Ferdinand Schumann angegebenen Zwecks der Handschrift sind Zweifel angebracht: Waren es wirklich die Favoritstücke von Brahms, die dieser für Clara Schumann abschreiben ließ? Wenn es nicht einfach darum ging, eine Auswahl des Studien- und Konzertrepertoires in einem Band vereinigt zu haben, hätte zu dieser Zeit eher Brahms Verwendung für die Sammlung haben können als Clara Schumann, die die originalen Druckausgaben besaß. Näherliegend also wäre, dass Clara Schumann ihre Lieblingsstücke für Brahms abschreiben ließ. Das könnte bei einem gemeinsamen Hamburg-Aufenthalt von Clara Schumann und Johannes Brahms geschehen sein. Die bisher nachweisbaren Brahms-Abschriften des Kopisten Nr. 6 (vgl. Anm. 24) stammen aus den Jahren 1858/59. Zu erwägen wäre die Entstehung bereits im Dezember 1856 – wenige Tage nach dem eingangs zitierten Brief reiste nämlich Clara Schumann am 14. Dezember von Kopenhagen nach Hamburg und am 17. Dezember von dort gemeinsam mit Johannes Brahms nach Düsseldorf. Doch ist wohl kaum davon auszugehen, dass Clara Schumann ihr Reisegepäck mit der kompletten Scarlatti-Ausgabe von Carl Czerny belastete. 1857 war Brahms nicht in Hamburg, 1858 Clara Schumann nicht – der nächste gemeinsame Aufenthalt fand vom 30. Mai bis 9. Juni 1858 statt,[33] was ein mögliches Datum der Anfertigung der Scarlatti-Handschrift bietet. Als dann Brahms später seine reichhaltige Scarlatti-Sammlung mit ca. 400, vielfach ungedruckten, Sonaten aufgebaut hatte, könnte er das Manuskript Clara Schumann zurückgegeben haben.

Ferdinand Schumanns Behauptung, Brahms habe die Sonaten „öfters öffentlich in eigenen Conzerten" (vgl. Anm. 23) gespielt, ist nicht nachprüfbar, da die auf Brahms' Konzertzetteln erscheinenden Scarlatti-Sonaten durchweg schlicht als „Capriccio", ohne nähere Spezifikationen, ausgewiesen sind. Die Konzertaufstellung von Renate und Kurt Hofmann verzeichnet 18 Konzerte im Zeitraum zwischen dem 2. November 1866 und dem 23. September 1879, in denen Brahms insgesamt 28 Sonaten von Scarlatti spielte.[34] Da Brahms 1866 anscheinend weder seine handschriftliche Santini-Sammlung (vgl. Anm. 28) noch die Czerny-Ausgabe besaß, wäre es naheliegend, dass er in der Tat die vorliegende Abschriftensammlung nutzte, will

---

[33] Litzmann, *Clara Schumann*, Bd. 3, S. 37.
[34] Renate und Kurt Hofmann, *Johannes Brahms als Pianist und Dirigent. Chronologie seines Wirkens als Interpret*, Tutzing 2006 (= *Veröffentlichungen des Archivs der Gesellschaft der Musikfreunde in Wien* 6), S. 395.

man nicht annehmen, er habe aus dem über 125 Jahre alten Originaldruck gespielt.

Zehn der Sonaten der handschriftlichen Sammlung sind am Anfang durch eine Ankreuzung in der linken oberen Ecke der jeweiligen Anfangsseite besonders gekennzeichnet. Die so bezeichneten Sonaten bilden – mit einer Ausnahme[35] – gleichzeitig die Schnittmenge[36] aus der vorliegenden handschriftlichen Sammlung und einer Auswahlausgabe von 20 Sonaten Domenico Scarlattis, die Clara Schumann im Verlag Breitkopf & Härtel im Februar 1884 veröffentlichte:[37]

d-Moll	Allegro	K. 1	6
G-Dur	Presto	K. 2	7
a-Moll	Presto	K. 7	12
c-Moll	Allegro	K. 11	17
E-Dur	Presto	K. 20	26
D-Dur	Allegro	K. 21	27
A-Dur	Presto	K. 24	30
A-Dur	Presto	K. 26	32
D-Dur	Presto	K. 29	36
A-Dur	Allegrissimo [Allegro]	K. 113	52
C-Dur	Allegro	K. 159	71
D-Dur	Non presto, ma a tempo di ballo	K. 430	50
g-Moll	Allegrissimo	K. 450	44
D-Dur	Allegro	K. 96	79
C-Dur	Allegro	K. 487	55
d-Moll	Prestissimo	K. 517	190
f-Moll	Allegro assai	K. 519	189
B-Dur	Allegro	K. 551	184

---

[35] Die nicht authentische, wahrscheinlich von Muzio Clementi stammende, Sonate F-Dur/f-Moll Andante cantabile (Czerny Nr. 195). Clara Schumann nahm sie nicht in ihre bei Breitkopf & Härtel erschienene Auswahlausgabe auf.
[36] Die Sonaten K.11, K. 24, K. 113, K. 430, K. 450, K. 487, K. 517, K. 519, K. 551.
[37] Vgl. Claudia de Vries, *Die Pianistin Clara Wieck-Schumann. Interpretation im Spannungsfeld von Tradition und Individualität*, Mainz 1996 (*Schumann Forschungen* 5), S. 282f.; Hans-Joachim Hinrichsen, *Musikalische Interpretation. Hans von Bülow*, Stuttgart 1999, S. 207ff. sowie die in Vorbereitung befindliche Ausgabe des Briefwechsels zwischen Clara Schumann und Breitkopf & Härtel, die zeigt, wie sehr sich Clara Schumann darum bemühte, diese instruktive Ausgabe „ohne Beigabe von weiteren Bezeichnungen" (Brief des Verlags vom 12. April 1883, siehe auch Fußnote 50) zu halten.

| G-Dur | Allegro | K. 523 | 197 |
| G-Dur | Allegro vivace [Vivo] | K. 125 | 1 |

Tab. 3 Domenico Scarlatti, *Zwanzig ausgewählte Sonaten für Pianoforte* [hrsg. von Clara Schumann], Leipzig: Breitkopf & Härtel 1884

Die Vermutung liegt nahe, dass die Scarlatti-Repertoireerweiterung Clara Schumanns im Jahr 1856 und die handschriftliche Brahms'sche Sammlung in irgendeiner Weise zusammenhängen. Vier Stücke aus der Gruppe der von Berthold Litzmann aufgeführten Sonaten werden nun eindeutig identifizierbar.

1) Der am häufigsten in den Konzertprogrammen Clara Schumanns auftretende Einzelsatz Scarlattis ist ein „Tempo di Ballo". Zwischen 1857 und 1884 erscheint die Bezeichnung insgesamt 33 Mal in Clara Schumanns Konzertprogrammen. Es gibt nur einen Kandidaten, die Sonate D-Dur K. 430; die vollständige Satzbezeichnung lautet „Non presto mà a tempo di ballo". Die Sonate ist sowohl in der Handschrift als auch in der Ausgabe Clara Schumanns vertreten; in Litzmanns Repertoireliste ist es die mit der Nummer [4] versehene Sonate. Auch diese Scarlatti-Sonate erschien in einer Einzelausgabe mit Hinweis auf die Konzertvorträge Clara Schumanns.[38]

2) Achtmal tritt das zuvor erwähnte Tempo di Ballo K. 430 in Kombination mit einem weiteren Scarlatti-Lieblingsstück Clara Schumanns auf, einem Allegrissimo. Die Satzbezeichnung findet sich insgesamt 14 Mal in Clara Schumanns Programmzetteln, erstmals am 28. Dezember 1857 (Abb. 3).[39] Obwohl in Clara Schumans Ausgabe auch die eingangs besprochene Sonate A-Dur K. 113 mit derselben Tempobezeichnung versehen ist,[40] dürfte es sich in den Programmen zumeist um die Sonate g-Moll K. 450 handeln, da die Tempobezeichnung Allegrissimo auf zwei Programmzetteln aus den

---

[38] Domenico Scarlatti, *Tempo di Ballo*. In ihren Concerten gespielt von Clara Schumann, Pest: Rózsavölgyi (August 1859). Am 28. August 1858 hatte Clara Schumann das Stück erstmals in Pest öffentlich gespielt (vgl. Robert-Schumann-Haus Zwickau: 10463–A4/C2, Nr. 487).
[39] Robert-Schumann-Haus Zwickau: 10463–A4/C2, Nr. 460 München. Am 15. Dezember 1857 erklangen in Winterthur zwei unspezifisch bleibende „Clavierstücke" Scarlattis, bei denen es sich ebenfalls bereits um dieses im folgenden Monat noch dreimal in dieser Folge erklingende Paar aus Tempo di Ballo und Allegrissimo handelte.
[40] Abweichend von Brahms' handschriftlicher Sammlung („Prestissimo", ebenso Czerny); die von Clara Wieck ursprünglich benutzte Ausgabe von Breitkopf & Härtel (vgl. oben zu Anm. 6) überschreibt „Presto".

```
                    MÜNCHEN.
            Montag den 28. December 1857:
         im grossen Saale des Museum,

         Soirée musicale
                        von
         Frau Clara Schumann,
         Kaiserl. Königl. Oesterreichischen Kammer-Virtuosin,
    unter gütiger Mitwirkung der Frau Diez und der Herren Lauterbach,
                Kahl, Strauss und Hippolyt Müller.

                    Erste Abtheilung.
                                        Frau Cl. Schumann,
1) Quintett für Clavier und Streichinstrumente von Ro-   Herrn Lauterbach,
    bert Schumann, vorgetragen von . . . . . . .           „    Kahl,
                                                           „    Strauss, und
                                                           „    H. Müller.

2) { a) Grüner Frühling kehr' ein, Lied von H. Esser, }
   { b) Die Forelle von Schubert,                    }
    gesungen von . . . . . . . . . . . Frau Diez.
3) Zwei Clavierstücke:
    a) Tempo di Ballo  } von D. Scarlatti und
    b) Allegrissimo    }
    Præludium und Fuge (A moll) aus den Pedal-Fugen
    von J. S. Bach, vorgetragen von . . . . . Frau Cl. Schumann.

                    Zweite Abtheilung.
4) Sonate (D moll) Op. 31 von Beethoven, vorgetragen von . Frau Cl. Schumann.
5) Waldvögelein, Lied mit Hornbegleitung von Franz Lachner, {Frau Diez und
    vorgetragen von . . . . . . . . . . . .                 {Herrn Strauss.
6) Rondo á capriccioso, Op. 14 von F. Mendelssohn,
    vorgetragen von . . . . . . . . . . . . Frau Cl. Schumann.
    Das Accompagnement zu den Gesangsstücken hat Herr Heinrich Schönchen
                        gefälligst übernommen.
        Concertzettel zu 2 kr. sind am Eingange des Saales zu haben.

                Eintrittspreis: 1 fl. 12 kr.
              Cassa-Eröffnung Abends 5½ Uhr.
         Anfang halb 7 Uhr. Ende halb 9 Uhr.
         Billete sind in der Musikalienhandlung von Falter & Sohn,
                sowie Abends an der Cassa zu haben.
        Der freie Eintritt ist ohne Billet durchaus Niemanden gestattet.
                    Druck von C. R. Schurich.
```

Abb. 3 Konzert Clara Schumanns in München am 28. Dezember 1857
(Robert-Schumann-Haus Zwickau: 10463,460–A4/C3)

Jahren 1871 und 1883 ausnahmsweise mit der Tonartenangabe g-Moll versehen ist,[41] was mit dem von Litzmann ab 1856 angegebenen Scarlatti-Repertoire übereinstimmt [8]. Wohl nicht zufällig stehen jedoch die drei Sonaten K. 450, K. 113 und K. 430 als die drei auch zahlenmäßig in Clara Schumanns Konzertprogrammen am häufigsten vertretenen Sonaten gleich am Beginn der Brahms-Quelle in direkter Folge.

---

[41] Robert-Schumann-Haus Zwickau: 10463–A4/C2, Nr. 1003 31. März 1871 London, Nr. 1235 19. Januar 1883 Frankfurt a. M.

Die Kopplung von K. 430 und K. 450 wird durch die beiden Tonarten im Quintabstand begünstigt; interessanterweise variierte Clara Schumann die Reihenfolge der beiden Sonaten: zunächst 1857/58 steht in drei Konzerten stets das Tempo di Ballo an erster Stelle;[42] 1868/69 ist dies jedoch nur in zwei Programmen der Fall,[43] während in drei anderen Konzerten das Allegrissimo die Folge eröffnet.[44]

3) Unter den von Litzmann für 1856 genannten Studienwerken Scarlattis (Tab. 1) erscheint zweimal die Tempoangabe Allegro: genannt wird ein Allegro C-Dur und ein Allegro f-Moll. Demgegenüber ist die Tempobezeichnung Allegro unter den Scarlatti-Vorträgen in Clara Schumanns Programmsammlung vergleichsweise selten: sie ist insgesamt nur dreimal nachweisbar.[45] Zumindest das von Litzmann aufgeführte f-Moll-Allegro [5] ist eindeutig identifizierbar: Es handelt sich um die Sonate K. 519, die sowohl in der Abschriftensammlung als auch in Clara Schumanns Ausgabe von 1884 vertreten ist.

4) Nur in der späteren Ausgabe Clara Schumanns, nicht in der Handschrift, gibt es eine Identifikationsmöglichkeit für das Presto G-Dur, nämlich die Sonate G-Dur K. 2 – aus dem im Besitz von Brahms befindlichen Originaldruck der *Essercizii* 1739 stammend.

Bei den übrigen vier von Litzmann genannten Stücken gibt es mehrere mögliche Kandidaten:

5) Als Presto A-Dur kommen auf Basis der Ausgabe Clara Schumanns sowohl K. 24 als auch K. 26 in Frage[46] – nur die erstere Sonate ist auch in der handschriftlichen Sammlung vertreten, was für diese spricht. Bei einem Konzert in Göttingen am 18. Februar 1857 erklang ausnahmsweise einmal eine Dreiergruppe von Sonaten Scarlattis – erstmals überhaupt trug Clara Schumann bei dieser Gelegenheit mehrere Sonaten Scarlattis in Folge vor. Ein Allegretto wurde dabei umrahmt von zwei Presto-Sätzen, bei denen es sich vermutlich um K. 2 und K. 24 handelte.

---

[42] Ebd., Nr. 460, 28. Dezember 1857 München, Nr. 461 30. Dezember 1857 Augsburg, Nr. 466 15. Januar 1858 Karlsruhe.
[43] Ebd., Nr. 878 24. Februar 1868 London, Nr. 917 15. Februar 1869 Cliffton.
[44] Ebd., Nr. 890 3. April 1868 Brüssel, Nr. 891 17. April 1868 Krefeld, Nr. 916 13. Februar 1869 Bath.
[45] Ebd., Nr. 465 13. Januar 1858 Erlangen, Nr. 678 18. Dezember 1863 Detmold, Nr. 686 29. Januar 1864 Königsberg.
[46] K. 113 scheidet aus, da es 1856 schon lange zum Repertoire Clara Schumanns zählte.

6) Als Allegro C-Dur ist auf Basis der handschriftlichen Sammlung die Sonate K. 487 zu vermuten, auch wenn diese dort – Czerny entsprechend, aber entgegen den zeitgenössischen Quellen – als Molto Allegro bezeichnet ist. In Clara Schumanns Breitkopf & Härtel-Ausgabe von 1884 gibt es später allerdings auch noch die Sonate C-Dur K. 159, die als weiterer Kandidat in Frage käme.

7) Ein Allegretto in a-Moll ist weder unter den authentischen noch unter den Scarlatti zugeschriebenen Sonaten auffindbar. Für die Tempobezeichnung Allegretto gäbe es mehrere Kandidaten, nur eine dieser Sonaten allerdings steht in Moll: die Sonate d-Moll K. 516. Unter den 19 Sonaten in a-Moll gibt es eine Sonate ohne originale Tonartenbezeichnung (K. 61), die ebenfalls zu erwägen wäre. Doch weder K. 61 noch K. 516 sind bei Czerny gedruckt, wodurch 1856 für Clara Schumann keine Quelle zur Verfügung stehen konnte. Vermutlich ist die a-Moll-Sonate K. 7 gemeint, die aus den *Essercizii* von 1739 stammt und bei Czerny gedruckt war.[47] Die Tempobezeichnung Presto wäre dann von Clara Schumann zu Allegretto umgewandelt worden, vielleicht auch, um in dem unter 6) erwähnten Konzert vom 18. Februar 1857 nicht drei Presto-Stücke in Folge zu haben.

8) Ähnliche Probleme bestehen in Bezug auf ein Andante in c-Moll, das es weder unter den 555 als authentisch geltenden Sonaten Scarlattis noch unter den u.a. in der Ausgabe Carl Czernys zu findenden Dubiosa gibt. Da die Sonate c-Moll K. 11 im Originaldruck keine Tempobezeichnung aufweist und auch in die Brahms'schen Kopistenhandschrift zunächst ohne eine solche Bezeichnung eingetragen wurde, lässt sich vermuten, dass diese Sonate gemeint ist – Andante ist eine durchaus plausible Tempobezeichnung für den Satz, obwohl Clara Schumann nachträglich in der Brahms'schen Abschrift – gemäß Carl Czerny – die Bezeichnung „Allegro" gab. Neben dem unter 2) erwähnten Paar Tempo di Ballo und Allegrissimo[48] gibt es in den Programmzetteln Clara Schumanns eine andere Paarung, die mit 18 Nachweisen sogar noch häufiger ist: Andante und Presto. Der Tonartenangabe c-Moll des nach Litzmann einzigen Andante in Clara Schumanns Scar-

---

[47] Unter der Nr. 12.
[48] In zwei Einzelfällen ist einmal das Tempo di Ballo (Robert-Schumann-Haus Zwickau: 10463–A4/C2, Nr. 702 29. März [10. April] 1864 in St. Petersburg) und einmal das Allegrissimo (Nr. 1057 3. Dezember 1872 Wien) mit dem Andante gekoppelt. Zur letzteren Aufführung vgl. *Allgemeine Musikalische Zeitung* VII, Nr. 52: 25. Dezember 1872, Sp. 837: „Im letzten Concerte waren es namentlich zwei Sonaten von Dom. Scarlatti – in C-moll und in G-moll – welche, von Frau Schumann mit voller Pietät, d. h. ohne jede ‚Verbesserung', gespielt, Sensation machten".

latti-Repertoire folgend, könnte in Analogie zum Quintabstand der Tonartenfolge des Tempo di Ballo/Allegrissimo-Paares vermutet werden, dass es sich um das G-Dur-Presto K. 2 (vgl. Tab. 3) handelt, das mit der c-Moll-Sonate K. 11 gekoppelt wurde.[49]

Eine weitere Scarlatti-Sonate in Clara Schumanns Repertoire wird nicht durch Litzmanns Repertoireliste (vgl. Tab. 1), sondern einen von ihm gedruckten Tagebuchauszug Clara Schumanns spezifiziert, während der Programmzettel nur „Three pieces für Pfte. solo" nennt. Eine autographe Bemerkung Clara Schumanns ergänzt dies immerhin um einen weiteren Nachweis für das „Tempo di ballo" K. 450 als Zugabenstück (vgl. Abb. 4). Der Tagebucheintrag berichtet überdies von einer Premiere: „die 3 Stücke von Scarlatti habe ich nie so gut gespielt – ein Neues in G-dur spielte ich zum ersten Mal öffentlich und war sehr nervös, trotzdem ging es herrlich." Clara Schumanns Ausgabe enthält neben dem schon seit 1856 zum Repertoire zählenden Presto G-Dur K. 2 noch zwei weitere G-Dur-Sonaten: als vorletzte Nummer die Sonate K. 523 und als letzte Nummer die Sonate K. 125.

Die Korrespondenz Clara Schumanns mit Breitkopf & Härtel im Zusammenhang der Scarlatti-Ausgabe 1883 zeigt, dass es mit dem 20. Stück dieser Ausgabe offenbar Probleme gab. Eine Einbeziehung von Johannes Brahms und dessen reichen Quellenbeständen ist nicht belegbar. Offenbar suchte Clara Schumann nach einer Vorlage für eine bestimmte Sonate, die sie in Mainz bei Schott erschienen glaubte. Dort vermochte Breitkopf & Härtel jedoch nur eine Ausgabe der „Katzenfuge" (K. 30) zu ermitteln, so dass Clara Schumann kurzfristig nach einem Alternativstück suchen musste, um die Sammlung zu füllen. Das führte schließlich dazu, dass auch die Korrekturfahne dieses letzten Stücks der Ausgabe am 11. September 1883 einzeln nachgereicht werden musste.[50] Möglicherweise war dann dieses von Clara Schumann für sich „neuentdeckte" Stück jenes, was sie ein Jahr später in England (Abb. 4) zum ersten Mal spielte.

---

[49] Vgl. allerdings den Bericht über ein Konzert Clara Schumanns vom 6. Dezember 1862 im Leipziger Gewandhaus in: *Signale für die musikalische Welt* 20 Nr. 51: 11. Dezember 1862, S. 709, der ein „Andante und Presto in C von Scarlatti" erwähnt. Für C-Dur-Sonaten mit Tempobezeichnung Presto gibt es in der Ausgabe Carl Czernys (vgl. Nr. 108, Nr. 128, Nr. 143 und Nr. 169) vier Kandidaten; für keine davon ist jedoch über Tab. 1–3 eine Verbindung zu Clara Schumann belegbar.

[50] Vgl. die in Vorbereitung befindliche Edition des Briefwechsels zwischen Clara Schumann und dem Verlag Breitkopf & Härtel, *Schumann-Briefedition* III.9.

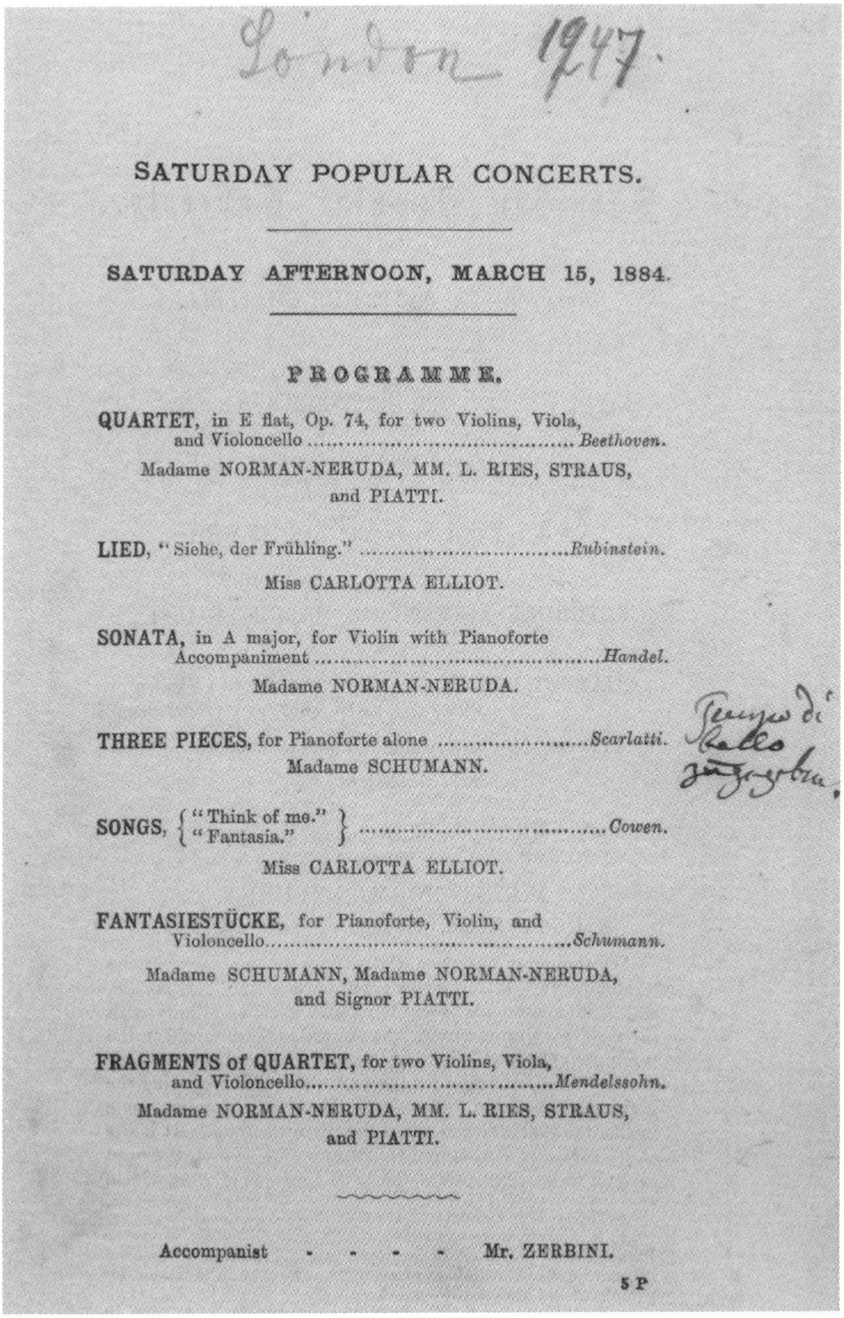

London 1947.

SATURDAY POPULAR CONCERTS.

SATURDAY AFTERNOON, MARCH 15, 1884.

PROGRAMME.

QUARTET, in E flat, Op. 74, for two Violins, Viola, and Violoncello..*Beethoven.*
    Madame NORMAN-NERUDA, MM. L. RIES, STRAUS, and PIATTI.

LIED, "Siehe, der Frühling." ....*Rubinstein.*
    Miss CARLOTTA ELLIOT.

SONATA, in A major, for Violin with Pianoforte Accompaniment ....*Handel.*
    Madame NORMAN-NERUDA.

THREE PIECES, for Pianoforte alone ....*Scarlatti.*
    Madame SCHUMANN.

SONGS, { "Think of me." / "Fantasia." } ....*Cowen.*
    Miss CARLOTTA ELLIOT.

FANTASIESTÜCKE, for Pianoforte, Violin, and Violoncello..*Schumann.*
    Madame SCHUMANN, Madame NORMAN-NERUDA, and Signor PIATTI.

FRAGMENTS of QUARTET, for two Violins, Viola, and Violoncello..*Mendelssohn.*
    Madame NORMAN-NERUDA, MM. L. RIES, STRAUS, and PIATTI.

Accompanist - - - - Mr. ZERBINI.

5 P

Abb. 4 Konzert Clara Schumanns in London am 15. März 1884
(Robert-Schumann-Haus Zwickau: 10463,1247–A4/C3)

André Podschun

„Hüte dich nur und bewahre deine Seele wohl"
Der „Tag von Potsdam" und der dritte der *Fest- und Gedenksprüche* von Johannes Brahms

Abstract. Johannes Brahms's third of the *Fest- und Gedenksprüche* was performed at the "Day of Potsdam" on the 21st of March 1933. Hitler used this Act of State, which was broadcast on national radio, to stage a suggestive dialogue with history that served to accompany the conversion of the conservative Prussian camp to the national socialist movement. The central figure on this day was the president of the German Reich, Paul von Hindenburg, who embodied the monarchic tradition like no other. The genesis of Brahms's opus 109 No. 3 lies in the beginnings of the Wilhelminian era. The choral work for eight voices, which was most probably composed in 1888, the Year of the Three Emperors, refers to the foundation of the German Empire in 1871 in Versailles, as can be seen in a letter from the composer to Hans von Bülow. The Treaty of Versailles from 1919 could, in the eyes of German nationalists and Nazis, be revised using the vision that grew out of Versailles in 1871. This essay explores the question of which political party suggested the op. 109 No. 3 for the "Day of Potsdam" and to what extend Brahms's composition was functionalised by the Nazi party.

Auf Konzertreise in Italien schrieb Otto Klemperer, einer der führenden Dirigenten seiner Zeit, in einem Brief an seinen Sohn Werner über die Ereignisse des „Tages von Potsdam": „Du weißt, dass es möglich ist, dass ich dieser Tage meine Stellung verliere. Wenn es so kommt, so wollen wir gar nicht klagen. ‚Was ist, ist gut'. Du sollst Dir auch die Freude an dem hohen nationalen Feiertag, den Deutschland mit Recht begeht, dadurch nicht bekümmern lassen. Wir a l l e feiern an diesem Tag das Rinascimento Deutschlands, des Deutschlands Goethes, Bachs, Mozarts und Beethovens. Wir feiern den Sieg über die Teufelsmächte des Kommunismus, der den Atheismus, die Gottesleugnung predigt. […] Du kannst ruhig und mit Recht die alten schwarzweißroten Farben im Knopfloch tragen. Dein Vater hat

29

deutschnational gewählt".[1] Die Zeilen eines Vaters an seinen dreizehnjährigen Sohn geben die politisch aufgeladene Stimmung jener Tage wieder. Wie zahllose andere Deutschnationale verfiel Klemperer, von den Nazis bereits früh als ‚Kulturbolschewist' verfemt, dem religiös aufgeladenen Akt der von Hitler inszenierten ‚nationalen Erhebung'. Klemperers Gewissheit, dass nunmehr alle Deutschen das Wiederaufleben ihres Landes zelebrierten, verdeutlicht, worauf es den neuen, keinesfalls gefestigten Machthabern ankam: eine sich auf ihre Tradition und Geschichte besinnende Gemeinschaft manipulativ zu einen und ein mythisch-suggestives Band zwischen Vergangenheit und Zukunft zu knüpfen. Dass es sich dabei um „ein Meisterstück suggestiver Propaganda"[2] handelte, welches sich an die unterschwelligen Gefühle namentlich der preußisch-konservativ Gesinnten wandte, ist dabei immer wieder hervorgehoben worden. Während Klemperer offenkundig an eine Renaissance Deutschlands aus dem Geiste der Kunst dachte, ging es den Nationalsozialisten um eine weitaus breiter angelegte Legitimation ihrer politischen Bewegung. Das Ereignis vom 21. März 1933 glich formal einem Staatsakt, der darauf abzielte, die Vertreter des preußisch-wilhelminischen Lagers für die nationalsozialistische Ideologie zu gewinnen und in ihr die einzig gültige und rechtmäßige Nachfolge des Zweiten Kaiserreichs zu sehen. Noch lebte die Monarchie Bismarck'scher Prägung in vielen Köpfen des Bürgertums fort und zeichnete in der Gestalt des Reichspräsidenten von Hindenburg das Bild eines Ersatzkaisers, der wie kein anderer für das Fortleben des preußischen Mythos stand. Mit dem „Tag von Potsdam" wollte Hitler die wirkungsmächtigen Projektionen, die auf den früheren kaiserlichen Generalfeldmarschall am Ende der Weimarer Republik gerichtet wurden, auf sich lenken.

Äußerer Anlass der Feierlichkeiten war die Eröffnung des neugewählten Reichstages. Der 21. März erinnerte neben dem Frühlingsanfang und einem damit assoziierten Neubeginn vor allem an die Eröffnung des ersten deutschen Reichstages 1871 durch Otto von Bismarck und damit an eine wichtige Wegmarke im Verständnis preußisch-deutscher Geschichtsschreibung. Mit der Terminierung des 21. März verband Hitler sein Bekenntnis zu „alter Größe" und „junger Kraft".[3] Da nach dem Reichstagsbrand vom 27. Februar das parlamentarische Stammhaus für den Festakt nicht mehr genutzt

---

[1] Zit. nach Peter Heyworth, *Otto Klemperer. Dirigent der Republik 1885–1933*, aus dem Englischen von Monika Plessner, Berlin 1988, S. 466.

[2] Ian Kershaw, *Der Hitler-Mythos. Führerkult und Volksmeinung* (engl. Original 1987), Stuttgart 1999, S. 76; zit. nach Herfried Münkler, *Die Deutschen und ihre Mythen*, Reinbek 2010, S. 275.

[3] Zit. nach *Völkischer Beobachter*, 22. März 1933, in: Klaus Scheel, *Der Tag von Potsdam*, Berlin 1996, S. 120.

werden konnte, fand man mit der Garnisonkirche in Potsdam einen Ort, dessen Atmosphäre geprägt war von den Insignien preußischer Staatsräson und Heilsgewissheit. Die von Gottes Gnaden verliehene Macht der Hohenzollern wurde nicht durch ein Kreuz auf der Turmspitze des Gotteshauses dominiert, sondern von dem hochauffliegenden preußischen Adler. Damit schien das Klima der Kirche vorgegeben, wie Herfried Münkler hervorhebt: „Die Garnisonkirche war mit der Bundeslade des Alten Testaments vergleichbar; sie symbolisierte Beistand und Hilfe Gottes für die preußischen Könige und ihre Soldaten. Hier wurde die Vergangenheit zum Versprechen für die Zukunft. Die Gruft mit den Särgen des Soldatenkönigs und des Alten Fritz verlieh dem Ganzen eine besondere Aura."[4] Die Ruhestätte Friedrichs II. spielte für das Nazi-Regime eine besondere Rolle, markierte sie doch einen der wichtigen Erinnerungsorte, an dem sich der Glaube an die preußisch-deutsche Siegesgewissheit am deutlichsten ausdrückte. An diesem Punkt ließ sich die nachmals monarchische Seele am leichtesten für die ‚neue Bewegung' gewinnen, indem die Nazi-Propaganda vorgab, genau jene Gewissheit in naher Zukunft zu erfüllen. Zudem lieferte der pompös ausgestattete genius loci für Hitler einen nicht unbeträchtlichen Schub an Prestige und Autorität. Folgt man den Ausführungen von Herfried Münkler, so vollzog sich nichts weniger als ein „Charismatransfer", der unter eifrigem Mitwirken der preußischen Eliten das Ende der Weimarer Republik besiegelte.[5]

Was sich im kollektiven Gedächtnis am stärksten verankert hat, war Teil der Inszenierung, die zum Schein vorgab, worauf es den Verfechtern der preußischen Seite ankam: Zahllose Reproduktionen zeigen Hitler in devoter Verbeugung gegenüber Hindenburg. Die Geste sendet eine unmissverständliche ikonographische Botschaft an die Öffentlichkeit: Der in bürgerlicher Kleidung auftretende Reichskanzler überließ in demonstrativer Zurückhaltung und unter Einhaltung des Protokolls dem Reichspräsidenten die Hauptrolle. Ihr Händedruck symbolisierte „die ganze Sehnsucht der Nation nach innerer Wiederversöhnung";[6] gleichzeitig dokumentierte er den „Segen des Alten Herrn", ohne den Hitler seinen eigenen Worten zufolge die Macht nicht hätte übernehmen wollen.[7] Die betont zur Schau gestellte Hierarchie schlug sich auch in der Sitzordnung des Festaktes nieder. Direkt gegenüber dem Altar nahm Hindenburg Platz, schräg rechts von ihm, erkennbar zurückgesetzt, Hitler sowie schräg links, in gleicher Position,

---

[4] Herfried Münkler, *Die Deutschen und ihre Mythen*, S. 279.
[5] Ebd., S. 276.
[6] Joachim Fest, *Hitler. Eine Biografie*, Hamburg 2006/2007, S. 624.
[7] Vgl. *Hitlers Tischgespräche im Führerhauptquartier 1941–1942*, hrsg. von Henry Picker, Stuttgart 1965, S. 366; zit. nach Joachim Fest, *Hitler*.

Reichstagspräsident Göring. Unter Anwesenheit des früheren Kronprinzen der Hohenzollern, der in Galauniform das ehemalige Herrscherhaus offiziell vertrat, blieben die einst von dessen Eltern genutzten Sessel jedoch frei. Die für alle sichtbare Leerstelle bildete die ideelle Zentralflucht der Zeremonie, da sie auf jene Lücke verwies, die es fortan zu füllen galt. Dem trug Hindenburg Rechnung, als er mit dem kaiserlichen Marschallstab die Kaiserloge grüßte und sich anschließend vor ihr verneigte. Die Macht des unsichtbar Anwesenden sollte ein einigendes Gefühl von historischer und mythischer Kontinuität hervorrufen, verstärkt durch personelle wie räumliche Repräsentanz sowie eine musikalische Umrahmung, die sich an der inhaltlichen Ausrichtung des Festaktes orientierte. Die Orgel der Garnisonkirche, auf der schon Johann Sebastian Bach gespielt haben soll,[8] begleitete das Erscheinen des Reichspräsidenten und leitete über in den Choral „Nun lob' mein Seel' den Herren", gesungen vom Berliner Staats- und Domchor. Der Text des Kirchenliedes stammt aus der Feder von Johann Gramann alias Poliander, einem der wichtigsten Reformatoren Preußens, der auf Empfehlung Luthers von Albrecht I. von Brandenburg-Ansbach als Pastor nach Königsberg berufen worden war und dort zur Gründung der Schule beigetragen hat, aus der 1544 schließlich die Königsberger Universität hervorging. Doch galt es weniger, die Tiefendimension preußischer Geschichte hörbar zu machen, als jenen „Aufschwung des vaterländischen Gefühls" glaubhaft zu implementieren, von dem am Vormittag Generalsuperintendent Otto Dibelius in der Potsdamer Nicolaikirche gesprochen hatte.[9] Nach Beenden des Chorals blickte Hindenburg in seiner Ansprache auf das alte Preußen zurück, das in „hingebender Vaterlandsliebe" groß geworden sei und auf dieser Grundlage die deutschen Stämme geeint habe: „Möge der alte Geist dieser Ruhmesstätte auch das heutige Geschlecht beseelen, möge er uns frei machen von Eigensucht und Parteizank und uns in nationaler Selbstbesinnung und seelischer Erneuerung zusammenführen zum Segen eines in sich geeinten freien, stolzen Deutschland!"[10] Danach erteilte er dem Reichskanzler das Wort, der in seiner Regierungserklärung den Tonfall des

---

[8] Im Zusammenhang mit Johann Sebastian Bachs Reise zu Friedrich II. 1747 schreibt Johann Nikolaus Forkel über Bachs Aufenthalt in Potsdam: „Auch seine Orgelkunst wollte der König kennen lernen. Bach wurde daher an den folgenden Tagen von ihm eben so zu allen in Potsdam befindlichen Orgeln geführt, wie er vorher zu allen Silbermannischen Fortepiano geführt worden war." Vgl. Johann Nikolaus Forkel, *Ueber Johann Sebastian Bachs Leben, Kunst und Kunstwerke. Für patriotische Verehrer echter musikalischer Kunst*, Leipzig 1802, S. 10.
[9] Vgl. Klaus Scheel, *Der Tag von Potsdam*, S. 40.
[10] *Die Woche* (Sonderausgabe der Illustrierten zum „Tag von Potsdam"), Berlin 1933, S. 4; zit. nach Scheel, S. 119.

Reichspräsidenten aufgriff und sich zu den „ewigen Fundamenten" der deutschen Nation bekannte. Auffällig ist ein Passus, in dem Hitler auf die Narben des Ersten Weltkriegs einging: „Der Welt gegenüber aber wollen wir, die Opfer des Krieges von einst ermessend, aufrichtige Freunde sein eines Friedens, der endlich die Wunden heilen soll, unter denen alle leiden."[11] Unverkennbar spielte Hitler auf den sogenannten ‚Schandfrieden' des Versailler Vertrages von 1919 an, den es nach seiner Auffassung zu revidieren galt, worauf später noch näher einzugehen sein wird. Nach Hitlers Erklärung sang der Staats- und Domchor den dritten der *Fest- und Gedenksprüche* op. 109. Herausgehobener konnte Brahms' Komposition nicht platziert sein, verband sie doch Hitlers Rede mit Hindenburgs Gang in die Gruft hinter dem Altar, um an den Särgen von Friedrich Wilhelm I. und Friedrich II. Kränze niederzulegen. Währenddessen spielte die Orgel das Niederländische Dankgebet „Wir treten zum Beten vor Gott", das in der wilhelminischen Zeit zum Inbegriff der Thron-und-Altar-Zivilreligion avanciert war. Joseph Goebbels notierte zufrieden: „Am Schluss sind alle auf das tiefste erschüttert. Ich sitze nahe bei Hindenburg und sehe, wie ihm die Tränen in die Augen steigen. Alle erheben sich von ihren Plätzen und bringen dem greisen Feldmarschall, der dem jungen Kanzler seine Hand reicht, jubelnde Huldigungen dar. Ein geschichtlicher Augenblick."[12] Was der Reichspropagandaminister seinem Tagebuch in pathetischer Intonierung für spätere Generationen anvertraute, war in Wahrheit ein vom Rundfunk übertragenes Rührstück, das Verstand und Vernunft der Massen ausblendete zugunsten diffuser Gefühlsseligkeit einer schicksalsergebenen Zusammengehörigkeit der Deutschen.

Dabei erscheint auf den ersten Blick der letzte der *Fest- und Gedenksprüche* mit der Intention des „Tages von Potsdam" durchaus anschlussfähig. In der Anknüpfung an eine vorwiegend national geprägte Gedenkkultur ging die Mahnung zur Erinnerung an das einigende Band gemeinsam erlebter Geschichte einher – und das umso mehr, als die Zeichen der Zeit auf Gefährdung und Zerfall hindeuteten. In den *Fest- und Gedenksprüchen* blickt Brahms auf drei Stationen der deutschen Geschichte im 19. Jahrhundert zurück, die für sich betrachtet eine fast zwingend teleologische Ausrichtung mit dem Ziel eines einheitlichen deutschen Nationalstaates ergaben. Am 30. Mai 1889 schrieb der Komponist an Hans von Bülow: „Es sind drei kurze hymnenartige Sprüche für achtstimmigen Chor a cappella, die geradezu für natio-

---

[11] *Völkischer Beobachter*, 22.3.1933; zit. nach Scheel, S. 122.
[12] Joseph Goebbels, *Tagebücher 1924–1945*, hrsg. von Ralf Georg Reuth, Bd. 2, München, Zürich 1992, S. 783.

nale Fest- und Gedenksprüche gemeint sind, und bei denen recht gern gar ausdrücklich die Tage Leipzig, Sedan und Kaiserkrönung angegeben sein dürften."[13] Brahms bezog sich dabei auf den Tag der Völkerschlacht bei Leipzig 1813, auf den Fall von Sedan im Jahr 1870, der von der Mehrheit der Deutschen als ‚Gottesurteil' angesehen wurde, sowie im dritten Spruch auf die Kaiserproklamation in Versailles von 1871. Diese Ereignisse, deren Gedenken auf nationale Aufwallung abzielte, bildeten die drei höchsten staatlichen Feiertage im Deutschen Reich und waren im kollektiven Bewusstsein der Bevölkerung fest verankert. Dass Brahms in seinem Brief an Bülow ein „Doch besser nicht!" nachschiebt, soll indes den Eindruck vermitteln, das zuvor Geschriebene ironisch zu relativieren. „Gleichwohl ist auch hier nicht auszuschließen", wie Jan Brachmann im Kontext der *Fest- und Gedenksprüche* vorsichtig bemerkt, „dass Brahms' gelegentliche Ironie nur ein verschämtes Bekenntnis zu einer mit allem Ernst betriebenen Vaterlandsreligion verbirgt."[14]

Vermutlich begann Brahms mit der Komposition der *Fest- und Gedenksprüche* im Sommer 1888. Schon Max Kalbeck hat das Werk für achtstimmigen Chor in Verbindung mit den Ereignissen des sogenannten Dreikaiserjahres 1888 gebracht, das durch den Tod Wilhelms I. und Friedrichs III. sowie durch die Thronbesteigung Wilhelms II. gekennzeichnet war.[15] Nur zwei Tage nach dem Ableben Wilhelms I. schrieb Brahms an Elisabeth von Herzogenberg: „Die erschütternden Ereignisse in Deutschland erlebe ich natürlich sehr mit. Es ist alles so großartig – jetzt in seiner Tragik – wie nie in der Geschichte etwas war."[16] Wie viele seiner Zeitgenossen hegte auch Brahms, der das Monumentalwerk *Die Begründung des Deutschen Reiches durch Wilhelm I.* des nationalliberalen Bonner Historikers Heinrich von Sybel eifrig studiert hatte, eine tiefgreifende Sympathie für die Monarchie. Jetzt, im Moment krisenhafter Zuspitzung, schaute man auf das Haus Hohenzollern und ließ erneut aufleben, was die *National-Zeitung* Anfang Dezember 1878 diagnostiziert hatte, als Wilhelm I., genesen vom Nobiling'schen Attentat, wieder in Berlin eingezogen war: „Selten hat eine Dynastie so ausschließlich

---

[13] Zit. nach Max Kalbeck, *Johannes Brahms*, Bd. 4/1, Berlin 1914, S. 184.
[14] Jan Brachmann, *Kunst – Religion – Krise: Der Fall Brahms*, erschienen in der Reihe Musiksoziologie, hrsg. von Christian Kaden, Bd. 12, Kassel 2003, S. 344.
[15] Max Kalbeck, *Brahms*, S. 187ff.
[16] Johannes Brahms, *Briefwechsel mit Heinrich und Elisabeth von Herzogenberg*, hrsg. von Max Kalbeck, Bd. 2., Berlin 1907, S. 183, Brief vom 11. März 1888; zit. nach Jan Brachmann, ebenda, S. 192.

über die Herzen ihrer Untertanen geherrscht wie die der Hohenzollern".[17] Das preußische Königshaus hatte aus Sicht der protestantischen Kirche „die Epoche der deutschen Geschichte, welche mit dem Jahre 1517 begann", zu einem „gottgeordneten Abschluss" gebracht.[18] Die religiös gefärbte Inbrunst, mit der nicht nur weite Teile des evangelischen Bürgertums die Geschicke des Vaterlandes begleiteten, wurzelte in dem Verständnis, dass sich die deutsche Geschichte, zumal in der zweiten Hälfte des 19. Jahrhunderts, unter „Gottes Führung" vollzog – so jedenfalls hat Martin Meiser eines der wiederkehrenden Themen von Brahms beschrieben.[19]

In den ‚tragischen' Geschehnissen des Jahres 1888 kam es darauf an, die Gunst, die Gott den Deutschen hatte zuteilwerden lassen, nicht wieder leichtfertig aufs Spiel zu setzen. In seiner ersten Rede als Deutscher Kaiser hatte Wilhelm II. geschlossen: „Das Errungene wird nicht wieder aufgegeben werden; lieber wird man achtzehn Armeekorps und 42 Millionen Deutsche auf der Strecke liegen lassen, als nur einen Stein vom Errungenen sich nehmen lassen."[20] Mit den martialischen Worten des erst 29-jährigen Monarchen sollten keine Zweifel aufkommen, dass sich die Dynastie der Hohenzollern weder innen- noch außenpolitisch von ihrem gottgewollten Platz verdrängen lassen würde. Doch wie begleitete Brahms die drohendselbstbewussten Töne des neu gekrönten Kaisers? Aufschlussreich ist ein von der Wiener Stadt- und Landesbibliothek aufbewahrtes Notizbuch des Komponisten, das Eintragungen verschiedener Bibeltexte enthält, die zu einer eventuellen späteren Vertonung vorgesehen waren. Neben anderen kompilierte Brahms auch Textstellen aus der „Weisheit Salomonis", die Brahms selbst mit „Gebet eines Königs" überschrieben hat. Darin finden sich folgende Sätze: „Gieb mir die Weisheit, die stets um deinen Thron ist, u. verwirf mich nicht aus deinen Kindern [...] Du hast mich erwählet zum König über dein Volk, u. zum Richter über deine Söhne und Töchter [...] So werden dir meine Werke angenehm sein, u. werde dein Volk recht richten u.

---

[17] Zit. nach Heinrich August Winkler, *Der lange Weg nach Westen*, Bd. 1, München 6/2005, S. 264.
[18] *Neue Evangelische Kirchenzeitung*, 7. Januar 1871; zit. nach Winkler, *Der lange Weg nach Westen*, Bd. 1, S. 214.
[19] Vgl. Martin Meiser, „Brahms und die Bibel", in: *Musik und Kirche*, Jg. 53 (1983), S. 245ff; zit. nach Brachmann, *Kunst – Religion – Krise*, S. 29.
[20] „*Ein Journalist aus Temperament". Josef Viktor Widmann: Ausgewählte Feuilletons*, hrsg. von Elsbeth Pulver und Rudolf Käser, Bern 1992, S. 89; zit. nach Brachmann, S. 194.

würdig sein des Thrones meines Vaters."[21] In ihren umfangreichen Studien zu Geist und Religion bei Johannes Brahms vermuten Daniel Beller-McKenna und Jan Brachmann einen sowohl zeitlichen wie auch inhaltlichen Zusammenhang zwischen den von Brahms notierten Sätzen und den *Fest- und Gedenksprüchen*. Beide Autoren gehen davon aus, dass Brahms direkt an die Mission, die Wilhelm II. als neuem Herrscher übertragen worden war, gedacht haben könnte.[22] Brachmann spricht von einem „Fürbittengebet für den jungen Wilhelm um Weisheit, Mäßigung, Gerechtigkeitssinn und Gottesfurcht [...], dass er das segensreiche Werk seines Vaters (richtigerweise seines Großvaters) fortsetze".[23] Daraus leitet er ab, dass Brahms seine Aufgabe als Künstler in dieser Situation vorrangig darin sah, „wie ein alttestamentlicher Prophet sein Volk und dessen Herrscher zu mahnen, zu erinnern, Gott und der Geschichte die Treue zu bewahren, auf dass nicht verspielt werde, was vorangegangene Generationen errungen hatten". Brahms nahm von der Vertonung jener alttestamentlichen Zeilen jedoch Abstand, was an der allzu deutlichen Bezugnahme zu Wilhelm II. gelegen haben dürfte, die Brahms in der für ihn typischen Weise vermutlich vermeiden wollte. Allerdings bleibt auffällig, dass der Komponist die *Fest- und Gedenksprüche* in einer für das Deutsche Reich kritischen Phase schuf, in der die Dynastie der Hohenzollern, zumal durch den Tod des ‚99-Tage-Kaisers' Friedrich III., vielen als nicht gefestigt, wenn nicht als hinfällig erscheinen musste und so in besonderer Weise der Beistand Gottes nötig war.[24]

So verdeckt, wie Brahms um 1888 als gleichsam warnender Rufer auftrat, so offen wurde op. 109 Nr. 3 am „Tag von Potsdam" funktionalisiert. Während sich für Brahms das biblische Heilsgeschehen auf die Belange der Gegenwart symbolisch übertragen ließ, hatte Hitlers nationalsozialistische Bewegung eine innerweltliche ecclesia militans postuliert, außerhalb derer es kein Heil gab.[25] Damit war eine totalitäre politische Religion vorgegeben, die in alle Lebensbereiche ihrer Anhänger vordrang. Die vor dem Hintergrund der Eintragungen in Brahms' Notizbuch erbetene Mäßigung und Demut eines auf Weisheit hoffenden Königs hätte den Machthabern des NS-Regimes lediglich als Schutzfunktion dienen können, um den hemmungslos vollzo-

---

[21] Johannes Brahms, [Notizbuch mit Bibeltexten, handschriftlich], Wiener Stadt- und Landesbibliothek, Handschriftenabteilung, Inventarnummer 55733; zit. nach Brachmann, *Kunst – Religion – Krise*, S. 197.
[22] Vgl. Daniel Beller-McKenna, *Brahms, the Bible, and Post-Romanticism: Cultural Issues in Johannes Brahms's Later Settings of Biblical Texts*, 1877–1896, Diss. Harvard 1994, S. 128.
[23] Brachmann, *Kunst – Religion – Krise*, S. 197.
[24] Vgl. Daniel Beller-McKenna, *Brahms and the German Spirit*, Harvard 2004, S. 148.
[25] Vgl. Winkler, *Der lange Weg nach Westen*, Bd. 2, S. 1.

genen Prestigetransfer von Potsdam in seiner äußeren Wirkung abzumildern. Doch würde man den politisch Verantwortlichen damit unterstellen, sie hätten von einer direkten Verbindung von op. 109 Nr. 3 und dem „Gebet eines Königs" in Brahms' Notizbuch ausreichend Kenntnis gehabt.

Zudem bleibt offen, vom wem letztlich die Anweisung ausging, den dritten der *Fest- und Gedenksprüche* für den 21. März 1933 zu verwenden. Die Quellenlage lässt genauere Zuordnungen hierüber nicht zu, weder in den Tagebüchern von Joseph Goebbels noch in den Akten R 43 II/291 und R 1501/125033 des Bundesarchivs in Berlin noch in den Dokumenten, die von Klaus Scheel in seiner Publikation über den „Tag von Potsdam" zusammengetragen wurden. Einzig Brahms' halbherziger, immerhin offen eingestandener Verweis auf die Kaiserproklamation in Versailles 1871 gibt Anlass zu einer Hypothese. Eine der augenfälligen Koinzidenzen liegt in der Person des Reichspräsidenten von Hindenburg. Am 18. Januar 1871 hatte er als junger Offizier der Kaiserproklamation im Spiegelsaal des Schlosses von Versailles höchstselbst beigewohnt. Gut möglich, dass er als einer der wenigen noch lebenden Augenzeugen am Tag der ‚nationalen Erhebung' an das damalige Ereignis anknüpfen wollte, muss ihn doch der mosaische Vers in Brahms' op. 109 Nr. 3 unmittelbar angesprochen haben: „Dass du nicht vergessest der Geschichte, die deine Augen gesehen haben." Versailles stand für die Deutschnationalen allerdings für zweierlei, für Erfüllung und Schmach zugleich. Das Versailles von 1919 überschattete das Versailles von 1871. Mit dem Gedenken an die Reichsgründung als einem der Erfüllungsmomente in der deutschen Geschichte sollte der Versailler Vertrag von 1919 gleichsam aufgehoben werden und sich nunmehr der Kreis schließen. Das blieb nicht unkommentiert. Thomas Mann notierte am 21. März 1933 in sein Tagebuch: „Die sonderbare Erscheinung der eingebildeten ‚Geschichte', gegenstandslose Siegesfeier mit Glocken, Te Deum, Fahnen u. Schulferien ins Blaue hinein, nach Volks- oder Regierungs- oder Partei-Beschluss. Wer ist besiegt? Der innere Feind, – der es immerhin geleistet hat, dass die Erhebung vor sich gehen kann. Närrisch."[26] Einen Tag zuvor hatte Mann, ganz im Gegensatz zu Otto Klemperer, von der „wütenden Vollendung einer Gegenrevolution" gesprochen, „in der wir seit 14 Jahren leben" und zudem einen „Widerstand gegen den Namen der ‚Geschichte'" an sich selbst bemerkt.[27] Noch entschiedener fiel Manns Einschätzung über die Geschehnisse jener Tage am 18. März aus: „Die Hast u. schamlose Ge-

---

[26] Thomas Mann, *Tagebücher 1933–1934*, hrsg. von Peter de Mendelssohn, Frankfurt am Main 1977, S. 15.
[27] Ebd., S. 11.

walt, mit der die Propaganda-Sieger ihren Sieg ausnutzen u. nach allen Seiten für immer zu sichern suchen – und sie haben gegen die kurzsichtige Grausamkeit der Sieger von Versailles geschrieen. Das innere Versailles ist grässlicher als das äußere. Wird nicht auch an seiner Revision gearbeitet werden müssen? Die unterlegenen 49 Prozent des deutschen Volkes sind nicht weniger unerbittlich misshandelt, nicht weniger gedemütigt, verzweifelt und seelisch ruiniert, als damals das Deutschland der 4 Kriegsjahre. Dies ist übrigens der Hauptsinn des Ganzen. Es werden nicht nur die innerpolitischen, d.h. freiheitlichen u. sozialen Folgen der Niederlage annulliert und ein Geisteszustand hergestellt, als ob der Krieg gewonnen worden wäre, sondern die eigentlich Geschlagenen halten sich schadlos für ihre Niederlage an der eigenen Nation."[28] Klarer konnte man die Entwicklung im Frühjahr 1933 nicht formulieren. Im Kampf gegen die inneren Feinde des Reiches sollte das Debakel von 1918/19 in einen Sieg verwandelt werden, der den Triumph von 1870/71 unverhohlen aufnahm. Der Fokus beider Ereignisse, so wie er von vielen Deutschen gesehen wurde, lag dabei in der Rolle Frankreichs. Unter Zuhilfenahme der Projektion eines äußeren Feindes, die sich in Wahrheit gegen zentrale innenpolitische Strömungen richtete, plante Hitler in ideologischer Hybris und im Zusammenschluss mit den konservativen Eliten die Formierung eines einheitlichen ‚Volkskörpers'.

Brahms' historische Allusionen in op. 109, auf die er Hans von Bülow gegenüber anspielte, deuten gleichfalls auf antifranzösische Tendenzen: Lässt man die Abneigung des Komponisten gegen jegliche Art von konkretisierender Bezugnahme in seinen Werken beiseite, so erinnert der erste Spruch in op. 109 an die Befreiung der napoleonischen Vorherrschaft in Europa 1813. Im zweiten Spruch wird, wenngleich ironisch gebrochen, der entscheidende preußisch-deutsche Sieg im Krieg gegen Frankrcich 1870 gefeiert. Der dritte Spruch gedenkt der Durchsetzung der nationalen Einigung Deutschlands auf französischem Boden. Im Spiegel deutscher Siegesverherrlichung wendet sich der Blick in allen drei Sprüchen eindeutig gegen Frankreich. Die spürbaren Ressentiments des Komponisten gegenüber dem westlichen Nachbarn sind in der Brahms-Literatur oft dargestellt worden. So auch von Kerstin Schüssler-Bach, die von Brahms' „Franzosenhass" spricht, der sich als „bittere Konstante durch sein Denken" hindurchzieht. „Die Antipathie", so konstatiert Schüssler-Bach, „rührte letztlich aus der Tradition der Befreiungskriege und der durch die Eltern überlieferten napoleonischen Besatzungszeit in Hamburg und fand natürlich auch bis 1870/71

---

[28] Ebd., S. 9ff.

immer wieder Nahrung."[29] Das Kalkül der Planer des „Tages von Potsdam" bestand u.a. darin, Brahms' nationalistisch getrübten Blick in den Kontext des von vielen Deutschen als Demütigung empfundenen Versailler Vertrages von 1919 zu stellen.

Indes musste Hindenburgs Kranzniederlegung am Grab Friedrichs II., zumal direkt nach der Aufführung von Brahms' op. 109 Nr. 3, für den kritischen Beobachter als blanke Ironie wirken. Der Ort, wo völkisches Deutschtum und neu aufbrandender ‚Hurra-Patriotismus' zusammentrafen, barg die Gruft eines Königs, der mit seiner 1780 erschienenen Schrift *De la Littérature Allemande* die deutsche Sprache als „halb-barbarisch" verurteilt und ihr „wenig Wohllaut" sowie eine Armut an Metaphern bescheinigt hatte.[30] Mit seiner Kritik zielte Friedrich II. mitten in das Herz einer sich formierenden Kulturnation. Somit ließ sich der Hohenzollernspross kaum für deutschtümelnde Aspirationen vereinnahmen, da es breiten Bevölkerungsschichten durchaus geläufig war, dass der Monarch am preußischen Hof der französischen Sprache gehuldigt sowie Voltaire nach Potsdam geholt hatte – von der erfolgreichen Ansiedelung französischer Hugenotten durch seine Vorgänger ganz zu schweigen. Die Mobilisierung einer antifranzösischen Stimmung an der Begräbnisstätte Friedrichs II. musste aufmerksamen Betrachtern ohne ausreichende historische Grundlage erscheinen, lediglich abzielend auf die militärischen Verdienste der Preußenkönige, um sich in deren siegreiche Tradition einzureihen.

Dennoch sind einige Frankreich-Bezüge am „Tag von Potsdam" in Stadt und Kirche zu konstatieren. So erinnerte Freiherr von Medem am 21. März 1933 in seiner Radioreportage an den Potsdamer Besuch des französischen Professors und Menschenrechtlers Victor Basch am 6. Oktober 1924, als deutschnationale Verbände Basch unterstellten, Deutschland die alleinige Kriegsschuld am Ersten Weltkrieg anzulasten. Damals konnte die von der Deutschen Liga für Menschenrechte organisierte Veranstaltung nur unter polizeilichem Schutz durchgeführt werden. In seinem holprig formulierten Beitrag assoziierte der Reporter beide Potsdamer Ereignisse mit dem Ver-

---

[29] Kerstin Schüssler-Bach, „Einigermaßen zeitgemäß – Brahms' Männerchöre op. 41 im politischen Kontext der 1860er-Jahre", in: *Brahms-Studien*, Bd. 16, hrsg. von Beatrix Borchard und Kerstin Schüssler-Bach, Tutzing 2011, S. 121.
[30] Vgl. Friedrich II., König von Preußen, *Über die deutsche Litteratur, die Mängel, die man ihr vorwerfen kann, die Ursachen derselben und die Mittel sie zu verbessern*, aus dem Französischen übersetzt von Christian Konrad Wilhelm Dohm, Berlin 1780, S. 6 und 22ff, einsehbar unter: <http://www.deutschestextarchiv.de/book/show/friedrich_literatur_1780>, aufgerufen am 27. August 2013.

sailler Vertrag: „Erinnerungen werden wach. Eine böse Erinnerung [...] Auch hier war einmal ein aufgeregter Menschenhaufen. Vor Jahren, als ein ausländischer Pazifist in Potsdam das Wort von der Schuldlüge Deutschlands aussprechen wollte, [...] als sich Potsdams Bevölkerung dagegen aufbäumte und als mit Gewalt es durchgesetzt wurde, dass dieser Mann hier sprach, und diese Schande hier sprach. Damals am selben Platze strömten die nationalen Menschen auf und ab diese Straße. Da und wie ist alles anders geworden."[31] Noch immer aktivierte die sogenannte Kriegsschuldlüge in unmittelbarer Reaktion auf Artikel 231 des Versailler Vertrages die Lager der Deutschnationalen und Nationalsozialisten. Zweitens ließ sich die Turmspitze der Garnisonkirche ikonografisch gegen Frankreich deuten. Angebracht unter einer kupfernen Sonne vereinten sich Adler, königlicher Namenszug sowie eine Kanonenkugel zu einer unverkennbaren staatsreligiösen Trinität. Das Bild des der Sonne nicht weichenden Adlers vermittelte dabei „die Kampfansage des preußischen *roi sergeant* an den französischen *roi soleil*".[32] Drittens suchte Napoleon nach der Schlacht bei Jena und Auerstedt 1806 die königlichen Ruhestätten in der Garnisonkirche auf, um seine Vormachtstellung in Europa geschichtlich einzubinden. Schließlich diente das Potsdamer Gotteshaus als Ort der Aufbewahrung und Ausstellung von Kriegstrophäen und -memorabilien. Bis zum Ende des Ersten Weltkrieges hatte man fast 200 dänische, österreichische und französische Fahnen im Kirchenraum angebracht, die an die wichtigsten militärischen Stationen auf dem Weg zur Reichsgründung erinnern sollten.[33]

Indes wäre es verfehlt, aus der musikalischen Faktur von Brahms' op. 109 Nr. 3 französische, gar antifranzösische Anklänge heraushören zu wollen. Der „hymnenartige" Gestus, den Brahms gegenüber Bülow seinem Werk attestierte, legt die Vermutung nahe, es handele sich hier um eine klangprächtig tönende Überwältigung der Massen sowie um eine besonders üppige Form der staatlichen Repräsentation. Bei genauerem Hören lassen Brahms' Preis- und Lobgesänge jedoch eher an kollektive Verinnerlichung und feierliche Andacht denken, wie es Beller-McKenna bemerkt: „The style of op. 109 is not so grandiose that we would expect such a label, but the

---

[31] Deutsches Rundfunkarchiv (DRA) Frankfurt am Main, Archivnummer 2590216, „Tag der Nation" in der Potsdamer Garnisonkirche, Minute 1:05:08 bis 1:06:04, Transkription; zit. nach Thomas Wernicke, „Der Handschlag am ‚Tag von Potsdam'", in: *Der Tag von Potsdam. Der 21. März 1933 und die Errichtung der nationalsozialistischen Diktatur*, hrsg. von Christoph Kopke, Werner Treß, Berlin/Boston 2013, S. 11ff.
[32] Martin Sabrow, „Der ‚Tag von Potsdam'. Zur doppelten Karriere eines politischen Mythos", in: Kopke, Tress: *Der Tag von Potsdam*, S. 55ff.
[33] Vgl. ebd.

element of prayer in these works might account for Brahms's characterization."³⁴ Dass Brahms vor dem Hintergrund seiner vaterländischen Gesinnung die *Fest- und Gedenksprüche* für zwei vierstimmige, gemischte Chöre vertonte, macht zugleich deutlich, wogegen er sich absetzte: gegen ein großangelegtes oratorisches Werk ebenso wie gegen die populären und weit verbreiteten Männerchorvereinigungen, die im 19. Jahrhundert zu zuverlässigen Trägern der nationalen Bewegung erwachsen waren.³⁵ Die von Brahms favorisierte Besetzung blickt vielmehr musikhistorisch zurück; sie greift die mehrchörige venezianische Tradition auf, die nicht zuletzt von Heinrich Schütz in die höfische Musizierkultur nördlich der Alpen eingeführt worden war. Bezogen auf op. 109 Nr. 1 hat Virginia Hancock auf stilistische Wendungen aus Heinrich Schütz' *Psalmen Davids* hingewiesen, die Brahms der damals gerade erschienenen Schütz-Gesamtausgabe entnommen haben dürfte.³⁶ Bereits Anfang des 20. Jahrhunderts, in zeitlicher Nähe zum 100. Jahrestag der Völkerschlacht bei Leipzig, hatte Kalbeck im Zusammenhang mit op. 109 von „Bachscher Gestaltungskraft" und „Palestrinaschem Wohllaut"³⁷ gesprochen.

Kompositorisch auffällig ist der Mittelteil des letzten Spruches. Auf den biblischen Text „Hüte dich nur und bewahre deine Seele wohl" entwickelt Brahms einen alle Stimmen des ersten Chores umfassenden Kanon, beginnend im Sopran über den Tenor und Alt bis zum Bass (s. Notenbeispiel 1).

Es entsteht der Eindruck, als verbinde der Mahnruf zur Bewahrung der seelischen Integrität das Noch-Nicht mit dem Nicht-Mehr. Im Gespräch der Stimmen wiederholt sich das musikalische Subjekt und deutet auf eine Kontinuität, die durch die Wechselfälle der Geschichte stets hörbar bleibt und in ihrer akkumulativen Rhetorik den Charakter einer Predigt erhält. Die geschichtliche Zurückbindung äußert sich außerdem in der harmonischen Behandlung des Abschnittes. Der vertikale Aufbau nimmt Anleihen an die Stufenharmonik, die u.a. in den Werken von Heinrich Schütz zur Anwendung kam. Unverkennbar greift Brahms das kompositorische Handwerk seiner Vorgänger auf und stellt sich in die Reihe einer Erinnerungskultur, die vor allem in kritisch empfundenen Wendepunkten Identität stiften soll. In der kanonischen Passage arbeitet Brahms mit kleinen Intervallsprüngen, namentlich mit Sekund- und Terzschritten. Die weiteste diastematische

---

[34] Daniel Beller-McKenna, *Brahms and the German Spirit*, S. 151.
[35] Ebd., S. 149.
[36] Ebd., S. 229, Anmerkung 18.
[37] Max Kalbeck, *Brahms*, Bd. 4/1, S. 192.

Bewegung vollzieht sich in einem aufwärts gerichteten Quartsprung zwischen der ersten und zweiten Phrase des musikalischen Themas. Mit der verknappten Intervallik richtet Brahms den Fokus auf die Semantik des zugrundeliegenden Textes. Das wird in der sechsmaligen Tonhöhenrepetition auf das Wort „bewahren" besonders sinnfällig – von Brahms noch dadurch gesteigert, dass er auf die betonte Silbe des Verbes eine halbe Note mit übergebundener Viertel legt. Das Beharren auf die Kräfte des kulturellen Erbes führt zu einer die Zukunft beschwörenden Besinnung, in der im kurzen zeitlichen Innehalten die Chance zu einer Selbstvergewisserung sich auftut. Begleitet wird der kanonische Abschnitt durch eine in Sekunden aufsteigende Linie im Sopran des zweiten Chores. Brahms nutzt hier die Figur der Anabasis, die mit ihrem aufwärtsstrebenden Charakter in der barocken Affektenlehre maßgeblich für Erhebung und Hoffnung im christlichen Glauben steht. Die Zielrichtung ist klar: Der Verlauf der Linie steuert auf das Wort „Seele" zu und appelliert an die Selbstbestimmung des Menschen. Wurde im Zeitalter des Barock mit der Figur der Anabasis zumeist die Auferstehung Christi symbolisiert, so zeigt Brahms auf, wo menschliche Bestimmung gleichermaßen ihren Sitz hat: in ihrer geschichtlichen Einbindung, aus der nichts weniger als eigenverantwortliches Handeln erwächst. Immer aber, wenn von Aufstieg die Rede ist, schwingt ein De profundis mit. In der beschriebenen Stelle setzt die Entwicklung von einem gefährdeten Ausgangspunkt an, der daran erinnert, dass ein bestimmtes Agieren weiterführende Konsequenzen nach sich zieht und die Richtung für spätere Zeiten vorgibt. Mithin wird in der Elevatio ein Umschlagpunkt erkennbar: Wenn der Sopran des zweiten Chores das Wort „Seele" erreicht hat, kommt es zu einem geradezu gegenläufigen Abschwung im Sopran des ersten Chores. Die barocke Rhetorik versteht diese Figur als Katabasis, deren abwärtsgeführte Linie menschliche Erniedrigung widerspiegelt und im aufgezeigten Beispiel, gleichsam den Blick senkend, eine Demut vor dem geschichtlichen Augenblick ins Auge fasst. Im Spannungsfeld zwischen Gebundenheit (erster Chor) und Freiheit (zweiter Chor) legt Brahms die Verzweigungen von historischer Integration und auf ihr gründendem Handeln offen.

Gleichwohl konnte die deutsche Musikgeschichtsschreibung in Zeiten eines entfesselten Nationalismus die Verwendung des Kanons ohne weiteres in der Nachfolge Bachs deuten und einen ‚deutschen Weg' in der Musikgeschichte insinuieren, der nicht zuletzt darauf ausgerichtet war, sich von anderen nationalen Musikgeschichten abzusetzen. So jedenfalls könnte man Kalbecks Epitheton der „Bachschen Gestaltungskraft" a u c h lesen, oszilliert doch hier die Tradition einer Lesart, die in der Anwendung des Kontrapunktes und einer daraus resultierenden strengen gedanklichen Durchdringung des musikalischen Materials leere Formeln wie die einer ‚deutschen Tiefe' abgeleitet hat. Von hier aus war es der deutschen nationalistischen Musikpublizistik leicht möglich, sich gegen andere Nationen, so auch gegen Frankreich, zu positionieren.

Notenbeispiel 1

Dass ein Vermerk zum Planungsstand des 21. März aus dem Innenministerium vor allem das „machtvolle Amen" erwähnt, welches die Motette beschließt, erscheint vor diesem Hintergrund zwingend.[38] Am Schluss setzt der Bass des ersten Chores mit tiefer, sich aufwölbender Stimme ein und eröffnet eine Entwicklung, die sich, abschließend in beiden Sopranen, immer höher aufschwingt.

Notenbeispiel 2

Es scheint, als teile sich im tektonischen Geflecht der Faktur ein Hauch von Geschichte mit, der durch die Epochen weht, um am Ende in der alle Stimmen vereinenden Aufgipfelung einen affirmativen Impuls für eine im Aufbruch befindliche Gegenwart auszusenden. Das kompositorische Motiv, welches Brahms aus dem gebrochenen Dur-Dreiklang in erster Umkehrung gewinnt, ist dabei nicht neu, es bildet bereits zu Beginn des dritten Spruches die musikalische Grundlage der Worte „Wo ist ein so herrlich Volk". Zunächst bekräftigt die motivische Reprise den Topos der einem Volk zuteil gewordenen göttlichen Erwählung. Setzt man den „Dialog mit der Geschichte"[39] bei Brahms jedoch tatsächlich voraus, so finden sich in den auf-

---

[38] Reichsministerium des Innern IB 1201a/18.3., Abschrift, BarchB, R 1501/125033; zit. nach Wernicke, „Der Handschlag am ‚Tag von Potsdam'", S. 35ff.
[39] Siehe *Musik und Musikforschung. Johannes Brahms im Dialog mit der Geschichte*, hrsg. von Wolfgang Sandberger und Christiane Wiesenfeldt, Kassel u.a. 2007.

einanderfolgenden Terz-Sext-Klängen modifizierte Reste eines Fauxbourdon, der in der barocken Figurenlehre in erster Linie ‚Falsches' oder ‚Sündhaftes' zum Ausdruck bringt. Spekulativ betrachtet spiegelt sich in den gebrochenen Sextakkorden eine geschichtliche Verzerrung des Erwählungsgedankens. Man braucht dem nicht unbedingt zu folgen, um Brahms trotz seiner „Vaterlandsreligion" dennoch als Warner einer allzu engen Verquickung von Religion und Geschichte zu verorten. Die Unschärfen aber, die dieser Relation namentlich in der Neuzeit innewohnen, müssen ihm, der den Blick zurück intensiv pflegte, durchaus bewusst gewesen sein.

Am „Tag von Potsdam" lag in der Sentenz „Hüte dich nur und bewahre deine Seele wohl, dass du nicht vergessest der Geschichte, die deine Augen gesehen haben" nach den Worten von Siegfried Kross eine „erschreckende Prophetie".[40] Der biblische Appell, der dem 5. Buch Mose, Kapitel 4, Vers 9 entnommen ist, bezieht sich auf das 4. Buch Mose, Kapitel 25, worin Gottes Zorn über sein Volk geschildert wird. Nachdem es sich von ihm abgewandt hatte, konnte es Gottes Gnade erst durch die Entfernung seiner Götzendiener wiedererlangen. Darin schien das Schicksal der deutschen Geschichte vorgezeichnet, auch wenn es am 21. März 1933 mehrheitlich nicht als Menetekel gedeutet wurde. Kurz vor Drucklegung seines Brahms-Buches hatte Alfred von Ehrmann 1933 eine Fußnote hinzugefügt, in der er die Wendung prägte, dass die Darbietung eines der *Fest- und Gedenksprüche* zum „großen Staatsakt der Deutschen Erhebung" „vielleicht bedeutungsvoller" als „die Uraufführung selbst" gewesen sei.[41] Noch 1944 assoziierte Karl Laux op. 109 mit dem „Geist von Potsdam": „Wenn Brahms am Eingang dieses dritten Spruches den Chor ‚froh bewegt' jubeln lässt [...], so braust dieser Jubelsturm herein in unsere stolze deutsche Gegenwart." Und fügte hinzu, dass am 21. März 1933 „nicht nur ein ‚Gedenk'-, sondern ein wirklicher ‚Festspruch'" erklungen sei.[42] Dabei spielten dem sich gerade etablierenden NS-Staat durchaus wichtige Anlässe des Gedenkens in die Hände: In das Jahr der ‚nationalen Erweckung' fiel neben dem 50. Todestag Richard Wagners am 13. Februar 1933 ein weiteres rundes Jubiläum in der Musikwelt. Am 7. Mai 1933, nur wenige Wochen nach dem Potsdamer Festakt, jährte sich der Geburtstag von Johannes Brahms zum 100. Male.

---

[40] Siegfried Kross, *Die Chorwerke von Johannes Brahms*, Berlin, Wunsiedel 1958, S. 434.
[41] Alfred von Ehrmann, *Johannes Brahms. Weg, Werk und Welt*, Leipzig 1933, S. 418. Die Uraufführung von op. 109 fand am 9. September 1889 im Rahmen des Musikfestes in der Hamburgischen Gewerbe- und Industrieausstellung in Hamburg statt. Der auf ca. 400 Sänger verstärkte Cäcilienverein sang unter Leitung von Julius Spengel. Das Chorwerk ist dem Hamburger Bürgermeister Carl Petersen gewidmet.
[42] Karl Laux, *Der Einsame. Johannes Brahms – Leben und Werk*, Graz 1944, S. 342.

Hamburg, Brahms' Vaterstadt, spielte neben Wien eine wichtige Rolle: Die Hansestadt lieferte die Kulisse für das von der Philharmonischen Gesellschaft organisierte und vom „Kampfbund für deutsche Kultur" unterstützte „Reichs-Brahmsfest", das insgesamt sechs Veranstaltungen umfasste. Eröffnet wurden die Feierlichkeiten mit einem „staatlichen Festakt" am 7. Mai in der Musikhalle, in dessen Rahmen die *Alt-Rhapsodie* op. 53 sowie *Nänie* op. 92 auf dem Programm standen.[43] Dabei ist eine Akzentverschiebung zu beobachten: Die auffallend prominente Verwendung, die einem der *Fest- und Gedenksprüche* am „Tag von Potsdam" widerfahren war, wiederholte sich während des Hamburger „Reichs-Brahmsfestes" dezidiert nicht. Offensichtlich ließ sich die historisch-patriotische Kontextualisierung von op. 109 für die Nazi-Eliten kaum mehr funktionalisieren, da sie eher den monarchischen Kräften nutzen musste. Folgt man dieser These, so wäre es denkbar, dass der letzte der Sprüche von op. 109 vor allem von den Deutschnationalen auf das Programm des „Tages von Potsdam" gesetzt wurde. Gestützt wird die Annahme durch den Eintrag des Reichsministeriums des Inneren vom 18. März 1933, als im Zuge der Vorbereitungen des Potsdamer Staatsaktes von Brahms' op. 109 die Rede ist. Konkret heißt es: „Anschließend wird die Motette von Brahms gespielt".[44] Trotz der Verwendung des bestimmten Artikels klingt die Formulierung merkwürdig distanziert – einmal abgesehen davon, dass ein Vokalwerk in aller Regel nicht „gespielt" wird. Die Wendung suggeriert, dass die Verantwortlichen im von der NSDAP geführten Innenministerium, dem die Organisation des 21. März 1933 oblag,[45] nicht wussten, um welche Motette von Brahms es sich handelte. Kam der Vorschlag für op. 109 also aus dem Büro oder sonstigem Umfeld des Reichspräsidenten? So abwegig scheint die Hypothese nicht, waren es doch gerade die Deutschnationalen um Hindenburg, die mit der von Brahms vertonten Mahnung gegen Geschichtsvergessenheit die Hoffnung auf eine

---

[43] Vgl. Nina Ermlich/Mathias Lehmann, „Konzerte und Veranstaltungen", in: *Das „Reichs-Brahmsfest" 1933 in Hamburg. Rekonstruktion und Dokumentation*, hrsg. von der Arbeitsgruppe Exilmusik am Musikwissenschaftlichen Institut der Universität Hamburg, Hamburg 1997, S. 47ff.
[44] Reichsministerium des Innern IB 1201a/18.3., Abschrift, BarchB, R 1501/125033.
[45] In seinem Aufsatz „Der Handschlag am ‚Tag von Potsdam'" entkräftet Thomas Wernicke die von Goebbels lancierte Legende, wonach der kurz zuvor in sein Amt eingeführte Propagandaminister den Ablauf des 21. März 1933 organisiert hat. Vielmehr stand das Reichsinnenministerium maßgeblich in der Verantwortung – vor allem der Leitende Beamte Dr. Georg Kaisenberg sowie Ministerialamtmann Krüger, der für Allgemeines, Kostendeckung, Zeremoniell und Zeitprogramm zuständig war. Ministerialamtmann Borchardt zeichnete für Presse, Fotografen, Ton und die musikalische Umrahmung verantwortlich. Vgl. Wernicke, S. 17.

monarchische Restauration verbanden. Jene von Brachmann attestierte Bitte um Mäßigung, die Brahms dem frisch gekrönten Wilhelm II. in op. 109 zu bedenken gibt, erlaubt am „Tag von Potsdam" einen analogen Schluss. Er legt nahe, dass die preußischen Konservativen auf ein vergleichbares Maß- und-Mitte-Halten in der Amtsführung des neuen Machthabers setzten, auch wenn sie im Frühjahr 1933 kaum von Brahms' Notizbuch gewusst haben dürften.

Hitler bediente die Sehnsucht der Konservativen nach einer Restituierung der Hohenzollern, um die eigene Macht zu sichern. In einem Gespräch am 12. September 1932 soll er sich gegenüber Kurt Lüdecke zur Rolle Hindenburgs geäußert haben: „Sehen Sie nicht, dass ich den alten Droschkengaul noch brauche? Sagen Sie, was Sie wollen, sein Prestige ist immer noch unbezahlbar – eine fabelhafte Reputation, die man ausnutzen muss. Darin steckt ein symbolisches Bild, das ich nicht ungenutzt lassen will: Hindenburg als Repräsentant des alten Deutschland und ich als der des neuen; das alte Deutschland, das seine Hand dem neuen entgegenstreckt – der alte Feldmarschall des Weltkrieges und der junge Gefreite aus dem Schützengraben, die am Grab Friedrichs des Großen gemeinsam auf das Hakenkreuz schwören! Ein großartiges Bild mit gewaltigem Potential! Ich werde in Potsdam ein Stück aufführen, wie es die Welt noch nicht gesehen hat."[46] Hitler ging es um den Eintritt in die Geschichte, um das Fortschreiben einer Erzählung, die sich aus dem Gedächtnis des Unrechts und der Zunahme des Ressentiments ergab. Im Rekurs auf die Auseinandersetzungen des 20. Jahrhunderts hat Peter Sloterdijk bilanziert: „Die ganze Epoche bleibt dunkel, wenn man nicht offenlegt, wie in ihr das Ressentiment zur ersten Geschichtsmacht werden konnte."[47] Die Erregungsgemeinschaft[48] bildete die

---

[46] Im englischen Original: „Don't you see that I need the old cabhorse? Say what you will, his prestige is still priceless – a fabulous reputation that must be exploited. Here's a symbolic picture I don't intend to miss: Hindenburg representing the Old Germany and I the New, the Old Germany reaching out its hand to the New – the old Field-Marshal of the World War and the young Corporal from the trenches pledging themselves to the Swastika at the tomb of Frederick the Great! A marvelous tableau, with tremendous potentialities! I'll stage such an act in Potsdam as the world has never seen!" Kurt G. W. Luedecke, *I knew Hitler. The Story of a Nazi Who Escaped the Blood Purge*, New York 1937, S. 460.
[47] Peter Sloterdijk, „Der neue Kategorische Imperativ: ,Erfülle deine Genießerpflicht!'", Gespräch mit Christoph Bopp, in: *Ausgewählte Übertreibungen. Gespräche und Interviews 1993–2012*, hrsg. von Bernhard Klein, Berlin 2013, S. 330.
[48] Siehe Peter Sloterdijk, *Zorn und Zeit. Politisch-psychologischer Versuch*, Frankfurt am Main 2006; hier besonders das Kapitel: „Das Epochenprojekt: Den Thymos der Erniedrigten erregen", S. 180 ff.

Kehrseite einer ressentimentverarbeitenden Gruppe, deren Credo lautete: Je mehr wir damals verloren haben, desto mehr haben wir seither gewonnen. Diese ins Säkulare gewendete Prädestination ließ sich im Frühjahr 1933 leicht aufwärmen, sie zeitigte ein Kollektiv auserwählter Verlierer, dessen Leidenserfahrungen zum geschichtemachenden Movens erwachsen sollten. Hitler brauchte lediglich daran anzubinden, nicht zuletzt deswegen, weil der Erregungsfuror der Deutschen vor dem Hintergrund eines übersteigerten Nationalismus noch immer leicht zu entfachen war.

Mit den Eingangsworten von Brahms' op. 109 Nr. 3 „Wo ist ein so herrlich Volk" konnte die Imaginierung einer Gemeinschaft am „Tag von Potsdam" nachdrücklich als Epiphanie eines geschichtlich bedeutsamen Augenblicks gefeiert werden.[49] Die Verwendung suggestiv aufgeladener Symbole, wie Hindenburgs Andacht an der Gruft der preußischen Könige, übertünchte mit theatralisch wirksamen, jedoch plakativen Mitteln ein gesellschaftliches Zerrbild, das Walter Benjamin 1935 auf die Formel einer „Phantasmagorie der Volksgemeinschaft" gebracht hat.[50] Auch wenn die Idee für op. 109 Nr. 3 am 21. März 1933 mutmaßlich kaum von den Nazis exponiert worden war, passte sie doch in deren demagogischen Auftritt. Am „Tag von Potsdam" sollten nicht nur die preußischen Konservativen verführt werden, sondern mit ihnen ein ganzes Volk. Op. 109 Nr. 3 galt neben dem Zugeständnis an das deutschnationale Lager ferner als Testfall, eines der Chorwerke von Johannes Brahms in den Dienst der Emotionalisierung der Massen zu stellen. Dass sich Brahms' Musik, cum grano salis, durch eine weitaus komplexere und zudem weniger theatralische Faktur auszeichnet, konnte dem Instinkt der neuen Machthaber trotz der von ihnen genutzten Phrase von ‚Brahms, dem Deutschen' nicht verborgen bleiben. Brahms' Skeptizismus im Blick auf die Gestaltung der Zukunft, wie er in op. 109 Nr. 3 anklingt, barg für die Nationalsozialisten die Gefahr, dass das zweifelnde, kaum zu enthusiasmierende Individuum sich nicht in ein Kollektiv einbinden ließ und folglich weder kontrollierbar noch instrumentalisierbar war. Zudem musste Brahms' Leitspruch „Frei, aber einsam" die Nazis doppelt mit Argwohn füllen, zum einen weil er Freiräume für den einzelnen Menschen reklamierte, die eine auf Personenkult ausgerichtete Diktatur hätten ins Wanken bringen können, und zum anderen weil darin die Abkehr von jeglichem Kollektivgedanken mitschwang.

---

[49] Die These, dass mit der Anrufung des „Volkes" immer auch die Sammlungen des Zorns beginnen, hat Peter Sloterdijk in *Zorn und Zeit* ausführlich entwickelt, ebd., S. 187.
[50] Zit. nach Boris Voigt, „Aspekte der Musikpolitik im Nationalsozialismus", in: *Das „Reichs-Brahmsfest" 1933 in Hamburg*, S. 15.

Es gehört zu den Ambivalenzen des 21. März 1933, dass die Nazis den Warnruf, der von op. 109 Nr. 3 ausging, dennoch propagandistisch nutzten, indem sie subtil auf den Versailler Vertrag verwiesen. Hitler, der Gefreite im Ersten Weltkrieg, stilisierte sich als Augenzeuge einer für viele Deutsche noch nicht abgeschlossenen Epoche und trat im Wechselspiel von Macht und Manipulation gegen das Vergessen einer Niederlage an, deren Revision mit dem „Tag von Potsdam" eingeleitet werden sollte. Doch konnte die Rechtschaffenheit des Gemüts, jenes „bewahre deine Seele wohl", nicht die ‚Wiederauferstehung' des deutschen Volkes feiern, wie es Otto Klemperer seinem Sohn zu vermitteln versucht hat, während gleichzeitig große Teile der deutschen Gesellschaft, vor allem Sozialdemokraten, Juden, Kommunisten und andere Gegner der Nationalsozialisten, nicht nur vom „Tag von Potsdam" ausgeschlossen blieben, sondern systematisch verfolgt, misshandelt und ermordet wurden. So besaß der Imperativ des „Hüte dich nur" in den Märztagen des Jahres 1933 einen zweideutigen Klang: er tönte in einer Zeit, als die Nazis ihre ersten Konzentrationslager errichteten.

MICHAEL STRUCK

Skandal in Kopenhagen?
Johannes Brahms' Aufenthalt in der dänischen Hauptstadt anno 1868[1]

Meinem verehrten Freund Robert Pascall zum 70. Geburtstag gewidmet

Gab es anno 1868 einen Skandal in Kopenhagen? Kann man von einer Art historischem ‚Shitstorm' sprechen, also einem öffentlichen ‚Sturm der Entrüstung', wie er heutzutage im Internet sowie traditionsgemäß in Zeitungs-, Radio- und Fernsehberichten, Pressekommentaren und an Stammtischen zu finden ist? Dieser ‚Shitstorm' soll, wenn man zwei maßgeblichen Brahms-Biographien des frühen 20. Jahrhunderts und einem Bericht des Dichters Klaus Groth Glauben schenkt, den damals 34-jährigen Komponisten und Pianisten Johannes Brahms Ende März 1868 aus der dänischen Hauptstadt getrieben haben. Dort hatte er zusammen mit seinem Sängerfreund Julius Stockhausen gerade drei sehr erfolgreiche Konzerte gegeben. Doch welche historischen Fakten lassen sich hinter jenem ‚Shitstorm' entdecken? Wie skandalös und nachhaltig war das, was in Kopenhagen geschah?

Einen der Skandalberichte über den Fall Brahms anno 1868 finden wir im 1907 erschienenen 2. Band der großen vierbändigen Brahms-Monographie Max Kalbecks. Diese zählt immer noch zum Grundbestand der Brahms-

---

[1] Dieser Beitrag geht auf einen Einführungsvortrag zu dem vom Verein der Musikfreunde in Kiel veranstalteten Nordischen Kammermusikfestival (7.–9. Juni 2013) zurück. Der Leiterin des VdM, Selke Harten-Strehk, danke ich für die freundliche Anregung zur Beschäftigung mit diesem Thema. Ebenso sei meinen Kollegen und meiner Kollegin an der Kieler Forschungsstelle der neuen *Johannes Brahms Gesamtausgabe* am Musikwissenschaftlichen Institut der Universität Kiel, Johannes Behr, Jakob Hauschildt, Claus Woschenko und Katrin Eich, sowie Projektleiter Siegfried Oechsle für wertvolle Hinweise herzlich gedankt. Großer Dank gebührt auch Renate und Kurt Hofmann (Lübeck) für die freundliche Überlassung der dänischen Rezensionen, Heinrich W. Schwab (Kopenhagen/Gettorf) für die Übersetzung einer der polemischen Glossen, Morten Mikkelsen für wertvolle Informationen zur Übersetzung und Jürgen Neubacher für seinen hilfreichen Hinweis auf das *Hamburger Tonkünstlerlexikon*.

Literatur, obwohl die Brahms-Forschung inzwischen etliche Fragezeichen hinter Kalbecks Darstellungen und vor allem hinter viele seiner Deutungen setzt. Kalbeck berichtete Folgendes über die Konzertreise, die Stockhausen und Brahms im März 1868 bis nach Kopenhagen führte:

> „In der Hauptstadt Dänemarks machten die Künstler geradezu Sensation, ihr Erfolg wuchs von einem Konzerte zum anderen, und sie hätten nach dem dritten, das am 24. März im Kasinosaale stattfand, noch ein viertes und fünftes geben können, wenn nicht Brahms durch eine unüberlegte Äußerung, die er in einer, ihm und Stockhausen zu Ehren von Niels Gade veranstalteten großen Soiree fallen ließ, sich den Paß gründlich verhauen hätte. Befragt, ob er das Thorwaldsen-Museum schon besichtigt und wie es ihm gefallen habe, entgegnete er: ‚Ganz außerordentlich. Schade nur, dass es nicht in Berlin ist.' Wie empfindlich er damit den Nationalstolz der Dänen beleidigen musste, denen das Jahr 1864 noch schmerzlich in allzu naher Erinnerung stand, war ihm gar nicht eingefallen."[2]

Zur Erklärung dieses Berichtes sei zweierlei bemerkt:

1. Bertel Thorvaldsen, der 1770 oder 1768 geboren wurde[3] und 1844 starb, war ein dänischer Bildhauer, dessen klassizistisch-antikisierende Statuen international bekannt und gefragt waren. Nach seiner Rückkehr aus Rom, wo er sich lange aufgehalten hatte, wurde in Kopenhagen ein Museum für die Modelle seiner Exponate und für seine aus Ägypten, Griechenland und Rom mitgebrachte Antikensammlung geplant, erbaut und 1848, also vier Jahre nach Thorvaldsens Tod, eröffnet. Fortan galt das Museum in Dänemark als unantastbares künstlerisches Nationalheiligtum und für Kopenhagen-Touristen als große Attraktion.
2. Die von Kalbeck angesprochene „schmerzlich" nachwirkende Erinnerung des dänischen Volkes an das Jahr 1864 betraf den Ausgang des Deutsch-Dänischen Krieges, der auch als 2. Schleswig-Holsteinischer Krieg bekannt ist. Ebenso wie der 1. Schleswig-Holsteinische Krieg der Jahre 1848–1851 wurzelte der Deutsch-Dänische Krieg von 1864 in vielfältigen Macht- und Freiheitsbestrebungen und Versuchen, aus der bisherigen Kleinstaaterei größere nationale Einheiten zu schaffen. In diesem Schmelztiegel der Interessen rührten sowohl Dänemark wie auch der Deutsche Bund aus Fürstentümern und freien Städten, rührte besonders stark auch

---

[2] Max Kalbeck, *Johannes Brahms*, Bd. 2/1, Berlin ³1921, S. 217.
[3] Die Angaben zu Thorvaldsens Geburtsjahr schwanken in der Fachliteratur; siehe dazu beispielsweise Gerhard Bott, Artikel „Thorwaldsen (Thorvaldsen), Bertel" in: *Theologische Realenzyklopädie*, Bd. 33, hrsg. von Gerhard Müller u. a., Berlin/New York 2002, S. 492–497, hier S. 492.

das Königreich Preußen. Andererseits strebten die unter dänischer Herrschaft stehenden Herzogtümer Schleswig und Holstein teils ganz real, teils in Gestalt politischer Ideale nach möglichst großer Eigenständigkeit. Den 1. Schleswig-Holsteinischen Krieg von 1848–1851 hatte letztlich Dänemark gewonnen. Anders war es im 2. Schleswig-Holsteinischen (Deutsch-Dänischen) Krieg von 1864. Jetzt waren das Königreich Preußen und das Kaisertum Österreich Verbündete gegen Dänemark. Ihr Sieg hatte zur Folge, dass die Herzogtümer Lauenburg, Schleswig und Holstein dem politischen Einflussbereich Dänemarks entzogen wurden, wobei Lauenburg und Schleswig an Preußen fielen. Holstein dagegen an Österreich. 1866 änderten sich die Verhältnisse durch den sogenannten Deutschen Krieg dann nochmals, indem Schleswig-Holstein insgesamt unter preußische Herrschaft kam. Diese Ereignisse muss man sich zumindest in Umrissen vor Augen halten, wenn man begreifen will, was im März 1868 in Kopenhagen geschah.

Ähnlich dramatisch wie bei Kalbeck liest sich die Schilderung des besagten Vorfalls in der zweiten großen Brahms-Biographie des frühen 20. Jahrhunderts. Sie stammt von der Engländerin Florence May, einer ehemaligen Klavierschülerin Clara Schumanns, die zeitweise auch von Johannes Brahms unterrichtet wurde. Mays Buch, das 1905 (also zwei Jahre vor dem betreffenden Band Kalbecks) auf Englisch und 1911 auf Deutsch erschien, fußt bei der Schilderung des Vorfalls unter anderem auf Mitteilungen des mit Brahms befreundeten, zu jener Zeit bereits in Kiel ansässigen Dichters Klaus Groth,[4] dessen Erinnerung sich allerdings nicht immer als zuverlässig erweist. So lesen wir bei Florence May über Stockhausens und Brahms' Konzertreise Folgendes:

> „Ihr nächster Bestimmungsort war Kopenhagen, wo sie vier Konzerte geben wollten. [...] Beide Künstler machten Furore. Stockhausen ‚elektrisierte' das Haus; Brahms hatte ‚enormen Applaus', besonders nach Vorführung seiner eigenen Kompositionen. Das zweite, wenige Tage später folgende Konzert hatte einen gleichen Erfolg: Der Konzertsaal war gedrängt voll, die Zuhörerschaft außerordentlich begeistert und das finanzielle Resultat über alle Erwartung glänzend. Dann beging Brahms einen *faux pas*, der, soweit es ihn betraf, weitere Resultate dieses Triumphes ausschloß.
>
> Als man an ihn in einer Gesellschaft, die der dänische Komponist Niels Gade ihm und Stockhausen zu Ehren gab, die Frage stellte, ob er das berühmte Thorwaldsen-Museum, mit Recht der Stolz der Kopenhagener Bürger, schon gesehen und bewundert habe, antwortete er bejahend und fügte hinzu, daß, da sowohl das Gebäude als auch seine

---

[4] Das gilt auch schon für den Bericht Kalbecks (der betreffende Passus wurde im oben zitierten Ausschnitt nicht mehr berücksichtigt).

Sammlungen so schön wären, es bedauernswert sei, dass sie sich nicht in Berlin befänden. Diese unglückselige Bemerkung, vor einem Kreise, der die gebildete dänische Gesellschaft repräsentierte, und wo die frische Erinnerung an die Okkupation Schleswig-Holsteins durch Preußen noch ein leicht verwundbarer Punkt war, brachte eine Wirkung hervor, die der Sprecher nicht entfernt beabsichtigt hatte. Man betrachtete die Bemerkung als eine absichtliche Beleidigung des Landes, das Brahms als gefeierten Gast aufgenommen hatte, und sie wurde ihm so verübelt, daß sie des Komponisten Wiederauftreten in Kopenhagen unmöglich machte. Er wählte den weisesten Weg, der ihm offen stand, schiffte sich zur nächsten Überfahrt nach Kiel ein und überließ es Stockhausen, das dritte angekündigte Konzert nach Möglichkeit zu arrangieren und dessen weiteren Erfolg durch die Verbindung mit Joachim[5] zu sichern, der im Begriff stand, der dänischen Hauptstadt einen kurzen Besuch abzustatten.

Zeitlich[6] in der Frühe in Kiel angekommen, begab sich Brahms nach der Wohnung Claus [sic!] Groths, dessen Gast er auf der Hinreise gewesen war [...]. Der Kaffee wurde schnell aufgetragen, und eine lebhafte Unterhaltung folgte; aber, da Brahms keine Erklärung seines plötzlichen Wiedererscheinens gab, begann Groth ihn endlich auszufragen: ‚Was hast du dort eigentlich angerichtet, daß du sozusagen entflohen bist? Stockhausen ist ja noch dageblieben und Ihr habt großen Beifall gefunden?' Da ihm so zugesetzt wurde, mußte der Missetäter seine Unbedachtsamkeit eingestehen. ‚Brahms! wie konntest du nur so etwas in Gesellschaft von Dänen sagen?' rief Groth. ‚Ich meinte nur damit,' erwiderte Brahms, ‚es wäre besser, wenn ein so schönes Werk, wenn so schöne Sachen in einem großen Mittelpunkt stünden und viel gesehen würden.' ‚Aber du konntest dir denken, daß die Dänen das nicht vertragen konnten.' ‚Daran habe ich gar nicht gedacht,' sagte er in seiner wahrhaften Unschuld. ‚Übrigens habe ich so viel Geld verdient, dass ich lange nichts mehr nötig habe, und so ist es einerlei.'"[7]

So weit erzählt, so gut erzählt? Leider nicht, denn Mays und Kalbecks Berichte sind in mancher Hinsicht ungenau, unzuverlässig und daher unglaubwürdig, so anschaulich sie anmuten. So irrte sich Florence May

---

[5] Gemeint ist der Geiger Joseph Joachim, der sich stark für Brahms' Schaffen einsetzte, aber für Stockhausens Kopenhagener Konzerte wohl gar nicht vorgesehen war, sondern erst in der zweiten Aprilhälfte 1868 in Kopenhagen konzertierte. Siehe dazu *Briefe von und an Joseph Joachim*, hrsg. von Johannes Joachim und Andreas Moser, Bd. 2, Berlin 1912, S. 466–470.

[6] Etwas ungeschickte Übersetzung („Zeitlich" statt „Zeitig") des englischen Originaltextes: „Arriving at Kiel at a very early hour in the morning" (Florence May, *The Life of Johannes Brahms*, Bd. 2, London 1905, S. 71).

[7] Florence May, *Johannes Brahms*, übers. von Ludmille Kirschbaum, Leipzig 1911, Teil 2, S. 74 f.

schon, als sie behauptete, in Kopenhagen seien vier gemeinsame Konzerte von Stockhausen und Brahms geplant gewesen. Auch Kalbecks Feststellung, Stockhausen und Brahms hätten zunächst noch weitere gemeinsame Konzerte geplant, trifft nicht zu. So will dieser Beitrag biographische Dichtung und historische Wahrheit von Brahms' Aufenthalt in Kopenhagen nach Möglichkeit voneinander zu trennen versuchen (so schwierig das in mancher Hinsicht auch ist).

Zu diesem Zwecke sei zunächst die Konzerttournee näher betrachtet, die der Sänger Stockhausen und sein Klavierpartner Brahms 1868 unternahmen. Danach muss der bewusste Disput über das Thorvaldsen-Museum beleuchtet werden, wobei einerseits zu fragen ist, worin das besondere Konfliktpotential des Disputs lag, und andererseits, was Brahms in jenem für ihn durchaus schicksalhaften Jahr 1868 künstlerisch besonders umtrieb. In einem Exkurs, der über den Kopenhagener Eklat von 1868 hinausführt, wird sowohl nach Brahms' Verhältnis zu den dänischen Komponisten Niels Wilhelm Gade und Carl Nielsen wie nach der Präsenz von Brahms' Musik in Dänemark zu Lebzeiten des Komponisten gefragt. So lässt sich Brahms' einziger Besuch in Kopenhagen letztlich besser einschätzen.

* * *

DIE KOPENHAGENER KONZERTE

Die Konzerttournee, die Deutschlands damals führender Konzertsänger Julius Stockhausen im März 1868 mit Brahms unternahm,[8] endete zwar in Kopenhagen, hatte aber bereits am 2. März in Berlin begonnen, wo beide Künstler am 7. März nach einem Dresdner Konzert (5. März) nochmals auftraten. Danach war der Norden an der Reihe mit Auftritten in Lübeck am 9., in Hamburg am 11. und in Kiel am 13. März. Schließlich ging es nach Kopenhagen, wo bereits am 17. März das erste Konzert stattfand. Hier mussten die beiden deutschen Künstler erst einmal das Terrain erkunden und sehen, wie das hauptstädtische Publikum auf ihre Darbietungen und im

---

[8] Ursprünglich hatte Stockhausen geplant, mit Clara Schumann als Solopianistin und Liedbegleiterin in der Zeit von Ende Oktober bis Anfang November 1867 zu gemeinsamen Konzerten nach Kopenhagen zu kommen, wie seine Korrespondenz mit dem dänischen Komponisten Niels Wilhelm Gade vom Oktober 1867 zeigt. Erst nachdem dieses Vorhaben sich zerschlagen hatte, scheinen Stockhausen und Brahms ihre Tournee geplant zu haben. Siehe *Niels W. Gade og hans europæiske kreds. En brevveksling 1836–1891. Niels W. Gade und sein europäischer Kreis. Ein Briefwechsel 1836–1891*, hrsg. von Inger Sørensen, Bd. 1–3, Kopenhagen 2008, hier Bd. 2, S. 716–719.

Falle von Brahms auch auf dessen Kompositionen ansprechen würde. Davon, dass sie einkalkuliert hätten, vier oder fünf Konzerte zu geben, wie Kalbecks und Mays Berichte suggerieren, kann ebenso wenig die Rede sein wie von Mays Behauptung, beide Künstler hätten in Kopenhagen letztlich überhaupt nur zwei gemeinsame Konzerte gegeben.[9]

Welche Werke aber hatten die zwei Künstler mit auf die Konzertreise genommen? Die Anzahl der Kompositionen, die sie während ihrer Tournee zwischen dem 2. und 24. März 1868 – also innerhalb von gut drei Wochen – zu Gehör brachten, ist erstaunlich groß. Das Schmalspur-Repertoire, mit dem manche heutigen Künstler mitunter eine ganze Saison lang durch die Lande oder um die Welt reisen, war ihre Sache nicht, wobei freilich zu bedenken ist, dass die Ansprüche an die Aufführungsperfektion wohl auch längst nicht so hoch waren wie heute – oder dass sie zumindest von Seiten des Klavierbegleiters Brahms nicht unbedingt in dem heute vielfach üblichen Maße erfüllt wurden. Zwar berichtete Stockhausen an seine Frau Clara, das erste Kopenhagener Konzert sei „brillant" ausgefallen und bemerkte dabei ausdrücklich: „Brahms nahm sich zusammen", was ihm wohl als erwähnenswert erschien, weil es in den vorangehenden Konzerten nicht immer so gewesen war – und auch in den folgenden nicht so sein sollte.[10] Da lesen wir nach dem zweiten Kopenhagenkonzert: „Brahms akkompagnierte die französische Arie noch schlechter als in Hamburg, aber das geniert ihn nicht, – nur mich."[11] Ebenfalls von Kopenhagen aus wurde die gemeinsame Freundin Clara Schumann von Stockhausen über die Konzertreise informiert und erhielt dabei unter anderem folgende Schilderung über Brahms, der in Kopenhagen schon seine bevorstehenden Bremer und Oldenburger Konzerte[12] vorbereitete:

„Brahms übt heute wie toll am Schumannschen Konzert, d. h. er lernt es auswendig; denn Sie wissen, von wirklichem Üben ist bei ihm selten die Rede. Er ist gewiß unser größter Musiker; […] aber ein Klavierspieler wird er nie; jede Übung langweilt ihn so sehr, dass er nur – spielt. Wir haben gute, aber nicht sehr gute Konzerte in Dresden, Berlin, Hamburg, Kiel und hier gegeben. […] Bemerkungen nützen aber nichts; es ist mit ihm vergebene Mühe. Schon die Begleitung der Lieder ist ihm zu viel. Nun gar die Arien! Sie würden manchmal Ihren Spaß dabei haben, – Sie kennen ihn ja."[13] (Dass

---

[9] Kalbeck, *Brahms* Bd. 2/1, S. 214, May, *Brahms* Bd. 2, S. 75.
[10] Julia Wirth (geb. Stockhausen), *Julius Stockhausen. Der Sänger des deutschen Liedes. Nach Dokumenten seiner Zeit dargestellt*, Frankfurt am Main 1927, S. 308 f.
[11] Ebd., S. 310.
[12] Siehe Renate und Kurt Hofmann, *Johannes Brahms als Pianist und Dirigent. Chronologie seines Wirkens als Interpret*, Tutzing 2006, S. 108 f.
[13] Wirth, *Stockhausen*, S. 310.

die Kopenhagener Presse im Hinblick auf den Pianisten Brahms offenbar weniger streng war, wird noch zu zeigen sein.)

Allein in den sechs Konzerten, die Stockhausen und Brahms zwischen dem 9. und dem 24. März, also innerhalb von 16 Tagen, in Lübeck, Hamburg, Kiel und Kopenhagen gaben, erklangen insgesamt 32 Gesangs- und Klavierwerke des 17., 18. und 19. Jahrhunderts, teils in Auszügen, teils vollständig.[14] Da spielte Brahms auf dem Klavier Stücke von Johann Sebastian und Wilhelm Friedemann Bach, wobei es sich überwiegend um Klavierbearbeitungen von Orgelwerken handelte, sowie „Capricen" – also einige der kurzen einsätzigen Sonaten – Domenico Scarlattis. Von Beethoven trug er die Es-Dur-Sonate op. 27 Nr. 1, die Fantasie op. 77 und die 32 Variationen in c-Moll vor, von Schubert den langsamen Satz der großen a-Moll-Sonate op. 42 (D 845) und seine eigene zweihändige Bearbeitung eines vierhändigen Marsches, von Schumann die ersten drei Stücke der *Kreisleriana* op. 16 sowie die große C-Dur-Fantasie op. 17, teils in Auszügen, teils vollständig. Außerdem spielte er natürlich eigene Werke: das bereits 1851 entstandene Scherzo op. 4, außerdem Andante und Scherzo aus der Klaviersonate f-Moll op. 5 sowie drei Variationswerke, darunter die *Händel-Variationen* op. 24, die auch in Kopenhagen erklangen, und die *Paganini-Variationen*, die er in Hamburg und Kiel zu Gehör brachte.

Mit dem Spiel der Solowerke war es aber noch nicht getan, denn Brahms musste auf der Tournee auch Stockhausens Gesang begleiten: barocke Arien von Alessandro Stradella, Giovanni Bononcini und Georg Friedrich Händel, Arien des späten 18. oder frühen 19. Jahrhunderts von Nicolò Isouard und von François-Adrien Boieldieu (darunter eine Arie aus dessen Oper *Rotkäppchen* [*Le petit chaperon rouge*]). In den drei norddeutschen Städten erklangen auch Deutsche Volkslieder, nicht aber in Kopenhagen, wo man dies vielleicht als deutschnationale Kundgebung hätte missverstehen können. Bedeutsam war ebenfalls der gemeinsame Vortrag von Liedzyklen: In Kopenhagen führten Stockhausen und Brahms Beethovens Liederkreis *An die ferne Geliebte* und Schumanns *Dichterliebe* auf, während in Hamburg die erste Hälfte aus Schumanns Eichendorff-*Liederkreis* op. 39 (einschließlich der *Mondnacht* und der *Schönen Fremde*) erklang. In Kopenhagen war auch vergleichsweise viel Schubert zu hören, nämlich vier Lieder aus der *Schönen Müllerin* und der *Erlkönig*, der im zweiten Konzert gleich zweimal erklang: als Teil des offiziellen Programms und nochmals als Zugabe. Brahms-Lieder

---

[14] Die folgenden Informationen basieren auf Hofmann, *Chronologie*, S. 104 f. (Berlin, Dresden), S. 105 f. (Lübeck, Hamburg, Kiel), S. 107 f. (Kopenhagen). Die in den entsprechenden Fußnoten dokumentierten kurzfristigen Programmänderungen wurden berücksichtigt.

wurden de facto nur in den norddeutschen Städten Berlin, Lübeck und Kiel geboten, darunter *Die Mainacht* aus den *Vier Gesängen* op. 43. Der Planung zufolge wollte Stockhausen *Die Mainacht* ebenfalls in Kopenhagen singen, wenn auch erst nach Brahms' Abreise. Warum es nicht dazu kam, wird im Folgenden noch erläutert werden.

Bekanntlich waren viele Konzertprogramme des frühen und mittleren 19. Jahrhunderts weitaus ‚gemischter' als heutzutage. Klaviersonaten wurden relativ selten im Konzert aufgeführt, und wenn sie gespielt wurden, dann erklangen, wie hier im Falle von Schubert und Brahms, oft nur bestimmte Sätze daraus. Liederzyklen wurden ebenfalls oft nicht komplett, sondern nur auszugsweise aufgeführt. Das galt auch für relativ moderne Werke. Schumanns *Dichterliebe* beispielsweise war im Jahre 1868 nicht mehr als 28 Jahre alt, und Schuberts *Schöne Müllerin* zählte damals erst knapp 45 Jahre.[15] Freilich war es gerade Julius Stockhausen, der in der zweiten Hälfte des 19. Jahrhunderts damit begann, die großen Liederzyklen des frühen 19. Jahrhunderts im Konzert vollständig aufzuführen, wobei unter anderem Johannes Brahms und Clara Schumann die Klavierbegleitung übernahmen. Ein hochinteressanter Zwischenzustand dieser Entwicklung ist im letzten gemeinsamen Kopenhagener Konzert von Stockhausen und Brahms am 24. März 1868 zu beobachten: An diesem Abend brachten beide Künstler Schumanns 1840 entstandenen Liederzyklus *Dichterliebe* nach Gedichten Heinrich Heines komplett zu Gehör, boten allerdings nicht alle 16 Vertonungen in einem Zuge, sondern teilten den Zyklus in zwei Hälften von je acht Liedern (was genau dem Inhalt der beiden Hefte entspricht, in denen die *Dichterliebe* 1844 erstmals im Druck erschienen war[16]). Zwischen den beiden Teilen der *Dichterliebe* spielte Brahms die ersten drei Stücke aus Schumanns 1838 entstandenem und publiziertem Klavierzyklus *Kreisleriana*, der von Dichtungen E. T. A. Hoffmanns inspiriert ist.[17] Dabei ließen sie sich auch nicht von

---

[15] Der Zeitraum seit ihrer Entstehung war somit viel kleiner als beispielsweise die zeitliche Spanne zwischen dem Jahr 2013, in dem der vorliegende Beitrag entstand, und dem Tod Arnold Schönbergs 62 Jahre (1951) oder dem Tod Anton von Weberns und Béla Bartóks 68 Jahre zuvor (1945).

[16] Siehe Margit L. McCorkle, *Robert Schumann. Thematisch-Bibliographisches Werkverzeichnis*, München 2003, S. 204–206, 208 f.

[17] Auch bei früheren Aufführungen von Schumanns *Dichterliebe* hatten Stockhausen und Brahms schon eine entsprechende Aufteilung vorgenommen, wobei einmal als Variante zu den *Kreisleriana* Schumanns *Fantasie* op. 17 eingeschoben wurde (siehe Hofmann, *Chronologie*, S. 66 f. und 105). Zu entsprechenden programmdramaturgischen Konzeptionen der Sängerin Amalie Joachim bei Aufführungen von Schuberts Liederzyklus *Die schöne Müllerin* in den 1880er-Jahren, die Beatrix Borchard als „aufführungspraktische Interpretation" bezeichnete, siehe Beatrix Borchard, „Die Sängerin Amalie Joachim und ‚Die schöne Müllerin' von Franz Schubert", in: *Frauen- und Män-*

einem anonymen Musikkritiker der dänischen Tageszeitung *Berlingske Tidende* irre machen, der am Tag vor dem Konzert den Künstlern noch eindringlich nahegelegt hatte, doch besser nur „eine kleinere Auswahl aus diesem Zyklus zu treffen", der ohnehin, was den Inhalt betreffe, „keine solche Einheit" bilde wie Schuberts *Schöne Müllerin*. Stattdessen wünschte sich der Rezensent, Stockhausen möge doch „das Publikum mit einigen anders gearteten Nummern seines reichen Repertoires […] erfreuen, beispielsweise mit einer Wiederholung der herrlichen Arie aus [Boieldieus Oper] ‚Rotkäppchen'", die er schon im ersten Konzert gesungen hatte. Denn es sei für Hörer und Sänger doch sehr anstrengend und fordere eine noch gespanntere Aufmerksamkeit als Beethovens Zyklus *An die ferne Geliebte*, wenn man „16 Nummern des gleichen Komponisten" hören beziehungsweise singen müsse.[18]

Wenn auch unklar ist, ob die Idee, *Dichterliebe* und *Kreisleriana* zu koppeln, von Brahms stammte, führte sie an der Teilungsstelle des Liederzyklus doch zu einem bemerkenswerten Resultat: Die erste Hälfte der *Dichterliebe* endet mit dem Lied *Und wüßten's die Blumen, die kleinen, wie tief verwundet mein Herz*. Die Klavierbegleitung besteht fast das ganze Lied hindurch aus tremoloähnlichen Zweiunddreißigstel-Wechselnoten, die die Gesangslinie umspielen und in vibrierende Bewegung versetzen. Nachdem es am Schluss des Gedichtes über die treulose Geliebte hieß: „*sie hat ja selbst zerrissen, zerrissen mir das Herz*", verwandelt sich das Klaviernachspiel in zornig-verzweifelt auf- und abstürzende, also ebenfalls gleichsam „zerrissene" triolische Sechzehntelfigurationen. Dieses sechstaktige Klaviernachspiel, das aus der lyrischen Klage und Selbstbemitleidung des Liedes ausbricht und dadurch den heißen Kern der Klage freilegt, ähnelt unüberhörbar dem 1. Stück aus Schumanns *Kreisleriana*, das Brahms entweder gleich anschließend spielte oder mit dem er nach kurzem Zwischenbeifall den roten Faden des Klaviernachspiels wieder aufnahm. Diese aufschlussreiche Folge brachte

---

nerbilder in der Musik. Festschrift Eva Rieger, hrsg. von Freia Hoffmann, Oldenburg 2000, S. 69–80.

[18] *Berlingske Tidende*, 23. März 1868: „Vi henstille til den ærede Concertgiver, om det ikke vilde være vigtigere at tage et mindre Udvalg af denne Cyclus (der fra Indholdets Side ikke danner nogen Heelhed saaledes som Schuberts ‚Die schöne Müllerin'), og til Gjengjæld at glæde Publicum med nogle andre forskjelligartede Numre af hans rige Repertoire, deriblandt ogsaa en Gjentagelse af den prægtige Arie af ‚Rødhætten'. Allerede Beethovens Sangcyclus, som vi hørte i Løverdags, krævede spændt Opmærksomhed; at følge Sangeren igjennem 16 Numre af samme Componist, er en heel Opgave, der ikke kan løses uden Anstrengelse." Diese und die folgenden Zitate werden im Haupttext dieses Beitrages in deutscher Übersetzung des Autors wiedergegeben.

den Liederzyklus und den Klavierzyklus Schumanns somit in direkten Kontakt, ließ beide Werke erhellend miteinander kommunizieren.

Die Reaktionen der Kopenhagener Presse auf dieses und die beiden vorangehenden Konzerte waren weit mehr als nur freundlich, wenn man die Rezensionen der beiden Tageszeitungen *Berlingske Tidende* und *Dags Telegrafen* zum Maßstab nimmt. Selbst die *Berlingske Tidende*, deren Kritiker die beiden Musiker zuvor aufgefordert hatte, statt allzu viel Schumann lieber nur Auszüge aus der *Dichterliebe* zu bringen und populäre Vokalstücke wie Boieldieus *Rotkäppchen*-Arie zu wiederholen, wusste über den Schumann-Schwerpunkt des dritten Konzertes nur noch Lobendes zu berichten. Brahms' Spiel der Stücke aus den *Kreisleriana* und einer Bach-Fantasie wurde wegen seiner „besonders schön[en]" „Klarheit in der Auffassung" und der „echte[n] musikalische[n] Hingebung an den Gegenstand" gelobt. Und über die Wiedergabe der *Dichterliebe* ist unter anderem zu lesen:

> „Die zweite Konzerthälfte war ausschließlich Robert Schumann gewidmet. Die 16 Gesänge aus Heines ‚Dichterliebe' trug Stockhausen mit einer Vollendung in der Form und einer Innerlichkeit im Ausdruck vor, die die Zuhörer unwiderstehlich hinriss. Die verschiedenen lyrischen Stimmungen, die sich in diesen Gedichten widerspiegeln, bald zarte Freude und milde Wehmut, bald leidenschaftlicher Schmerz und dunkle Verzweiflung, wurden vom Sänger mit bewunderungswürdiger Klarheit und Anschaulichkeit wiedergegeben. [...] Einen wesentlichen Anteil an der Wirkung, die diese Gesänge hervorbrachten, hatte Herrn Brahms' Begleitung, die so fein und meisterlich nuanciert war, wie man es sich nur wünschen konnte."[19]

Bereits die Kritiken der ersten beiden Konzerte waren weithin enthusiastisch gewesen, wenn man auch vielleicht im ersten Bericht der *Berlingske Tidende* noch kleine Spitzen gegen die beiden deutschen Interpreten vermuten könnte. Denn mit Blick auf die Wiedergabe einiger Lieder aus Schuberts *Schöner Müllerin* wurde – trotz Stockhausens vortrefflich zum

---

[19] *Berlingske Tidende*, 25. März 1868: „Den Klarhed i Opfattelsen og ægte musikalske Hengivelse til Æmnet, der er betegnende for alle Brahms' Præstationer, fremtraadte navnlig smukt i Udførelsen af Bachs Phantasi og Schumanns ‚Kreisleriana'. [...] Concertens anden Halvdeel var udelukkende helliget Robert Schumann. De 16 Sange af Heines ‚Dichterliebe' foredrog Stockhausen med en Fuldendthed i Formen og en Inderlighed i Udtrykket, der uimodstaaelig henrev Tilhørerne. De forskjellige lyriske Stemninger, der speile sig i hine Digte, snart Fryd og mild Veemod, snart lidenskabelig Smerte og mørk Fortvivlelse, gjengaves af Sangeren med beundringsværdig Klarhed og Anskuelighed. [...] En væsentlig Andeel i den Virkning, som disse Sange frembragde, havde Hr. Brahms' Accompagnement, der var saa fiint og mesterligt nuanceret, som man kunde ønske sig."

Inhalt passender „Innerlichkeit und Feinheit" der Gestaltung – doch konstatiert, „wie wenig günstig für den Gesang der deutsche Text [...] im Vergleich zum italienischen oder französischen" sei.[20] Und es war entweder eine Fehlinformation, wie man sie damals häufiger las, oder eine kleine Bosheit, wenn Brahms zu Unrecht unterstellt wurde, er sei in Altona geboren worden (das in Brahms' Geburtsjahr 1833 ja noch unter dänischer Herrschaft gestanden hatte).[21]

Doch ungeachtet solcher Petitessen wurde fast nur in höchsten Tönen vom Musizieren beider Künstler berichtet. Stockhausen, so konstatierte die *Berlingske Tidende* gleich in ihrer ersten Rezension, sei „unbestreitbar einer der derzeit bedeutendsten Gesangstechniker", und nur selten habe man „das Vergnügen, einer so formvollendeten Darbietung zu folgen." „Bewundernswert" sei seine „Gesangstechnik" mit ihrer „Intonationssicherheit, Reinheit des Registerwechsels und dessen delikate[r] Behandlung sowie der kunstvollen Bildung und Nuancierung des Tons selber" und einer wirklich „seltene[n] Herrschaft über die vokalen Verzierungsmittel" wie „Triller" und „Koloraturen", die er mit außerordentlich wohltuend wirkender „Leichtigkeit und Sicherheit" behandele. Könne Stockhausens Stimme „in physischer Hinsicht" auch nicht als „außerordentlich groß" bezeichnet werden, so habe er doch einen „hohen Bariton von ansprechender Weichheit und sympathischem Klang". Allerdings müsse man abwarten, ob er auch „ein großes Theater zu füllen" vermöge. Stockhausens Darbietung der Lieder Beethovens, Schuberts und Schumanns wurde von den Kritikern zwar gebührend gelobt, doch schwärmten sie besonders von den Arien des 17., 18. und 19. Jahrhunderts, die das Publikum, wie man liest, zu „stürmischem Beifall und Hervorrufen" animiert hätten.[22]

---

[20] *Berlingske Tidende*, 18. März 1868: „Stockhausen synger [...] med en Inderlighed og Fiinhed, der fortræfflig passer til deres Indhold. Forøvrigt lægger man netop ved et Foredrag som Stockhausens, [...] mærke til, hvor lidet gunstig tydsk Text er for Sangen i Sammenligning med italiensk eller fransk."

[21] Ebenda. Siehe dazu Brahms' ironische Richtigstellung gegenüber Hermann Deiters in seinem Brief vom 8. August 1880 (*Johannes Brahms im Briefwechsel mit Karl Reinthaler, Max Bruch, Hermann Deiters, Friedr. Heimsoeth, Karl Reinecke, Ernst Rudorff, Bernhard und Luise Scholz*, hrsg. von Wilhelm Altmann, Berlin ²1912, S. 124).

[22] *Berlingske Tidende*, 18. März 1868: „Jul. Stockhausen er ubestridelig en af vor Tids første Sangteknikere, og det er med sjeldent Velbehag, at man følger et saa formfuldendt Foredrag. I Alt hvad der hører til Sangens Technik: Intonationens Sikkerhed, Overgangenes Reenhed og delicate Behandling, selve Tonens kunstmæssige Dannelse og Nuancering – – i enhver af disse Henseender frembyder Stockhausens Sang noget Beundringsværdigt. Hertil kommer et sjeldent Herredømme over Sangens ornamentale Midler: Triller, Coloraturer osv., der behandles med en Lethed og Sikkerhed, som virker overordentlig velgjørende. Hr. Stockhausens Stemme kan i

Obgleich Stockhausen in den Rezensionen der drei Konzerte insgesamt die stärkere Beachtung fand, wurde auch Brahms eingehend gewürdigt. Das betraf zum einen den Interpreten, der „ein sehr tüchtiger Pianist" sei und in Verbindung mit einer bedeutenden Technik „einen sehr schönen und elastischen Anschlag und eine große Kraft" besitze, vor allem aber durch seine „echte musikalische Auffassung und geistreiche Wiedergabe" überzeuge. Freilich bemängelte der Kritiker des *Dags Telegrafen* Brahms' Programmdramaturgie: Die ausgewählten Stücke seien zwar für „Musiker und musikalisch begabte Zuhörer" attraktiv, doch verlange „das größere Publikum" auch nach einer „weniger gehaltvollen Kost" – sprich: nach brillanten pianistischen Bravourstücken. Die aber hätten bei Brahms ganz gefehlt, weil selbst die „kleineren Kompositionen" – nämlich ein „Andante" Wilhelm Friedemann Bachs, eine „Gigue" Johann Sebastian Bachs, zwei „Capricen" Domenico Scarlattis sowie Brahms' eigene *Variationen über ein eigenes Thema* op. 21 Nr. 1 und das *Scherzo* op. 4 – „keineswegs leichte Sachen" gewesen seien.[23] (Übrigens wurde dem Pianisten und Dirigenten Brahms eine solche aus heutiger Sicht durchaus „moderne" und seriöse Gestaltung auch in anderen Städten vorgehalten, ja angelastet, beispielsweise in Wien, und auch der Dichter Hans Christian Andersen empfand im ersten Kopenhagener Konzert die Klaviermusik weitgehend als

---

physisk Henseende ikke kaldes særdeles stor; det er en høi Baryton af tiltalende Blødhed og sympathetisk Klang, men som dog maaskee vilde have ondt ved at udfylde et stort Theater. [...] Publicum udbrød strax efter den første Piano-Sats i levende Applaus, der vordede til stormende Bifald ved Ariens Slutning. [...] Forøvrigt lægger man netop ved et Foredrag som Stockhausens, der brillerer ved Tonens rene Vellyd, Mærke til, hvor lidet gunstig tydsk Text er for Sangen i Sammenligning med italiensk eller fransk."

[23] *Dags Telegrafen*, 19. März 1868: „J o h a n n e s   B r a h m s er en meget dygtig Pianist, som i Forening med en betydelig Teknik besidder et meget smukt og elastik Anslag og en stor Kraft; men det er ikke Brahms's Hovedfortjeneste, at han spiller godt Pianoforte; den maa snarere søges i hans ægte musikalske Opfattelse og aandrige Gjengivelse af de til hans Foredrag valgte Musikstykker, men der synes at mangle ham en Ting, som hand har tilfælles med mange andre betydelige Kunstnere, nemlig det rette Blik for at vælge sit Program; thi skjøndt det har stor Interesse for Musikere og musikalsk begavede Tilhørere at høre B e e t h o v e n s *Sonata quasi Fantasia i Es, op.* 27 Nr. 1, og J o h. S e b. B a c h s ‚Toccata', især naar disse Kompositioner foredrages paa den Maade, som Tilfældet var ved denne Leilighed, saa fordrer dog det større Publikum foruden Udførelsen af saadanne Værker ogsaa lidt lettere Føde, men denne savnedes ganske, da de mindere Kompositioner, som Hr. Brahms desuden spillede, nemlig ‚Andante' af F r i [e] d e m a n n B a c h, ‚Gigue' auf J o h. S e b. B a c h ‚To Capricer' af D. S c a r l a t t i samt Variationer og en Scherzo af B r a h m s, ingenlunde ere lette Sager." [Hervorhebungen hier und im Folgenden im Original.]

„trocken und eintönig".[24] Dennoch seien Brahms' Klaviervorträge, so fuhr der Kopenhagener Rezensent fort, „mit lebhafter und wohlverdienter Anerkennung belohnt" worden.[25] In den Kritiken über die beiden folgenden Konzerte wuchs das Lob noch weiter an: Wieder wurde Stockhausens „wunderbare Technik" gerühmt, und seine Darbietung von Beethovens Liederzyklus *An die ferne Geliebte* gefeiert wegen der „seltene[n] Fähigkeit" des Sängers, „dem Dichter und dem Komponisten durch alle Stimmungen zu folgen und sie in den feinsten Farben wiederzugeben. Namentlich in Pianopassagen" erreiche „sein Ausdruck eine ideale Klarheit", die ihre Wirkung nie verfehle.[26] Und „Herrn Brahms' Tüchtigkeit als Komponist und Pianist" sei im zweiten Konzert noch stärker hervorgetreten, was vielleicht auch an seiner Stückwahl gelegen habe (wobei angesichts der gespielten Werke von Schumann, Brahms und Schubert bezweifelt werden darf, ob es sich diesmal wirklich um leichter zugängliche Kompositionen handelte oder Kritiker und Hörer sich einfach nur an Brahms' Repertoirewahl gewöhnt hatten). Die Anerkennung „seitens des Publikums" sei diesmal „lebhafter" gewesen. Ja, sogar der Liedbegleiter Brahms wurde – was eher ungewöhnlich für Musikkritiken jener Zeit ist – von den Rezensenten erwähnt und für „den Geschmack und die Zartheit" gelobt, mit der er Stockhausens Gesang begleitet habe; nur bei einer Arie sei sein Klavierspiel zu laut gewesen. Auch Brahms' Solovorträge wurden gewürdigt: Bei der Wiedergabe „von Robert Schumanns genialen und schwierigen Kompositionen" gebe es, so der Rezensent der *Berlingske Tidende*, „wohl derzeit kaum jemanden, der sich mit Brahms messen" könne, denn der habe das „düstere Pathos und die Tiefe" dieser Musik „mit eindringlicher Wahrheit und Kraft" wiedergegeben. In seinen eigenen „vortrefflichen" *Händel-Variationen* op. 24, die ebenfalls die von Brahms bevorzugte „Richtung zum Ernsten und Inhaltsreichen" repräsentierten, zeige sich „reiche Phantasie und Originalität, mit der der Komponist es verstanden" habe, „alle Modulationen auszuschöpfen". So seien die Zuhörer dem Werk denn auch „ohne

---

[24] Wiedergegeben nach Knud Martner, „Johannes Brahms i København", in: *Dansk Musik Tidsskrift* 57 (1982/83), Nr. 6, S. 248–254, hier S. 251 („Claveer Musiken var mig for tør og eensartig").
[25] *Dags Telegrafen*, 19. März 1868: „Hr. B r a h m s ' s forskjellige Foredrag lønnedes med levende og velfortjent Anerkjendelse."
[26] *Berlingske Tidende*, 23. März 1868: „Ved Foredraget af Beethovens Romancecyclus ,An die ferne Geliebte' viste S t o c k h a u s e n paany sin sjeldne Evne til at følge Digteren og Componisten igjennem alle Stemninger og gjengive dem med de fineste Farver. Navnlig i Piano-Passagerne opnaaer hans Udtryk en ideel Klarhed, der aldrig forfeiler sin Virkning. Sangerens vidunderlige Technik fremtraadte med særlig Glands [...]."

Ermüdung" gefolgt, bis das Ganze mit einer pompösen Fuge von großer Wirkung" geschlossen habe.[27] Und so sei Brahms, wie *Dags Telegrafen* berichtete, nach dem Vortrag der *Händel-Variationen* „mit lebhaftem Beifall für seine hervorragenden Leistungen belohnt und viermal hervorgerufen" worden.[28]

Die Rezeption von Brahms' Spiel und Brahms' Musik durch maßgebliche Kopenhagener Zeitungen war also durchaus positiv. Kehren wir die Blickrichtung um, dann können wir konstatieren, dass die Kopenhagener Rezensenten sich ausführlich, ernsthaft und vorurteilsfrei mit Brahms' Werken und Brahms' Spiel auseinandersetzten. Und wir können Kopenhagens Publikum und Kopenhagens Musikkritik ein gutes Zeugnis ausstellen, was das Interesse und die Würdigung dieser ausgesprochen ‚neuen' Musik und der sicherlich alles andere als showträchtigen pianistischen Darbietungen angeht. Selbst Brahms' knapp eine halbe Stunde dauernden *Händel-Variationen*, die Spielende und Hörende gleichermaßen herausfordern, fanden den Zeitungsberichten zufolge in Kopenhagen starke Zustimmung.

So konnte die *Berlingske Tidende* ihren Bericht über „das dritte und letzte Konzert der Herren Stockhausen und Brahms" ganz zu Recht mit der Feststellung eröffnen, dass der große Zustrom von Hörern „ein Beweis für die ungewöhnliche Anerkennung" gewesen sei, „die beide Künstler bei unserem musikliebenden Publikum gewonnen" hätten.[29] Man darf somit von einem künstlerischen Erfolg auf ganzer Linie sprechen.

Zugleich belegen die Kopenhagener Zeitungskritiken, dass die Berichte der beiden Brahms-Biographen Max Kalbeck und Florence May über Brahms' angebliches fluchtartiges, weitere geplante gemeinsame Auftritte

---

[27] Ebd.: „Særlig fremhæve vi endnu den Smag og Fiinhed, med hvilken Brahms ledsager Stockhausens Sange; kun i et enkelt Tilfælde (ved Arien af Händels ‚Opstandelse') forekom det os, som om det vilde have været heldigere for Sangens Virkning, hvis Instrumentet havde været lukket. [...] I Gjengivelsen af Robert Schumanns geniale og vanskelige Compositioner er der vel neppe nogen Samtidig, der kan maale sig med Brahms. Den mørke Pathos og den Dybde, der udmærker mange af dem, gjengives af ham med indtrængende Sandhed og Kraft. Hele Brahms Retning til det Alvorlige og Indholdsrige fremtræder ogsaa i hans fortræffelige Variationer over et Thema af Händel, som vi i Løverdags fik Leilighed til at høre. Variationernes Antal er vel henimod 20, men den rige Phantasi og Originalitet, hvormed Componisten har forstaaet at udtømme alle Modulationer, lader Tilhøreren følge med uden at træettes, indtil det Hele sluttes med en pompeus Fuga af stor Virkning."

[28] *Dags Telegrafen*, 23. März 1868: Hr. B r a h m s lønnedes med levende Bifald for sine ypperlige Præstationer og fremkaldtes fiere Gange."

[29] *Berlingske Tidende*, 25. März 1868: D'Hrr. S t o c k h a u s e n s og B r a h m s' tredie og sidste Concert igaar Aftes var om muligt endnu stærkere besøgt end den foregaaende, et Beviis paa den ualmindelige Paaskjønnelse, de tvende Kunstnere have vundet hos vort musikelskende Publikum."

vereitelndes Verlassen der dänischen Metropole aufgrund des geschilderten Skandals eher biographischer Dichtung als historischer Wahrheit zuzurechnen sind. Denn in den Berichten über das dritte Konzert war noch keine Rede von Brahms' unglücklichen Äußerungen im privaten Kreise – und es konnte auch noch gar keine Rede davon sein, weil diese Äußerungen laut einem Bericht des Dichters Hans Christian Andersen erst beim Festbankett nach dem dritten Konzert fielen.[30] Statt dessen teilten die Rezensenten übereinstimmend mit, dieses Konzert werde das letzte gemeinsame sein, wobei *Dags Telegrafen* in der letzten Rezension ausdrücklich vermerkte, wie es mit den beiden Künstlern weitergehe: Stockhausen werde „wahrscheinlich im Verlauf der nächsten Woche" ein weiteres Konzert geben, und zwar diesmal im großen Saal des Kasinos" (was am 1. April tatsächlich geschah); dort werde man Gelegenheit haben", ihn „mit Orchester-Begleitung singen zu hören". Brahms werde dagegen „nicht mehr auftreten", da er durch ein anderes Engagement gebunden sei.[31]

DER EKLAT UND SEIN LÖWEN-ANTEIL

Als die Kritiken des letzten gemeinsamen Konzertes von Stockhausen und Brahms in den Tageszeitungen *Dags Telegrafen* und *Berlingske Tidende* erschienen, herrschte noch Ruhe vor dem Sturm. Stockhausen hoffte beim nächsten Konzert im großen Casinosaal, der etwa 1800 Besucher fasste, auf eine besonders große Einnahme, nachdem das Publikum inzwischen „warm geworden" war.[32] Und Brahms, der als ‚Single' ja weniger Geld zum Leben benötigte als der Familienvater Stockhausen, erzählte, wie schon zitiert, dem Freund Klaus Groth, er habe „so viel Geld verdient", dass er „lange nichts mehr nötig habe".[33]

Doch ehe Brahms am Tag nach dem dritten Konzert Kopenhagen verließ, gab es eine Nachfeier, zu der der berühmte dänische Komponist Niels W. Gade die beiden Musiker sowie Kollegen und Freunde geladen

---

[30] Andersens Bericht eines Gespräches, das erst knapp drei Wochen nach dem Vorfall stattgefunden hatte (vgl. Anm. 38), ist wiedergegeben bei Martner, „Brahms i København", S. 253.
[31] *Dags Telegrafen*, 26. März 1868: „Det glæder os at kunne meddele, at Hr. S t o c k h a u s e n formodentlig i Løbet af næste Uge agter at give endnu en Koncert i Kasinos store Sal, hvor man da vil faa Leilighed til at høre ham synge med Orkester-Akkompagnement, hvorimod Hr. B r a h m s ikke oftere optræder, da et andet indgaaet Engagement har Krav paa ham." Vgl. *Berlingske Tidende*, 25. März 1868.
[32] Siehe Wirth, *Stockhausen*, S. 309f.
[33] Siehe oben S. 54 (May, *Brahms* Bd. 2, S. 76).

hatte. Und hier kam es zu dem Eklat, dessen teilweise anfechtbare Schilderungen durch Kalbeck und May zu Beginn des Beitrages zitiert wurden. Was allerdings genau geschah, lässt sich – wie der dänische Musikforscher Knud Martner in seinem Aufsatz über Johannes Brahms in Kopenhagen zu Recht feststellte – nicht mit letzter Sicherheit sagen.[34] Brahms selbst scheint die Sache gegenüber Klaus Groth heruntergespielt zu haben (falls dieser sich einigermaßen präzise erinnerte). Leider gibt es nicht einmal letzte Klarheit darüber, in welch aufgeheizter oder ironischer Stimmung welche Äußerungen gefallen sind, sondern nur verschiedene Schilderungen des ‚Tatherganges':

Da berichtete der noch in Kopenhagen gebliebene Stockhausen seiner Frau Clara am 1. April 1868, also eine Woche nach dem Vorfall:

> „Weißt Du, was Brahms hier bei Gades in meiner Abwesenheit getan hat? Er hat Bismarck in den Himmel gehoben und schließlich gesagt, natürlich im Scherz, wie Gade selbst sagt, es werde nur dann Friede sein, wenn das Thorwaldsen-Museum Preußen gehöre! Man ist so wütend auf ihn, dass Gedichte und Aufsätze erscheinen. Ich darf heute abend sein Lied nicht singen."[35]

Nach einem anderen Bericht, der von Gades Tochter Dagmar stammt, habe Brahms bei der Abendgesellschaft in Gades Haus in Gegenwart „viele[r] bekannte[r] Kopenhagener Persönlichkeiten [...] die deutschen Siege und Bismarcks Genie" gepriesen. Das habe erst zu peinlichem Schweigen und dann dazu geführt, dass Gades Schwiegermutter Frau Erslev sich erhoben, ihr Glas ergriffen und „mit klar vernehmbarer Stimme" gesagt habe: „Ich trinke auf Bismarcks Tod", woraufhin sie aufgeregt die Gesellschaft verlassen habe. Offenbar hörte sie gar nicht mehr, dass Brahms ähnlich polemisch entgegnet haben soll: „Darüber können wir weiterreden, wenn Thorvaldsens Museum in Berlin steht."[36]

Noch etwas anders lautet die Mitteilung von Gades Sohn Axel. Nach dessen Bericht soll es Brahms gewesen sein, der „sehr rasch die Gesellschaft" verlassen habe, nachdem Gades Schwiegermutter, die eine „außerordentlich lebhafte und temperamentvolle Natur" gewesen sei, scharf zu ihm gesagt habe: „Herr Brahms hat wohl vergessen, dass er sich im Hause eines

---

[34] Martner, „Brahms i København", S. 253.
[35] Wirth, *Stockhausen*, S. 311.
[36] Zitiert nach John Fellow Larsen, „Carl Nielsen, Wien und die europäische Wende. Von psychischer Expansion bis Wertezerfall", in: *Österreichische Musikzeitschrift* 51 (1996), Sonderheft *Nielsen Special*, S. 11–62, Abschnitt „Nielsen und Brahms", S. 27–32, hier S. 28 f. Larsen bezeichnete Brahms' Antwort auf Frau Erslevs als „kulturimperialistische Replik [...], die in den Kopenhagener Bürgerkreisen große Empörung hervorrief" (ebd., S. 28).

dänischen Mannes befindet."[37] Eine vierte Version lieferte Hans Christian Andersen, der freilich erst knapp drei Wochen nach dem Eklat in seinem Tagebuch festhielt, was ihm bei einem Abendessen („Middag") berichtet worden war – allerdings von der schon mehrfach erwähnten Frau Erslev, also einer unmittelbaren Tatbeteiligten, von der wohl ebenso wenig eine unvoreingenommene Zeugenaussage erwartet werden konnte wie von Brahms. Sie berichtete Andersen, dass Brahms die „Unverschämtheit" besessen habe, „Bismarcks große Persönlichkeit" zu loben, woraufhin sie sich „erhoben und gesagt" habe, dass Bismarck „Dänemarks Unglück" sei; sie könne es nicht ertragen, sein Lob zu hören, „und [wünsche, dass] er nie von seiner Krankheit genese." Daraufhin sei auch Brahms „heftiger geworden" und habe gesagt, „dass das Thorvaldsen Museum nach Berlin komme, und dann sei es vorbei mit Dänemark". Keiner der Herren am Tisch habe zuvor das Wort ergriffen, und sie habe auch erst später davon gehört, was Brahms [zuvor] schon „über Berlin und das Thorvaldsen Museum gesagt habe".[38]

Nun lässt sich nicht leugnen, dass Brahms politisch bewandert und als gebürtiger Hamburger von den deutsch-dänischen Spannungen zumindest indirekt betroffen war. Ebenso wenig ist zu bestreiten, dass er bemerkenswert undiplomatisch und rücksichtslos verfuhr, als er vier Jahre nach der dänischen Niederlage im Deutsch-Dänischen Krieg am Ende dreier erfolgreicher Konzerte in Dänemarks Hauptstadt in einer zu Ehren der deutschen Künstler gegebenen dänischen Gesellschaft so ungehemmt das Lob Bismarcks sang. Allerdings muss Brahms in den späteren 1860er-Jahren und insbesondere 1868 zeitweise höchst angespannt gewesen sein, so dass er sich sogar gegenüber Personen, die ihm persönlich sehr nahe standen, mitunter kränkend herb verhielt. So hatte Clara Schumann in den Jahren 1867 und 1868, anders als in den Jahren zuvor, davon abgesehen, Brahms wieder zu ermuntern, den Sommer in ihrer Nähe in Baden-Baden zuzubringen, da sie und ihre Töchter im Sommer 1866 – gerade zu der Zeit,

---

[37] Ebd., S. 28 f.
[38] Zitiert nach Martner, „Brahms i København", S. 253: „Hos Henriques til Middag hørte der af Fru Erslev hele Brahms Uforskammethed. Hand havde roest Bismarks store Personlighed, hun haved reist sig og sagt at han var Danmarks Ulykke, og at hun ikke kunde taale at høre paa hans Roes, og at [hun ønskede at] han aldrig maatte reise sig fra sin Sydom, Brahms var blevet heftigere og sagt at Thorvaldsenes Musæum kom til Berlin saa var det forbi med Danmark; ingen af Herrerne ved Bordet havede taget Ordet, hun haved først senere af disse hørt hvad Brahms sagde, Blodet havde suset hende om Ørerne og hun havde spurgt hvad siger han om Berlin og Thorvaldsens Musæum."

als Brahms sein *Deutsches Requiem* in Baden-Baden vorläufig abschloss[39] – sehr unter seinen schlechten Stimmungen zu leiden gehabt hatten.[40]

Wenn Brahms allerdings in gereizter Stimmung mit welcher Formulierung auch immer zu verstehen gab, dass das Thorvaldsen-Museum seiner Meinung nach in Berlin besser aufgehoben sei als in Kopenhagen, dann traf er – ob nun in böser Absicht oder ausgesprochen ungeschickt und undiplomatisch – einen besonderen und noch ganz frischen politischen Schmerznerv der Dänen (der in der Brahms-Literatur bisher anscheinend noch nicht angesprochen wurde): Denn seine salopp-polemische Bemerkung musste man gerade zu jener Zeit fast zwangsläufig als Anspielung auf das Schicksal des Idstedt-Löwen missverstehen. Dieses große Löwenmonument war 1862 – also 11 Jahre nach dem 1. Schleswig-Holsteinischen Krieg – als Zeichen des dänischen Sieges anno 1850 in der Schlacht bei Idstedt aufgestellt worden – und zwar im damals dänisch regierten Flensburg (so dass man später auch vom Flensburger Löwen sprach). Natürlich war der Löwe vor allem ein Triumphzeichen des dänischen Gesamtsieges in jenem Kriege – zum Leidwesen vieler deutschgesinnter Bewohner Flensburgs.

Nachdem Preußen und Österreich 1864 als Sieger aus dem Deutsch-Dänischen Krieg hervorgegangen waren, hatte der preußische Ministerpräsident Bismarck den von antidänischen Bürgern mittlerweile lädierten Löwen noch im gleichen Jahr im nunmehr preußischen Flensburg demontieren

---

[39] Die autographe Partitur trägt am Ende des letzten Satzes Brahms' Datierung: *Baden-Baden / im Somer 1866*. Siehe Siehe Margit L. McCorkle, *Johannes Brahms. Thematisch-bibliographisches Werkverzeichnis*, München 1984, S. 173.

[40] Zu den im September und Oktober 1868 von Clara Schumann und Brahms brieflich erörterten Spannungen siehe *Clara Schumann – Johannes Brahms. Briefe aus den Jahren 1853–1896*, hrsg. von Berthold Litzmann, Bd. 1, Leipzig 1927 (Reprint Hildesheim 1989), S. 575–580, 592–602; vgl. Berthold Litzmann, *Clara Schumann. Ein Künstlerleben. Nach Tagebüchern und Briefen*, Bd. 3, Leipzig 1908, S. 215–219, 221–224. Unzutreffend ist in beiden Publikationen Berthold Litzmanns Angabe, Clara Schumann habe Brahms 1867 „bei seiner Anwesenheit in Baden [...] nicht wie früher, eingeladen ihr regelmäßiger Tischgast zu sein, weil sie die Atmosphäre der Unbehaglichkeit, die seine Anwesenheit mit sich brachte, auf die Dauer nicht ertrug und vor allem ihren Kindern ersparen wollte." (ebd., S. 221 f., Anmerkung; fast wortgleich in *Schumann-Brahms Briefe* Bd. 1, S. 592, Anmerkung 1). Vielmehr hatte Clara Schumann ihren Freund Brahms nach den schlechten Erfahrungen des Jahres 1866, in dem er *Ein deutsches Requiem* in der sechssätzigen Gestalt abgeschlossen hatte, weder 1867 noch 1868 ermuntert, ü b e r h a u p t nach Baden-Baden zu kommen und sich – wie in den Jahren 1864–1866 und später wieder 1869, 1871–1873 und 1875–1877 – für längere oder kürzere Zeit in ihrer Nähe eine Sommerwohnung zu nehmen. Zu Brahms' Sommeraufenthalten in Baden-Baden siehe Renate und Kurt Hofmann, *Johannes Brahms. Zeittafel zu Leben und Werk*, Tutzing 1983, S. 64–136 (passim).

lassen. 1867 war der Löwe dann auf Betreiben von Generalfeldmarschall Friedrich von Wrangel als Triumphzeichen nach Berlin verbracht worden, wo er am 9. Februar 1868 in restaurierter Gestalt seine vorläufige Aufstellung im Berliner Zeughaus fand. Natürlich musste dies nunmehr in Dänemark als demonstrative deutsche Siegesgeste und als Kränkung der Besiegten verstanden werden.

Und nun kam es kurz danach zu einer fatalen Situation: Der deutsche Gast Brahms war als Pianist und Komponist den Presseberichten zufolge nahezu vorurteilsfrei vom Kopenhagener Publikum empfangen und sogar durch Konzertbesuche der Königlichen Familie geehrt worden.[41] Doch im Anschluss an sein letztes Konzert, das rund sechs Wochen nach der triumphierenden Aufstellung des Idstedter Löwen in Berlin stattfand, hörte man ihn während einer ihm und Stockhausen zu Ehren gegebenen dänischen Abendgesellschaft sagen, Dänemarks neues künstlerisches Nationalheiligtum, das Thorvaldsen-Museum, gehöre besser nach Berlin. Das musste aus dänischer Sicht als persönlicher und als politischer Affront wirken. Freilich war an jenem Abend Brahms' unverblümt geäußerter Enthusiasmus für Bismarcks Politik und Persönlichkeit von dänischer Seite aus mit einem Trinkspruch auf Bismarcks Tod beantwortet worden, was zur Eskalation beigetragen und womöglich erst Brahms' unglückseligen Ausspruch über das Thorvaldsen-Museum provoziert haben dürfte.

So erhob sich n a c h Brahms' längst geplanter Abreise aus Kopenhagen der Kopenhagener ‚Shitstorm', von dem eingangs die Rede war. Auch die beiden erwähnten Tageszeitungen wirkten daran mit: Zunächst druckte am 31. März *Dags Telegrafen* ein Gedicht unter der Überschrift *Af og til* („Ab und zu") ab, das mit dem Kürzel „H.H.N." unterzeichnet war und in Prosaübersetzung folgendermaßen lautet:[42]

„Ab und zu

Eine Alltagsgeschichte

Ab und zu schlägt der Däne eine Schlacht
gegen den deutschen Troll, den abscheulichen;
Zeugen sind die Leichen der Helden
von Dybböl und der Isted'schen Heide.

---

[41] Dies wurde in den Rezensionen der *Berlingske Tidende* zweimal erwähnt (18. und 23. März 1868).
[42] Für die Übersetzung sei Siegfried und Lene Oechsle herzlich gedankt.

Ab und zu, am liebsten in Unglück und Trauer,
erhebt der Norden hoch seine Fahne,
herrlich flammt das Feuer der Begeisterung,
bessere Zeiten wir ahnen.

Ab und zu – ach – im Alltagsgebrauch
werden die stolzen Gedanken vergessen,
das Selbstbewusstsein verlischt,
das Herz schlägt unmerklich.

Ab und zu – da ist man zu elegant,
das heidnische Altertum war ja so blutig,
der Deutsche kommt mit Hochmut und Spott,
der Däne ist so gutmütig.

Die Geschichte, die ich aufgezeichnet habe,
ist alltäglich, da ist nicht die Rede
von Neuheit – ach – egal, wenn nur
meine Landsleute die Moral bemerken.

Ein deutscher Musikant war neulich unser Gast,
– die Kunst, ja gewiss, ist prächtig,
meines Vaterlands Ehre hat eine Stimme indes,
die mir mächtiger dünkt.

Wir ehrten seine Finger, wir ehrten seinen Geist,
wir jubelten, zogen an die Glacierten,[43]
er verspottete unser Land zugunsten Berlins,
wir ertrugen ihn, ergeben und blasiert.

Ertrugen ihn? Ja, er bekam die Taschen gefüllt
mit Gold, obwohl er unsere Mutter verhöhnte,
„Die dummen Dänen", spottete er mit Hohn,
aber es trauert unser schleswig'scher Bruder.

Die Kunst hat einen betörenden Klang,
die Kunst – ja gewiss – ist prächtig;
Meines Vaterlands Ehre hat eine Stimme indes,
die mir mächtiger dünkt.
                                                      H.H.N."[44]

---

[43] Gemeint sind Glacéhandschuhe.

Tags darauf erschien am Morgen von Stockhausens viertem Konzert in der *Berlingske Tidende* unter dem Pseudonym „Piccolo" eine Glosse über *Tydsk Beskedenhed* („Deutsche Bescheidenheit"), in der zu lesen war:

> „Laut Herrn Stockhausens Konzertprogramm soll heute Abend im Kasino eine Komposition von Herrn Brahms vorgetragen werden. In den letzten Tagen hat man überall in der Stadt Berichte über den letztgenannten deutschen Künstler gehört – Aussagen über Preußen und Dänemark, namentlich über seinen Wunsch, dass das Thorvaldsen Museum – als das einzige hier in Kopenhagen, das etwas tauge – nach Berlin umsiedeln sollte; eine Aussage, die er mit echt deutscher Unverfrorenheit und Freimütigkeit gemacht hat, was unmöglich n i c h t zu Herrn Stockhausens Kenntnis gelangt sein kann. So wahr es auch immer sein mag, dass Kunst, grundsätzlich betrachtet, nichts mit Politik zu tun hat, zeigt sich hier doch, dass dänische Vaterlandsliebe es Männern und Frauen verbieten sollte, einem Künstler Geschmack zuzubilligen, der in solch geschmackloser und unverschämter Weise unsere innersten Gefühle verletzt und dessen Auftreten nach einer solchen Verfehlung geradezu als eine weitere bekräftigende Verspottung von ‚Herrn Sørensens'[45] sattsam bekannter Gutmütigkeit angelegt ist.   Piccolo."[46]

---

[44] *Dags Telegrafen*, 31. März 1868: „AF OG TIL / (En Hverdagshistorie) // [1.] Af og til slaaer Dansken et Slag / mod Tydsker-Trolden, den lede; / Vidner er Heltenes Lig / Fra Dybbøl og Istedhede. // [2.] Af og til, helst i Modgang og Sorg, / Løfter Norden høit sin Fane, / Herligt flammer Begeistringens Ild, / Bedre Tider vi ane. // [3.] Af og til – ak – til Hverdagsbrug / Glemmes de stolte Tanker, / Selvbevidstheden slukkes ud, / Hjertet umærkeligt banker. // [4.] Af og til – er man for elegant, / Hedenold var saa blodig, / Tydsken kommer med Hovmod og Spot, / Dansken er saa godmodig. // [5.] Historien, som jeg optegnet har, / Er hverdags; der er ikke Talen / om Nyhed – ak – ligemeget, naar blot / Mine Landsmænd vil mærke Moralen. // [6.] En tydsk Musikant var nylig vor Gjæst, / – Kunsten, ja vist, er prægtig, / Mit Fædrelands Ære har dog en Røst, / Der vinker mig mere mægtig. // [7.] Vi hædred hans Fingre, vi hædred hans Aand, / Vi jublet, trak paa de Glacerte, / Han spotted vort Land til Gunst for Berlin, / Vi taalte ham, fromme, blaserte. // [8.] Taalte ham? ja, han fik Lommerne fuld' / Af Guld, skjøndt han haaned vor Moder, – / ‚Die dummen Dänen' han spotted med Haan – / Men han sørger, vor slesvigske Broder. // [9.] Kunsten har en bedaarende Klang, / Kunsten – ja vist – er prægtig; / Mit Fædrelands Ære har dog en Røst, / Der vinker mig mere mægtig. // H.H.N."
[45] Gemeint ist offenbar der typische (gutmütige) Däne.
[46] *Dags Telegrafen*, 1. April 1868: „TYDSK BESKEDENHED / Ifølge Programmet til Hr. S t o c k h a u s e n s Koncert iaften i Kasino vil der blive foredraget en Komposition af Hr. B r a h m s . I de sidste Dage har man overalt i Byen hørt Beretninger om den sidstnævnte tydske Kunstners Udtalelser om Preussen og Danmark, og navnlig om hans Ønske at se Thorvaldsens Museum – som det Eneste, der duede her i Kjøbenhavn – flyttet til Berlin; en Udtalelse som han har gjort med en saa ægte tydsk

Am gleichen Tage wurde Brahms von Stockhausen brieflich darüber belehrt, was er angerichtet hatte und welche Konsequenzen dies für seine Musik hatte – ganz direkt für sein Lied *Die Mainacht* und indirekt für das 1. Streichsextett, das Brahms' Geigerfreund Joseph Joachim kurz darauf in Kopenhagen zu spielen plante. Auch aus diesem Brief muss man schließen, dass Brahms von den ganzen öffentlichen Aufregungen noch nichts ahnte, als er von Kopenhagen aus in Richtung Bremen aufbrach. Denn Stockhausen schrieb:

> „[…] ich habe hier so viel gut zu machen, dass es noch gute sechs Wochen dazu bedürfte. Denke dir! Deine Unterhaltung bei Gade, dein Spaß mit Frau Erslev ist herumgekommen und Gedichte circuliren über ‚Dänische Gutmüthigkeit' & heute über ‚deutsche Bescheidenheit' – Gestern kam Gade ganz unruhig zu mir & bat[,] ich möchte heute Dein Lied nicht singen. Es sey Deinetwegen besser. Es könne Scandal geben & <u>dann sey es mit dem Sextett, welches Joachim spielen soll, verdorben</u>. Ich traute meinen Ohren nicht & widersprach so gut ich konnte, aber Abends, 10 Uhr, als wir vom Theater nach Hause gingen, fing er wieder davon an & bat ernstlich das Lied nicht zu singen. Da nun der Concertsaal beßer nicht zu politischen Erörterungen, Manifestationen, & Glaubensbekenntnißen verwendet wird, hab' ich nachgegeben, obwohl ich gestehn muß[,] daß mir ein klein wenig (auch viel) Scandal gefallen hätte. Es wäre intereßant gewesen in der ruhigen ‚Mainacht', so 'was zu erleben. Beßer & würdiger ist es aber so. Also Brahms bleibt weg! Wir holen es ein ander Mal nach. –"[47]

Stockhausen war zweifellos ein viel besserer Diplomat als sein Freund. Angesichts der öffentlichen Stimmung gegen Brahms verzichtete er auf dessen Lied *Die Mainacht* auf ein Gedicht des frühverstorbenen Ludwig Hölty aus dem späten 18. Jahrhundert, das antikem Versmaß folgt und in seiner Verbindung von Naturgefühl und zartem Liebesschmerz ebenso wenig für politische Demonstrationen geeignet war wie Brahms' stimmungsvoll-subtile Vertonung, die sich nur im Mittelteil zweimal zum Forte aufschwingt. Statt dessen sang Stockhausen Niels W. Gades Lied

---

Ugenerthed og Frihed, at Hr. Stockhausen umulig kan være uvidende derom. Lad det længe nok være sandt, at Kunst ikke har stort med Politik at gjøre, saa er det vist, at dansk Fædrelandskjærlighed maa forbyde danske Mænd og Kvinder at finde en Kunstner smagfuld, der paa en saa smagløs og uforskammet Maade saarer vore inderste Følelser, og hvis Optræden efter en saadan Bedrift synes ligefrem beregnet paa til yderligere Spot at konstatere ‚Hr. Sørensens' noksom bekjendte Godmodighed. Piccolo.

[47] *Johannes Brahms im Briefwechsel mit Julius Stockhausen*, hrsg. von Renate Hofmann, Tutzing 1993 (= Johannes Brahms-Briefwechsel. Neue Folge, hrsg. von Otto Biba und Kurt und Renate Hofmann, Bd. 18), S. 47 f.

Serenade ved Strandbredden („Serenade am Ufer") mit dem Komponisten Gade am Klavier – und auf Dänisch! Damit war er zweifellos aus der diplomatischen Schusslinie heraus und hatte die Herzen der dänischen Hörer auch in politischer Hinsicht gewonnen.

ZUM VERHÄLTNIS BRAHMS – DÄNEMARK

An dieser Stelle sollten wir in musikhistorischer Hinsicht einmal über den Tellerrand des Kopenhagener Vorfalls und seiner politischen Rahmenbedingungen hinaus blicken. Natürlich können dabei nur einige wenige Schlaglichter auf das Thema „Brahms und Dänemark" geworfen werden, das ebenso wie das Thema „Brahms und Skandinavien" streng genommen eine eigene Abhandlung verdienen würde.

Die ersten beiden, gleichsam parallel ausgerichteten Schlaglichter sind auf das Verhältnis von Johannes Brahms zu dem eine gute halbe Generation älteren dänischen Komponisten Niels W. Gade und auf die Präsenz von Brahms' Musik in Dänemark gerichtet. Zunächst sei mit einem Irrtum aufgeräumt: Brahms und Gade lernten sich offenbar n i c h t schon 1851 in Hamburg kennen, wie selbst in der neueren Brahms- und Gade-Literatur gelegentlich noch behauptet wird. Verschiedentlich liest man nämlich, bei einem Konzert anlässlich der Silberhochzeitsfeier des Hamburger Ehepaares Schröder am 5. Juli 1851 im Salon des Jenisch'schen Hauses sei auch ein heute verschollenes Klaviertrio des jungen Brahms unter dem Pseudonym „Karl Würth" aufgeführt worden, wobei neben dem Komponisten am Klavier und dem Cellisten Gustav d'Arien auch Niels W. Gade als Geiger mitgewirkt habe.[48] Doch bei dem auf dem Programmzettel ohne Vornamen verzeichneten Geiger Gade dürfte es sich nicht um Niels W. Gade gehandelt haben, der damals in Kopenhagen schon als Dirigent und Organist in Amt und Würden war, sondern, wie Renate und Kurt Hofmann sowie Claus Christian Schuster recherchierten, um den Hamburger Geiger Johann Gade (1817–1898).[49] Somit fand das erste Zusammentreffen von Brahms

---

[48] Siehe McCorkle, *Brahms-Werkverzeichnis*, S. 658; Inger Sørensen, *Niels W. Gade. Et dansk verdensnavn*, Kopenhagen 2002, S. 144, 187.

[49] *Hofmann, Chronologie*, S. 22; Claus Christian Schuster: Programmheft-Text *Johannes Brahms, Trio Nr. 1, H-Dur, op. 8 (Fassung 1854)*, online: <http://www.altenbergtrio.at/?site=text&textid=BR_008A> (Abruf: 10. Juli 2013). Quelle der biografischen Information: Karl-Egbert Schultze und Harald Richert: *Hamburger Tonkünstlerlexikon*, vervielfältigte Zettelkartei (maschinenschriftlich), [Hamburg] 1983 (Standorte: Staats- und Universitätsbibliothek Hamburg Carl von Ossietzky; Staatsarchiv Hamburg; Musikbibliothek der Hamburger Öffentlichen Bücherhallen); dort finden sich die Angaben,

und Gade erst im Januar 1862 in Hannover bei Joseph Joachim statt;[50] schon im Februar folgte dann – wiederum in Hannover – eine zweite Begegnung, bei der Gade die ersten beiden Klavierquartette von Brahms hörte und eines davon „ausnehmend schön" fand.[51] (Leider wissen wir nicht, welches der beiden Werke er damit meinte.) Ähnlich positiv äußerte sich Gade später über Werke wie das *Deutsche Requiem* und die *Neuen Liebeslieder-Walzer* und führte außerdem Brahms' 3. Symphonie sowie offenbar auch die Ouvertüren auf. Als Gade 1878 ebenso wie Brahms am 50-jährigen Stiftungsfest der Hamburger Philharmonischen Gesellschaft teilnahm, bekannte der 61-jährige in einem Brief an seine Frau, er halte Brahms inzwischen für den talentvollsten der jüngeren deutschen Komponisten (wobei dieser damals allerdings auch schon 45 Jahre zählte).[52] Brahms seinerseits brachte in den insgesamt vier Jahren seiner Wiener Dirigententätigkeit als Leiter der Singakademie und später als „Artistischer Direktor" der „Gesellschaft der Musikfreunde" nur eine kurze Komposition Gades öffentlich zu Gehör, nämlich das Chorlied *Die Wasserrose* op. 13 Nr. 2, das zudem das einzige überhaupt von ihm öffentlich aufgeführte skandinavische Werk gewesen zu sein scheint.[53]

Besonders aufschlussreich ist es indes, wenn man über die direkte Beziehung beider Komponisten hinaus blickt. Der von Gade vier Jahrzehnte lang geleitete Kopenhagener Musikverein (Musikforeningen) galt seinerzeit als eher konservative Kopenhagener Musikinstitution, wogegen der 1874 von Otto Malling und Christian Horneman gegründete und geleitete Konzertverein (Koncertforeningen), der bis 1893 existierte, seinen Schwerpunkt in der Aufführung von Werken zeitgenössischer dänischer und ausländischer Komponisten hatte. Der dänische Musikforscher Torben Schousboe, der die Konzertprogramme des Konzertvereins auswertete, fand heraus, dass Brahms in der Liste der meistgespielten Komponisten mit 18 Auffüh-

---

dass Johann Gade (vollständiger Name: Johann Ludwig Carsten Gade) am 10. August 1817 in Hamburg geboren wurde, am 31. Oktober 1898 ebendort starb und in den personenstandsbezogenen Quellen als Musikus, Musiklehrer und Musikdirektor firmierte. Zu dem auf dem Konzertprogramm vom 5. Juli 1851 ebenfalls ohne Vornamen genannten Cellisten Gustav Adolph d'Arien (geboren am 17. September 1819, Todesdatum unbekannt) siehe ebd.; vgl. Inger Sørensen, *J.P.E. Hartmann og hans kreds*, Kopenhagen 1999, S. 243, Anmerkung 3.

[50] Auch Niels W. Gades Schilderung jenes Treffens in Hannover im Jahr 1862 legt eindeutig nahe, dass dies die erste Begegnung beider war. Siehe *Gade, brevveksling* Bd. 2, S. 574 f.

[51] Ebd., S. 596: „udmærket smuk".

[52] *Gade, brevveksling* Bd. 3 S. 1186: „[...] det er ogsaa den talentfuldeste af de yngre Tydskere."

[53] Hofmann, *Chronologie*, S. 78 und passim.

rungen 12 verschiedener Werke den bemerkenswerten zweiten Platz knapp hinter dem Dänen Johan Peter Emilius Hartmann (1805–1900) einnahm, der es auf 19 Aufführungen 14 verschiedener Werke brachte.[54] (Interessant ist auch die weitere Folge mit dem Franzosen Charles Gounod, dem Dänen Otto Malling, dem Norweger Edvard Grieg, dem Franzosen Camille Saint-Saëns und dem Deutschen Robert Schumann, deren Werke mindestens zehnmal aufgeführt wurden.[55]) Ein verändertes Bild ergibt sich anhand der Daten der großen Rezeptions-Datenbank der Brahms-Forschungsstelle am Musikwissenschaftlichen Institut der Universität Kiel.[56] Für diese Datenbank wurden vier große Musikzeitschriften des 19. Jahrhunderts hinsichtlich sämtlicher Informationen über Brahms und seine Musik ausgewertet – von der Werkbesprechung über Konzertberichte und Verlagsanzeigen bis zu Brahms-Anekdoten und Vergleichen anderer Komponisten mit Brahms. Wenn man die Datenbank daraufhin befragt, wie oft Dänemarks Hauptstadt im Zusammenhang mit Brahms-Aufführungen genannt wird, dann landet Kopenhagen mit 138 Einträgen (die sich inhaltlich natürlich teilweise überlappen, wenn verschiedene Zeitschriften über das gleiche Ereignis berichten) im unteren Mittelfeld. Das heißt, Kopenhagen liegt zwar weit hinter Städten wie Berlin, Leipzig, Wien, London und Frankfurt am Main, ist jedoch eindeutiger Spitzenreiter der skandinavischen Hauptstädte, von denen Stockholm mit 12 Einträgen weniger als ein Zehntel von Kopenhagen aufweist, während sich für Oslo und Helsinki überhaupt keine Nachweise finden (vielleicht auch deshalb, weil es in jenen Städten keine auswärtigen Berichterstatter jener Zeitschriften gab). Selbst Moskau und Warschau reichen mit 87 bzw. 17 Erwähnungen bei Weitem nicht an Kopenhagens 138 Vermerke heran.

So erweist sich, dass Dänemarks Hauptstadt in der zweiten Hälfte des 19. Jahrhunderts sicher keine Brahms-Hochburg, im skandinavischen Raum aber an Brahms' Musik besonders interessiert war. Zugleich zeigt die Pro-

---

[54] Torben Schousboe, „Koncertforeningen i København. Et bidrag til det københavnske musiklivs historie i slutningen af det 19. århundrede", in: *Dansk aarbog for musikforskning* VI (1968–1972), Kopenhagen 1972, S. 171–209, hier S. 200 f. und passim.

[55] Ebd.

[56] Die Datenbank wurde in den Jahren 1996–2003 aus Mitteln der Peter Klöckner-Stiftung sowie einem Erweiterungs- und Abschlussprojekt mit Geldern der Alfried Krupp von Bohlen und Halbach-Stiftung erstellt. Unter Leitung von Michael Struck wirkten daran zunächst Katrin Eich und Wilhelm Voß (†) und später Christiane Wiesenfeldt mit. Für den Zeitraum 1853–1902 wurden dabei vier führende deutsche Musikzeitschriften des 19. Jahrhunderts – *Neue Zeitschrift für Musik, Signale für die musikalische Welt, Allgemeine Musikalische Zeitung, Allgemeine Deutsche Musik-Zeitung* – im Hinblick auf sämtliche Erwähnungen von Johannes Brahms ausgewertet.

grammpolitik des Kopenhagener Konzertvereins, dass die fortschrittlichere jüngere Musikergeneration Dänemarks gegenüber Brahms' Musik sehr aufgeschlossen war und sich durch den Eklat des Jahres 1868 nicht davon abschrecken ließ, die Werke dieses Komponisten immer wieder aufzuführen. Und selbst der konservativere Musikverein war im Hinblick auf Brahms' Schaffen nicht untätig.[57]

Vor diesem Hintergrund könnte es nahe liegen, die Präsenz Brahms'scher Werke in Dänemark unter der übergreifenderen Fragestellung „Brahms und der Norden" zu erörtern. Doch dürfte die Frage, ob das sogenannte „Nordische" in Brahms' Werken für die Aufnahme seiner Musik in Kopenhagen entscheidend war, kaum überzeugend zu beantworten sein. Zwar hat Joachim Thalmann 1989 in seinen Untersuchungen zum Frühwerk von Johannes Brahms konstatiert, dass viele der idiomatischen Eigentümlichkeiten im Schaffen von Brahms, die man zuvor auf seine Studien ‚Alter Musik' zurückführte, viel eher aus ‚nordischen' Einflüssen (dem vielzitierten „Nordischen Ton") und insbesondere der Beschäftigung mit skandinavischen Volksliedern herrühre.[58] Doch mit Blick auf Brahms' Auftreten in Kopenhagen erscheint die Frage nach „Brahms und dem Norden" kaum relevant zu sein und soll deshalb nicht näher erörtert werden. Denn Brahms war in der dänischen Metropole ja nur in sehr eingeschränktem Maße als Komponist präsent, da die meisten von ihm solistisch gespielten oder begleiteten Werke von anderen Komponisten stammten. Und unter seinen eigenen Werken scheint gerade das frühe Scherzo op. 4, dem man wohl die stärkste Affinität zu leittonlosen (modalen) Idiomen und eine als „nordisch" deutbare klangliche Herbheit nachsagen könnte,[59] bei Publikum und Presse weniger Interesse gefunden zu haben als die *Händel-Variationen*. Die aber sind alles andere als ausgesprochen nordisch-nördlich orientiert – im Gegenteil treiben ihre barocken Wurzeln im Zweifelsfall eher ungarische als skandinavische Blüten.

Ein letztes und zugleich abrundendes Schlaglicht sei auf Brahms' Begegnung mit dem dänischen Komponisten Carl Nielsen geworfen. Anfang November 1894 hielt sich der damals 29-jährige Nielsen in Wien auf, wo er Brahms seine gerade im Druck erschienene 1. Symphonie op. 7 überreichen

---

[57] Siegfried Oechsle (Musikwissenschaftliches Institut der Christian-Albrechts-Universität zu Kiel) danke ich herzlich für die aufschlussreiche Diskussion über diesen Aspekt.

[58] Joachim Thalmann, *Untersuchungen zum Frühwerk von Johannes Brahms. Harmonische Archaismen und die Bedingungen ihrer Entstehung*, Kassel etc. 1989, vor allem Kapitel VI „Nordischer Ton in den frühesten Werken von Johannes Brahms" (S. 159–199) und „Schlußbemerkung" (S. 200–203).

[59] Siehe Thalmanns analytische Erörterungen ebd., S. 108–123.

wollte.⁶⁰ So suchte er den Meister auf, der sich nach einer „ziemlich gleichgültig[en]" Begrüßung Nielsens zunächst nur mit dessen Wiener Begleiter Dr. Schiff⁶¹ unterhielt, den er kannte. Nielsen berichtete über den weiteren Verlauf der Begegnung:

> „Plötzlich wandte er [Brahms] sich mir zu und sagte in ziemlich scharfem Ton: ‚Na, wie geht es denn so mit Thorvaldsens Museum?' Ich erinnerte mich sofort an die Geschichte mit ihm und Gades Schwiegermutter und antwortete nur: ‚Nun, es steht noch immer dort, Herr Doktor.'
> Ich bemerkte, dass er mich mehrere Male, wenn ich auf die andere Seite schaute, scharf fixierte, gleichsam untersuchend, und ob es nun meine Antwort war, die ihm gefiel, mein Aussehen, oder sonst etwas, weiß ich nicht; es genügt aber, dass er nach und nach freundlicher zu mir wurde."

Tatsächlich wurde Nielsen nun ins Gespräch einbezogen, über Kopenhagen ausgefragt und konnte Brahms endlich seine Symphonie zusammen mit dem 1. Streichquartett op. 5 überreichen. Brahms bat, die Werke einige Tage behalten zu dürfen, freute sich, als Nielsen ihm die Drucke verehrte, und wurde zunehmend „liebenswürdig" im Ton. Da er am folgenden Tag nach Frankfurt und dann nach Altenstein und Meiningen reiste, um zusammen mit dem Meininger Klarinettisten Richard Mühlfeld seine neuen Klarinettensonaten erst der Freundin Clara Schumann und dann dem Herzog Georg II. von Meiningen vorzuspielen, hoffte er auf ein weiteres Treffen mit Nielsen nach seiner Rückkehr. Da sich diese verzögerte, kam es nicht mehr dazu, doch soll Brahms „Nielsen später über einen Dritten seinen Dank und einige anerkennende Worte über die Symphonie" haben zukommen lassen.

Damit schließt sich der Kreis. Die Kopenhagen-Episode war auch 1894, 26 Jahre nach dem Vorgefallenen, nicht vergessen – weder bei Carl Nielsen, der davon nur vom Hörensagen oder Lesen wissen konnte, noch bei Brahms, dem Nielsens lapidar-hintergründige Antwort offenbar gefiel.

* * *

---

⁶⁰ Zum Folgenden siehe Larsen, „Nielsen", S. 29–32, Zitate gemäß S. 30–32.
⁶¹ Gemeint ist wohl der Wiener Dermatologe und Röntgenologe Prof. Dr. Eduard Schiff (1849-1913), der auch in Brahms' *Adressen-Buch* (S. 55) verzeichnet ist; Online-Präsentation des *Adressen-Buches*: <http://www.brahms-institut.de/web/bihl_digital/jb_varia_katalog/abh_001_007_008_042_start.html> (Brahms-Institut an der Musikhochschule Lübeck; Abruf: 10. Juli 2013).

Gab es im März 1868 einen durch Brahms verursachten Skandal in Kopenhagen? Die Antwort müsste wohl lauten: Es gab einen Eklat, bei dem angesichts der politischen Situation vier Jahre nach dem Deutsch-Dänischen Krieg Brahms' Rücksichtslosigkeit, aber auch Brahms' norddeutsche Herkunft, das dänische Trauma nach der Niederlage von 1864 und, wie Knud Martner zu bedenken gab, vermutlich auch sprachliche Missverständnisse eine unheilvolle Rolle spielten.[62] Was intensivere biografische Recherchen und die Rezensionen zweier führender dänischer Tageszeitungen eindeutig als hübsche biografische Dichtung o h n e historischen Wahrheitsgehalt entlarvt haben, ist die Behauptung, Brahms habe des Eklats wegen die Konzerttournee abbrechen, Hals über Kopf die Koffer packen und gleichsam aus Kopenhagen fliehen müssen. Das entspricht eindeutig nicht den historischen Tatsachen. Tatsache ist vielmehr, dass es unmittelbar nach Brahms' und Stockhausens letztem Konzert an Brahms' letztem Kopenhagener Abend zu besagtem Eklat kam.

Vermutlich weilte Brahms nach der längeren, für ihn – wie vorgesehen – in Kopenhagen endenden Konzerttournee mit den Gedanken auch schon längst in Bremen und Oldenburg, wo er zu Konzerten angekündigt war. Ja, anscheinend war er zu jener Zeit außerordentlich angespannt und reizbar. Denn am 10. April stand im Bremer Dom die Bewährungsprobe seines größten und in gewisser Weise ehrgeizigsten Werkes bevor, an dem er jahrelang gearbeitet hatte und von dem er sich – mit Recht, wie sich zeigen sollte – den großen internationalen Durchbruch als Komponist erhoffte: die Uraufführung seines *Deutschen Requiems* in der damals noch sechssätzigen Fassung. Das vermag sein politisch unkorrektes Verhalten zwar nicht zu entschuldigen, verdeutlicht aber wohl doch dessen emotionale Hintergründe.

Einen grundsätzlichen kulturellen Schaden konnten der Kopenhagener Eklat und der öffentliche ‚Shitstorm' des 19. Jahrhunderts nicht anrichten. Die dänischen Hörer und die jüngere Generation dänischen Komponisten waren viel zu sehr interessiert an gehaltvoller Musik, als dass sie Brahms' Musik die Launen ihres unbedachten Komponisten hätten büßen lassen.

---

[62] Martner, „Brahms i København", S. 253.

KERSTIN SCHÜSSLER-BACH

„Fragmente aus melancholischen Balladen"
Die *Ophelia-Lieder* von Johannes Brahms und
ihre Transkription für Sopran und Streichquartett
durch Aribert Reimann

Abstract. Brahms's *Ophelia-Lieder* were composed in 1873 as an occasional piece for the actress Olga Precheisen, the protegé and later wife of the famous actor Josef Lewinsky. Since she was not a trained singer and the songs had to be fitted into a theatre performance of *Hamlet*, Brahms deliberately adopted a simple harmonic and melodic style. The reference to ballads, folk songs and Elizabethan lute songs correlates with Shakespeare's text which also uses fragments in Ophelia's mad scene. Brahms's setting adheres to Goethe's interpretation of Ophelia as a noble 'femme fragile' rather than to Rimbaud's "fantôme blanc".
Aribert Reimann's transcription of Brahms's songs for soprano and string quartet (1997) does likewise in exploring the Goethe interpretation of Ophelia's character. By subtle means and without changing the melodic or harmonic texture, he achieves a tension which is both atmospheric and colourful, and highlights Brahms' polyphonic structure. Reimann's self-imposed constraints in these "melancholy ballad" fragments may follow Brahms's own, but they enable him too to encompass greater psychological depths.

In Goethes *Wilhelm Meister* fragt Aurelie angesichts ihrer Aufgabe, Shakespeares Ophelia zu spielen: „Aber sagen Sie mir, hätte der Dichter seiner Wahnsinnigen nicht andere Liedchen unterlegen sollen? Könnte man nicht Fragmente aus melancholischen Balladen wählen? was sollen Zweideutigkeiten und lüsterne Albernheiten in dem Munde dieses edlen Mädchens?"[1]

Dieses Rollenverständnis Ophelias als einer in aller Geistesverwirrung noch „noblen", fragilen Gestalt hat auch Johannes Brahms' musikalische Auslegung bestimmt. Für seine bewusst schlicht und volksliedhaft gehaltenen *Fünf Ophelia-Lieder* (1873) wählte er genau diesen von Goethes Aurelie

---

[1] Johann Wolfgang von Goethe, *Wilhelm Meisters Lehrjahre*, in: *Goethe, Werke*, Bd. 4, hrsg. von Wilhelm Voßkamp und Waltraud Wiethölter, Darmstadt 1989, S. 320.

geforderten Gestus der fragmentarischen, „melancholischen Balladen" unter Auslassung der „Zweideutigkeiten" und sexuellen Anspielungen. Brahms führt Ophelia damit einerseits fort von der ausgestellten Virtuosin des Leids, die seit Harriet Smithsons spektakulärer Shakespeare-Interpretation[2] die romantische Rezeption bestimmte und – fast zeitgleich mit Brahms' Liedern – einen Höhepunkt in der koloraturgespickten Wahnsinnsarie von Ambroise Thomas' Oper *Hamlet* fand.[3] Andererseits verschließt sich Brahms' zurückhaltende Musikalisierung der Shakespeare-Verse auch der Fin-de-siècle-Interpretation dieser Figur als dekadente Hysterikerin, die Hamlets Braut in Richard Strauss' *Ophelia-Liedern* (1918) im psychopathologischen Furor der Femme fatale zu einer Schwester Elektras oder Salomes macht und noch in jüngster Zeit in Wolfgang Rihms *Ophelia sings* (2012) eine Nachfahrin fand. Brahms sah Ophelia dezidiert nicht als sirenenhaftes Wasser-Geschöpf, wie sie drei Jahre zuvor als untotes „fantôme blanc"[4] in Arthur Rimbauds Gedicht *Ophélie* einen dekadenten Mythos begründete, sondern als still verlöschendes Opfer in ästhetischer Kodierung eines ‚weiblichen' Ideals.[5]

Brahms' Vertonung entstand allerdings nicht als autarkes Werk – und wurde von ihm folgerichtig auch nicht mit einer Opuszahl versehen –, sondern als ‚Gebrauchsmusik' für einen bestimmten Anlass. Als solche sind seine *Fünf Ophelia-Lieder* WoO 22 tatsächlich „unverkennbar Gelegenheitskompositionen"[6] bzw. eine „kleine, anspruchslose Auftragsarbeit"[7]. Wie aus diesen absichtlich schmucklosen, unkomplizierten Gesängen jedoch zumal in der ebenso dezenten wie klangsensiblen Transkription durch Aribert Reimann ein zutiefst berührender Ton spricht, möchte ich im Folgenden untersuchen.

Brahms komponierte seine *Ophelia-Lieder* im November 1873 für die österreichische Schauspielerin Olga Precheisen (1853–1935), die bereits Erfolge als Gretchen *(Faust)*, Julia *(Romeo und Julia)* und Johanna *(Die Jungfrau von Orleans)* am Wiener Burgtheater gefeiert hatte. Von 1873 bis 1876 war

---

[2] Paris 1827. Smithsons Darstellung beeindruckte bekanntlich Hector Berlioz zutiefst.
[3] Uraufführung 1868; die Arie „A vos jeux, mes amis" machte Thomas' Ophelia zur Paradepartie großer Primadonnen.
[4] Arthur Rimbaud, *Ophélie* (1870), <http://fr.wikisource.org/wiki/Ophélie/Édition_Genonceaux_1891>, 10.1.2013.
[5] Vgl. allgemein: Simone Kindler, *Ophelia. Der Wandel von Frauenbild und Bildmotiv.* Berlin 2004.
[6] Christian Martin Schmidt, *Reclams Musikführer Johannes Brahms,* Stuttgart 1994, S. 275.
[7] Cornelia Preißinger, „Die Ophelia-Lieder von Richard Strauss und Johannes Brahms", in: *Richard Strauss Blätter,* Neue Folge, 29, Tutzing 1993, S. 53–65, das Zitat S. 65.

sie am Deutschen Landestheater Prag engagiert und sollte hier an der Seite ihres Lehrers, Mentors und späteren Mannes Josef Lewinsky (1835–1907) in Shakespeares *Hamlet* auftreten. Der populäre Wiener Hofschauspieler Lewinsky war in der Kulturszene Deutschlands und Österreichs außerordentlich gut vernetzt; so veröffentlichte er 1881/82 die zweibändige Sammlung *Vor den Coulissen*, zu der „Celebritäten des Theaters und der Musik" Essays und Memoiren beigesteuert hatten.[8] In seinen „Biographischen Skizzen" *Theatralische Carrièren* porträtierte er mit leichter Feder bedeutende Sänger wie Heinrich Ernst, Theodor Wachtel, Lilli Lehmann, Franz Betz und Pauline Lucca.[9] Seit 1858 spielte Josef Lewinsky am Wiener Burgtheater als einer „der prominentesten Persönlichkeiten des Theaterlebens seiner Zeit" und glänzte als Schauspieler, „der alle Rollen vom Intellekt her formte".[10] Olga Lewinsky-Precheisen zeichnet ihn in ihrer posthumen Herausgabe seiner Schriften als altruistischen, leidenschaftlichen Künstler, dessen Naturell des „unbekümmerten Wahrheitsdranges" keine Kompromisse einging.[11]

Auch mit Brahms, der am 2. November 1873 seinen endgültigen Durchbruch in Wien mit der Aufführung der *Haydn-Variationen* feiern konnte, stand Lewinsky in Kontakt. Schon kurz nach seiner Ankunft 1862 hatte Brahms ihn auf Empfehlung von Clara Schumann aufgesucht, die ihn von ihren früheren Wiener Aufenthalten kannte.

„Dein Entzücken über Lewinsky wußte ich voraus – ich erzählte es Dir ja immer, daß der ein Genie", bestätigte sie Brahms.[12] Zwei Briefe des Schauspielers an Brahms, die in direktem Zusammenhang mit der Entstehung der *Ophelia-Lieder* stehen, sind erhalten; sie werden hier erstmals vollständig wiedergegeben und zeigen Brahms' Verankerung im Wiener Kulturleben.

---

[8] *Vor den Coulissen,* hrsg. von Josef Lewinsky, Berlin 1881f. Lewinsky gewann gleichermaßen prominente Schauspieler wie Friedrich Mitterwurzer und Ernst Possart, Intendanten wie Heinrich Laube, Angelo Neumann und Botho von Hülsen, Sängerinnen wie Lilli Lehmann und Désirée Artôt sowie Komponisten wie Ferdinand Hiller, Friedrich von Flotow oder Johann Strauß als Autoren.
[9] Josef Lewinsky, *Theatralische Carrièren*. Leipzig 1881.
[10] Art. „Lewinsky, Josef", in: *Österreichisches Biographisches Lexikon 1815–1950*, Bd. 5 (Lfg. 22, 1970), S. 172, Online-Edition, Wien 2003–2011, <http://www.biographien.ac.at>, 13.1.2013.
[11] Josef Lewinsky, *Kleine Schriften dramaturgischen und theatergeschichtlichen Inhalts*. Nach seinem Tode gesammelt und herausgegeben von Olga Lewinsky. Berlin 1910, S. VI.
[12] Brief an Brahms vom 8.4.1866. – Lewinsky sei, so Clara Schumanns Tagebuchnotiz vom März 1866, „ein höchst bedeutender und lieber Mensch". Zit.n. Berthold Litzmann, *Clara Schumann, Ein Künstlerleben*. Bd. 3, Leipzig ⁴1920, S. 189 und S. 191.

„Wien 18. Nov.[ember] 1873
Hochverehrter Freund!
Frl Precheisen und ich bitten Sie inständig, Ihr freundliches Versprechen zu erfüllen, und für die Lieder der Ophelia den Ihnen geeignet erscheinenden musikalischen Ausdruck niederzuschreiben. Ich füge hinzu, daß das Fräul. fest musikalisch ist u. daß die Stimme ein Mezzo-Sopran. Diese parlando-Gesänge gelingen ihr namentlich in der tieferen Stimmlage außerordentlich. Sie bittet natürlich nur um Aufzeichnung der Singstimme. Für die Aufführung des Alexanderfestes,[13] dem ich mit gebührender Aufmerksamkeit beiwohnte, spreche ich Ihnen meinen wärmsten Dank aus. Es war groß und erhebend.
In alter, treuer Anhänglichkeit,
Ihr
Jos. Lewinsky
Wieden [Stadtteil von Wien], Technikerstr. 3".[14]

Vier Tage später bekräftigte er:

„22. Nov.[ember] 1873
Lieber, verehrter Freund, ich komme so bald als nur möglich zu Ihnen. Leider kann ich Frl Precheisen nicht mitbringen. Sie ist seit 1. Oktober in Prag engagiert und feiert dort wahre Triumphe. Sie hatte auf ein ganzes Jahr Vertrag mit dem Burgtheater, aber die Behandlung dieses ebenso großen als edlen Talentes von Seite der Direktion aus persönlichen Gründen bewog mich, einen anderen Weg mit dem Mädchen einzuschlagen. Es thut mir unendlich leid, daß Sie nun aus dem persönlichen Eindruck keine dichterische Anregung ziehen können. Das Fräul. wird sich bestens bemühen, Ihren Gedanken zum Ausdruck zu bringen. Es hat mir sehr leid gethan, daß Sie mich nicht getroffen, ich habe in diesem Monate Regie u. bin daher den größten Theil des Tages im Theater. Ich komme bald vor [?]. Mit herzlichem Gruße
Ihr treuer
Lewinsky."[15]

---

[13] Brahms dirigierte Händels *Alexanderfest* zur Saisoneröffnung der Gesellschaft für Musikfreunde am 9. November 1873; „jedenfalls aber gebührt Brahms eine ehrenvolle Anerkennung, das fast verschollene Werk wieder in die Oeffentlichkeit geführt zu haben." (*Die Presse,* 11. November 1873; <http://anno.onb.ac.at/cgi-content/anno?aid=apr&datum=18731111&seite=8&zoom=33>, 24.7.2013.)

[14] Mit freundlicher Genehmigung des Brahms-Instituts an der Musikhochschule Lübeck, Inv.-Nr. ABH 1.3.13, Sign. Bra : B2 : Lew : 1. – Karl Geiringer, dem der Standort der Quelle noch nicht bekannt war, zitiert nur den ersten Teil des Briefes nach einem Auktionskatalog von 1966. Dort wird „fast" statt „fest musikalisch" transkribiert, was mir wenig wahrscheinlich erscheint. Vgl. Karl Geiringer, „The Ophelia Lieder", in: Ders. und George S. Bozarth, *On Brahms and his Circle. Essays and Documentary Studies,* Sterling Hights, Michigan 2006, S. 389f.

Dass „Widerwärtigkeiten mit der Direktion"[16] für Olga Precheisens Wechsel von Wien nach Prag verantwortlich waren, wird durch zeitgenössische Quellen bestätigt. Lewinskys prestigeträchtige Anfrage kam also zur rechten Zeit, und den Erfolg seiner Bemühungen konnte er seinem Protegé bereits am 29. November mitteilen:

> „Brahms ist ein lieber Kerl, er hat sein Versprechen gehalten und die Lieder der Ophelia componirt, auch eine Clavierbegleitung dazu geschrieben, damit du sie einstudieren kannst. [...] Willst nach Wien kommen und sie mit ihm studieren? [...] Er weiß nicht sicher, ob sie dir gefallen werden; er meint, auf dem Theater mache zuweilen etwas Simples einen größeren Eindruck. Aber Du wirst Dich schon in diesen Geist, und in den Volkston hineinfinden. Das Manuskript bewahre wohl auf, weil es einen hohen Werth als Handschrift hat."[17]

Auch Olga Precheisen erfüllte Lewinskys Bitte: Sie hütete Brahms' Manuskript und händigte es erst kurz vor ihrem Tod 1935 dem Bibliothekar der Wiener Gesellschaft der Musikfreunde Karl Geiringer aus, der die bis dahin unpublizierten *Ophelia-Lieder* herausgab.[18] Geiringer erhielt offenbar von der Schauspielerin selbst die Information, dass sie die Lieder nach ihrem Prager Auftritt als Ophelia am 22. Dezember 1873 kaum noch oder gar nicht mehr aufführte, da sie die Rolle bald zurückgab.[19] Seit 1879 trat sie zunehmend „in heroischen Rollen, aber auch im Salondrama" in ganz Deutschland und weiterhin am Burgtheater auf.[20] 1896 wurde Olga Lewinsky-Precheisen zur k.k. Hofschauspielerin ernannt und beendete ihre Bühnenkarriere erst 1932, parallel hatte sie einen Lehrauftrag für Vortragskunde an der Universität Wien.

Brahms komponierte die *Ophelia-Lieder* also, ohne sich vorher persönlich ein Urteil über die Stimme und Musikalität der 20-jährigen Schauspielerin bilden zu können. Mit der weitgehend syllabischen Textvertonung und dem bequemen Ambitus (h-es", meist jedoch in der Oktave d'-d") berücksichtig-

---

[15] Brahms-Institut an der Musikhochschule Lübeck, Inv.-Nr. ABH 1.3.14, Sign. Bra : B2 : Lew : 2
[16] Art. „Lewinsky und Frau", in: *Deutsches Theater-Lexikon,* hrsg. von Adolf Oppenheim und Ernst Gettke, Leipzig 1889, S. 543.
[17] Zit. n. Geiringer, „The Ophelia Lieder", S. 390.
[18] New York, Schirmer 1935.
[19] „Frau Olga Lewinsky did not make much use of these songs after she first sang them in Prague, since, very soon afterwards, she was cast for roles of a different type and no longer played Ophelia." Geiringer, „The Ophelia Lieder", S. 391.
[20] Art. „Lewinsky-Precheisen, Olga", in: *Österreichisches Biographisches Lexikon 1815–1950,* Bd. 5 (Lfg. 22, 1970), S. 173, Online-Edition, Wien 2003–2011, <http://www.biographien.ac.at>, 13.1.2013.

te er Lewinskys Beschreibung von Precheisens Stimme als „Mezzo-Sopran", dessen besondere Qualitäten in „parlando-Gesänge[n]" lägen. Für die Aufführungspraxis wäre zu beachten, dass Brahms – wie Lewinsky der Schauspielerin schreibt – den Klaviersatz nur zur leichteren Einstudierung hinzufügte; bei der Uraufführung im Rahmen der Prager *Hamlet*-Vorstellung sind die Lieder von Precheisen offenbar a cappella gesungen worden. Jedenfalls hat Brahms die Klavierbegleitung im vierten Lied nur bis zum 6. Takt ausgeführt.[21] Die harmonische, melodische und satztechnische Schlichtheit der *Ophelia-Lieder* ist mithin nicht Resultat „skeptischer Bedenklichkeit"[22] gegenüber seinem Auftrag, sondern bewusste Einlösung einer klar definierten Funktionalität: Nicht nur die Rücksichtnahme auf die Mittel der Darstellerin, sondern auch die Integration der Musik in die Schauspiel-Aufführung erforderten nach Brahms' Ansicht Zurückhaltung. „Etwas Simples" schien ihm im Rahmen der Aufgabe angemessener als eine Demonstration personalstilistischer Qualitäten. Diese dienende Diskretion entspricht Brahms' unverhohlener Abscheu gegenüber der Vertonung großer Dramen, die er mit drastischen Hieben geißelte: „Ein Knabe legt sich wohl Tragödien von Sophokles und Shakespeare aufs Klavierpult und paukt und heult seinen Enthusiasmus in die Höhe", schreibt er an Hans von Bülow über Heinrich Zöllners im Oktober 1887 uraufgeführte *Faust*-Oper: „Aber nein, ein ganz ordentlicher, gebildeter Mann [...] setzt sich jeden Tag mit dem bloßen Arsch auf ein Heiligtum und besch... bearbeitet es. Lächerlich ist es nicht, empörend, ganz unverzeihlich...".[23]

Eines solchen Sakrilegs wollte sich Brahms mit den *Ophelia-Liedern* nicht schuldig machen. Die fünf Gesänge stehen in ihrer harmonischen, melodischen und rhythmischen Unkompliziertheit, ihrer periodischen Gleichmäßigkeit und deklamatorischen Sprachnähe Brahms' eigenen im Volkston geschriebenen Liedern nahe; Geiringer verweist auf melodische Ähnlichkeiten mit dem frühen Lied *Vom verwundeten Knaben* op. 14, 2.[24] Der archaische Duktus führt Cornelia Preißinger zu der überzeugenden Vermutung, Brahms habe hier Anklänge an elisabethanische Lautenlieder gesucht[25] – was sowohl seinem ausgeprägten Interesse an Alter Musik als auch der beschriebenen „dienenden" Funktion entsprechen würde.

---

[21] Sowohl die Edition von Geiringer als auch die neuere Ausgabe von Gerd Sievers (Wiesbaden, Breitkopf & Härtel 1961) fügt eine eigene Ergänzung hinzu.
[22] Schmidt, *Musikführer Johannes Brahms,* S. 275.
[23] Zit. n. Richard Specht, *Johannes Brahms,* Hellerau 1928, S. 336f.
[24] Geiringer, „The Ophelia Lieder", S. 391
[25] Preißinger, „Die Ophelia-Lieder von Richard Strauss und Johannes Brahms", S. 56–59.

In jedem Fall ist Brahms' Volkston eine gut gewählte Analogie zum Textmaterial. Denn die Lieder der delirierenden Ophelia in Shakespeares *Hamlet* erweisen sich als dissoziative Bruchstücke aus Volksliedern, Märchen und Riten.[26] Ihr Ton stellt sie außerhalb der Handlung und greift auf präexistentes Material zurück. In dem Maße, wie Shakespeares Ophelia ihr individuell geformtes Bewusstsein verliert, geht ihre Sprache in Fragmenten eines kollektiven Gedächtnisses auf – so wie auch aus den volksliedartigen Sentenzen des Narren in *König Lear* die Weisheit des Wahnsinnigen redet. Brahms' weitgehender Verzicht auf personalstilistische Eigenheiten zugunsten eines universellen, zeitlosen Materials berücksichtigt dieses dichterische Konzept.[27]

Sämtliche Verse der *Ophelia-Lieder* sind der fünften Szene des vierten Aktes aus *Hamlet* in der Übersetzung August Wilhelm von Schlegels entnommen. In der Textredaktion erlaubt sich Brahms kleine Freiheiten. Im ersten Lied (*Wie erkenn ich dein Treulieb*) zieht er beide Strophen, die bei Shakespeare durch zwei gesprochene Verse unterbrochen sind, zusammen. Ebenso übergeht das zweite, überaus kurze Lied (*Sein Leichenhemd, weiß wie Schnee zu sehn*) den Einwurf der Königin. Im dritten Lied (*Auf morgen ist Sankt Valentins Tag*) streicht Brahms die zweite Strophe Shakespeares – ganz im Sinne einer Bereinigung von „Zweideutigkeiten und lüsterne[n] Albernheiten", wie sie Goethes Aurelia forderte, denn der zweite Teil enthält die explizite Erwähnung der im ersten Teil nur angedeuteten Defloration der „Maid". Im vierten Lied (*Sie trugen ihn auf der Bahre bloß*) wechselt Shakespeares Ophelia nach dem dritten gesungenen Vers in Prosa. Brahms wählt für die Weiterführung des Liedes jedoch nicht den eigentlich an-

---

[26] So schon Anna Jameson 1832: „snatches of old ballads, such as perhaps her nurse sang her to sleep with in her infancy" (Anna Jameson, *Shakspeare's Heroines: Characteristics of Women, Moral, Poetical and Historical*, London 1891, S. 168). – Vgl. auch Leslie C. Dunn, „Ophelia's songs in Hamlet: Music, madness, and the feminine", in: *Embodied Voices: Representing Female Vocality in Western Culture*, hrsg. von Leslie Dunn und Nancy Jones. New Perspectives in Music History and Criticism, Cambridge 1994, S. 50–64.

[27] Einen grundsätzlich ähnlichen Gestus wählte Franco Faccio 1862 in seiner Vertonung von Arrigo Boitos Libretto *Amleto* (Wiederaufnahme an der Mailänder Scala 1871): Statt gattungstypisch entrückter Koloraturen – wie in Thomas' Oper – singt Ofelia in ihrer Wahnsinnsszene „con mesta semplicità" eine volksliedartige Weise. In ihrer Sortita im 1. Akt wird Ofelia mit solistischem Streichquartett eingeführt – doch es ist nicht davon auszugehen, dass Brahms (und Reimann, der eine Streichquartettbegleitung wählte) mit Faccios Werk bekannt war. Vgl. Kerstin Schüssler, „Noi, più baldi e men devoti / Vogliam l'arte dei nepoti. Arrigo Boitos und Franco Faccios Oper *Amleto* als Manifest des nuovo melodramma", in: *Aspetti musicali, Festschrift für Dietrich Kämper zum 65. Geburtstag*, hrsg. von Norbert Bolin, Christoph von Blumröder und Imke Misch, Köln 2001, S. 175–185.

schließenden Vers („Fahr wohl, meine Taube"), sondern ergänzt mit dem nicht zu Ophelias Lied gehörenden Passus „Ihr müsst singen: ,'nunter, und ruft ihr ihn[28] 'nunter'" – vermutlich war diese ausdrückliche Verwendung des Wortes „singen" Anlass genug zur Musikalisierung. Einzig das fünfte Lied (*Und kommt er nicht mehr zurück*) übernimmt Brahms ohne jede Änderung – der sofort anschließende letzte Vers Ophelias („Und allen Christenseelen! Darum bet' ich! Gott sei mit euch!") ist ja auch im Drama nicht mehr Bestandteil ihres Liedes.

In aller Reduziertheit des Materials verzichtet Brahms nicht auf eine zyklische Verknüpfung durch motivische Verwandtschaft. Die Melodik aller fünf *Ophelia-Lieder* ist bestimmt durch Terz- und Quartsprünge sowie durch Skalen. So sind in den Anfangstakten des ersten Liedes *Wie erkenn ich dein Treulieb* Spuren in die folgenden Lieder gelegt: Die immanente Dreiklangsmotivik in der Singstimme (hier: g'-b'-d'' in Takt 1 und a'-fis'-d' in Takt 2 und 3) prägt auch den Beginn des zweiten Liedes *Sein Leichenhemd weiß wie Schnee zu sehn* (d'-fis'-a' in Takt 1; zugleich die Umkehrung des vorletzten Taktes von Nr. 1). Ebenso ist die Dreiklangsmotivik am Anfang des dritten Liedes *Auf morgen ist Sankt Valentins Tag* (a'-fis'-d' in Takt 2) und des vierten Liedes *Sie trugen ihn auf der Bahre bloß* (d''-b'-g') präsent. Nur das fünfte und letzte Lied *Und kommt er nicht mehr zurück* verschiebt den fallenden Dreiklang auf die zweite Zeile „Er ist tot, o weh!" (a'-f'-d' in Takt 5), dennoch verwenden die Anfangstakte das gleiche Tonmaterial wie der Beginn des ersten Liedes.[29] Beide Fragen Ophelias – die nach Hamlets Liebesverrat wie die nach ihrem von Hamlet getöteten Vater Polonius – stehen durch die Permutation des identischen Tonvorrats miteinander in Verbindung: Auf beide Fragen wird eine einander bedingende Antwort gegeben, die sich aus dem wahnhaften Eingeschlossensein ihres Verstandes speist.

Auch die harmonischen Mittel der *Ophelia-Lieder* entsprechen in ihrer volksliedhaften Einfachheit der angestrebten Funktionalität und weisen nur wenige Spuren von Brahms' Personalstil auf. Sparsam eingestreute kleine Septen, Tritoni und verminderte Dreiklänge sorgen für Eintrübungen, etwa im vierten Lied, dessen Pastorellen-Charakter alsbald gestört wird. Das Changieren zwischen Dur und Moll evoziert einerseits das Vorbild der Elisabethaner,[30] bildet andererseits den schwankenden Bewusstseinszustand Ophelias ab – deutlich etwa im letzten Lied: Die Frage „Und kommt er nicht mehr zurück?" beginnt in d-Moll und hellt sich in trügerisch kurzer

---

[28] Bei Shakespeare/Schlegel eigentlich „und ihr ruft ihn". – Vgl. William Shakespeare, *Hamlet*, Deutsch von A.W. Schlegel, Gevelsberg 1948, S. 177.

[29] *Und kommt er nicht mehr zurück*: a'-d''-c''-a'-g'-b'-a'-c''; *Wie erkenn' ich dein Treulieb*: g'-b'-a'-d''-c''-b'-a'-g'.

[30] Preißinger, „Die Ophelia-Lieder von Richard Strauss und Johannes Brahms", S. 56.

Hoffnung zur Durparallele F-Dur auf, der Tonart, in der das vorausgegangene Lied zu den Worten „all meine Lust" geendet hatte. Dass diese „Lust" schlussendlich eine Chimäre bleibt, macht im anschließenden letzten Lied die Schlussphrase der ersten Strophe („Er kommt ja nimmer, nimmer, nimmer zurück") klar: sowohl im trostlos fallenden d-Moll-Dreiklang des letzten Taktes wie in der von Shakespeares Original abweichenden dreimaligen Wiederholung des illusionslosen „nimmer".

„DIE SCHLICHTHEIT BEWAHREN"

Unter den zahlreichen Brahms-Bearbeitungen und -Übermalungen im 20. und 21. Jahrhundert fällt Aribert Reimanns Beleuchtung der *Ophelia-Lieder* durch eine bewusste Zurückgenommenheit auf. Wie Brahms' Originale selbst gewinnen seine Transkriptionen gerade durch die Reduktion eine eindringliche Intensität. Reimanns Interesse für diese – und andere von ihm bearbeitete – Lieder hat doppelte Wurzeln: Einerseits setzt er sich als ein führender deutscher Komponist immer wieder schöpferisch mit historischem Material auseinander, etwa in den *Sieben Fragmenten für Orchester in memoriam Robert Schumann* (1988), *Nahe Ferne – Momente zu Ludwig van Beethovens Klavierstück B-Dur WoO 60* (2003) oder jüngst *Prolog zu Beethovens 9. Symphonie* (2013). Andererseits verspürt er als langjähriger gesuchter Liedbegleiter von Sängerinnen und Sängern wie Brigitte Fassbaender, Elisabeth Grümmer, Dietrich Fischer-Dieskau und Ernst Haefliger eine besondere Nähe zu dieser Gattung, die sich auch in seiner Professur für zeitgenössisches Lied an der Hochschule für Musik und Theater Hamburg (1974–1983) und an der Berliner Hochschule der Künste (1983–1998) niederschlug.

Reimanns Beschäftigung mit den *Ophelia-Liedern* steht in einer Folge von Kompositionen für die Traunsteiner Sommerkonzerte: Bearbeitungen von Schumann und Schubert schrieb er 1994 und 1995 für Christine Schäfer und das Auryn-Quartett.[31] 1996 folgte der Mendelssohn-Zyklus *„...oder soll es Tod bedeuten?"* für Juliane Banse und das Cherubini-Quartett. Die geplante CD-Aufnahme der Transkriptionen durch Juliane Banse sollte durch eine weitere Arbeit vervollständigt werden – Reimanns Wahl fiel auf Brahms' *Ophelia-Lieder*, die er als Pianist oft mit der Mezzosopranistin Carla Henius

---

[31] Robert Schumann/Aribert Reimann, *Sechs Gesänge* op. 107 (1994), Franz Schubert/Aribert Reimann, *Mignon* (1995) – Reimanns jüngste Bearbeitung von Liszt-Liedern für Bariton und Streichquartett (2013) wurde am 22. April 2014 an der Hamburgischen Staatsoper uraufgeführt.

zur Aufführung gebracht hatte.³² Wie bei Schumanns op. 107 suchte Reimann Lieder, denen der Charakter des Fragmentarischen eignet und die durch ihre Sparsamkeit und wenig klavieristische Faktur Raum für eigene Klangvorstellungen lassen.³³ Die *Ophelia*-Bearbeitung wurde zwischen dem 23. und 25. Mai 1997 in New York abgeschlossen³⁴ und am 22. August 1997 von Juliane Banse und dem Cherubini-Quartett auf Schloss Elmau uraufgeführt.

Reicherte Aribert Reimann seinen Mendelssohn-Zyklus „*...oder soll es Tod bedeuten?*" noch mit eigenen Intermezzi an, die als verbindende Reflexion zwischen den Sätzen wirken, nahm er sein kompositorisches Idiom in den Brahms-Transkriptionen völlig zurück. Ohne die melodische oder harmonische Textur der Lieder im Geringsten zu ändern, wirken Reimanns Umschriften dennoch als individueller Kommentar zum Original, der sich ganz auf atmosphärische Beleuchtungswechsel und Freilegung der polyphonen Strukturen verlässt. Für dieses Verfahren gilt, was Ulrich Mahlert bereits anhand Reimanns Bearbeitung von Schumanns op. 107 festgestellt hat: „Reimann intendiert keine über das Original hinausgehende Deutung und Aktualisierung, aus der ein neues Werk erwächst [...]; vielmehr strebt er vor allem danach, die kompositorische Substanz von Schumanns Vertonungen mit satztechnischen und klanglichen Mitteln des Streichquartetts expressiv zu verdeutlichen."³⁵ Doch Reimann begibt sich in der Wahl seiner Mittel noch weiter in die selbstverordnete Reduktion: Anders als bei seinen um eine Terz nach oben angehobenen Schumann-Bearbeitungen verzichtet er auf eine aufhellende Transposition der Mezzo-Lage.³⁶ Ebenso schränkt er

---

[32] Gespräch mit der Verfasserin, Berlin, 25.5.2013.

[33] So äußerte Reimann in einem Gespräch mit Volker Hagedorn: „Ich würde nie auf die Idee kommen, die *Dichterliebe* zu bearbeiten: die ist so aus dem Klavier heraus komponiert!" – *In weiter Ferne so nah. Ein klavierspielender Komponist auf den Spuren Robert Schumanns.* Sendung Deutschlandradio Kultur, 26.2.2012.

[34] Vermerk in Reimanns Manuskript.

[35] Ulrich Mahlert, „Schumanns Sechs Gesänge op. 107. Zur Werkstruktur, zur Vertonungsweise, zur zeitgenössischen Rezeption und zur Bearbeitung für Sopran und Streichquartett von Aribert Reimann", in: *Musik-Konzepte, Der späte Schumann*, hrsg. von Ulrich Tadday, München 2006, S. 163–181, das Zitat S. 175. – Vgl. auch allgemein zu Reimanns Bearbeitungen: Andreas Krause, „,... allein auf weiter See...'. Anmerkungen zum Verhältnis von Bearbeitung und (kammermusikalischer) Komposition bei Aribert Reimann, in: *Musik-Konzepte, Aribert Reimann*, hrsg. von Ulrich Tadday, München 2008, S. 76–95.

[36] Juliane Banse, die von Reimann gastweise an der Münchner Musikhochschule unterrichtet wurde, gab mir hierzu in einer Mail vom 14.1.2013 Auskunft: „Aribert Reimann kannte meine Stimme sehr gut und wusste, dass ich gerne meine relativ

den Ausdrucksradius der spieltechnischen Möglichkeiten noch weiter ein und entsagt klangfarblichen, teilweise geräuschhaften Effekten wie sul ponticello, col legno, pizzicato oder tremolo, die er sonst nicht nur in seinen Transkriptionen romantischer Klavierlieder, sondern selbstverständlich auch in den eigenen Kompositionen, etwa dem Zyklus *Unrevealed* für Bariton und Streichquartett (1979/80), mit äußerster Nuancierung einsetzt.

Reimanns freiwillige Beschränkung korrespondiert mit Brahms' eigener Zurückhaltung in den *Ophelia-Liedern* und trifft den Gestus des Originals daher exakt. Sein Wunsch, dessen „Schlichtheit zu bewahren",[37] bedeutet aber keinesfalls Monochromie. Denn auch aus der reduzierten Palette des Streichquartett-Klangs gewinnt Reimann eine staunenswerte Fülle von Stimmungen und plastischen Strukturen, indem er den oft nur dreistimmigen Klaviersatz polyphon durch die Stimmen des Streichquartetts wandern lässt, jeweils in den Strophen variiert und den gestauchten Klangraum durch Oktavierungen nach oben wie unten durchbricht und öffnet. Verschiedene Flageolettarten versinnbildlichen Ophelias fragilen, zunehmend der Realität abhanden kommenden psychischen Zustand.

Die Prinzipien von Reimanns Verfahren seien an einigen Beispielen verdeutlicht:

Nr. 1 *Wie erkenn' ich dein Treulieb* (Andante con moto, g-Moll, 4/4, 3/2)

Brahms gestaltet die beiden strophenähnlichen sechstaktigen Perioden völlig identisch, nicht nur im melodischen Verlauf (von der fehlenden Punktierung in Takt 9 abgesehen), sondern auch im Klaviersatz. Reimann variiert die Begleitung und damit die Klangfarbe nicht nur in den beiden Perioden, sondern auch je im Vorder- und Nachsatz. Das dreistimmige Original verlangt, dass dabei je ein Instrument des Streichquartetts pausiert, wobei das Tacet – ebenso wie die Melodie – durch alle Stimmen wechselt. Der Stimmtausch findet mitten in der Phrase statt: So übernimmt die 2. Violine in Takt 2 die mit der Singstimme unisono geführte Melodie von der 1. Violine. Während Reimann zunächst den originalen Klangraum wahrt, spreizt er ihn bereits in Takt 7, der zweiten strophenähnlichen Periode: Die Melodie liegt im Vordersatz (Takt 7–9) um eine Oktave nach unten versetzt in der Viola, die Mittelstimme um zwei Oktaven angehoben in der 1. Violine. Im Nachsatz (Takt 10–12) liegt die Melodie eine Oktave höher in

---

breite Mittellage einsetze, und die Farbe ist halt sehr passend für die Lieder. Er hat sie mir dann vorgelegt, und da sie sehr gut für mich lagen, haben wir es so belassen."
[37] Reimann im Gespräch mit der Verfasserin, 25.5.2013.

der 2. Violine, die Bassstimme wandert in die 1. Violine, die Mittelstimme wird von der Viola im Quartflageolett gespielt.

Auf- und Abwärtsbewegung eines Phrasenendes werden jeweils getauscht, wodurch der Liegeton der originalen Mittelstimme vermieden wird. Für den zur Tonika kadenzierenden Takt 6 heißt das: Der Liegeton b der Mittelstimme wird vom Violoncello durch einen Dezimsprung verlassen und von der Viola, die hier eigentlich die Bassstimme übernimmt, gespielt. Ähnliche Aufsplitterungen sowie Stimmtausch und Oktavierung auch innerhalb einer Phrase bringen große klangfarbliche Nuancierungen in den Satz, ohne dass das originale Gerüst verlassen wird. In der Dynamik differenziert Reimann weiter vom p zum mp aus; durch die Sordinierung aller vier Streicher ist eine zusätzliche Abstufung erreicht.

Beispiel 1:

(a) Brahms: *Wie erkenn ich dein Treulieb,* Takt 3–9

(Johannes Brahms, *Fünf Ophelia-Lieder* für Singstimme und Klavier, hrsg. von Gerd Sievers:
© Breitkopf & Härtel, Edition Breitkopf 6332, Wiesbaden 1961,
Nachdruck mit frdl. Genehmigung)

(b) Brahms/Reimann: *Wie erkenn ich dein Treulieb,* Takt 5–12
—— Oberstimme ---- Mittelstimme ---- Bassstimme

(Johannes Brahms/Aribert Reimann, *Fünf Ophelia-Lieder* für Singstimme und Streichquartett: © Schott Musik International, ED 8836, Mainz 1997, Nachdruck mit frdl. Genehmigung Schott Music, Mainz – Germany)

Nr. 2 *Sein Leichenhemd weiß wie Schnee zu sehn* (D-Dur, ³⁄₄, Zusatz Reimann: Andante)

Das zweite Lied ist im Original weitgehend vierstimmig, was Reimann für die Aussetzung übernimmt. Auch hier arbeitet er wieder mit Oktavversetzung und Stimmtausch. Eine echohafte Verräumlichung des Klangs erzielt beispielsweise die Segmentierung der Melodie auf die um zwei Oktaven nach oben versetzte 1. Violine im Vordersatz (Takt 1–4) und auf die „Beantwortung" des Nachsatzes in der 2. Violine, jetzt in originaler Lage (Takt 5–8). Der ätherische Tupfer des Quartflageoletts[38] wird gezielt zur Begleitung des im syllabischen Kontext herausgehobenen Melismas auf „Blumensegen" (Takt 3, Viola) bzw. auf das Reimwort „Liebesregen" (Takt 7, 1. Violine) als weitere Sublimierung eingesetzt.

---

[38] Das Quartflageolett verwendet Reimann auch häufig in eigenen Kompositionen, etwa in *Unrevealed* oder in der Streichquartettbegleitung des Narren in *Lear*.

Nr. 3 *Auf morgen ist Sankt Valentins Tag* (G-Dur ⁶/₈, Zusatz Reimann: Allegretto)

Die beiden Strophen des Liedes werden von Brahms identisch behandelt (minimale Unterschiede ergeben sich in der Singstimme aus der Textdeklamation, die Klavierbegleitung ist jedoch gleich). Reimann splittert die ursprünglich dreistimmigen Linien nun in einer „künstlichen Vierstimmigkeit" extrem auf: Die wiegende Achtelbewegung des Klavierbasses wird quasi imitierend auf das Violoncello und die 2. Violine verteilt, der repetierende Impuls somit zugunsten eine größeren Unruhe unterbrochen. In der zweiten Strophe verliert die ursprünglich so solide Bassfigur vollends ihre beruhigende Bodenhaftung: Die schwingende Bewegung liegt jetzt um drei bzw. um zwei Oktaven angehoben in der 1. bzw. 2. Violine, flüchtet sich also vom stabilisierenden Untergrund in das irrlichternde Flackern höherer Sphären. Auch die Stimmverteilung ist in der zweiten Strophe ohne Wahrung intakter Phrasen fragmentiert. In den letzten beiden Takten legt Reimann die Wiegenbewegung des Klavierbasses wieder in der originalen Oktave in Violoncello und Viola zurück – doch die Ruhe ist trügerisch. Denn in der Oberstimme fehlt die Tonika g, die 1. Violine sinkt zum Dominantton d zurück. Das vordergründig so beschwingt und tänzerisch wirkende Lied bleibt in der Luft hängen. Diese Unterminierung korrespondiert mit dem ganz gezielt eingesetzten Flageolett, das gegen Schluss (Takt 22) auch einmalig von der 1. Violine gespielt wird und damit, verbunden mit der doppelten Oktavierung, wiederum für Ophelias zunehmenden Verlust an Bodenhaftung steht.

Nr. 4 *Sie trugen ihn auf der Bahre bloß* (F-Dur, ⁶/₈, Zusatz Reimann: Andante)

Im Unterschied zur vorangegangenen extremen Fragmentierung hält Reimann hier den vierstimmigen Klaviersatz zum ersten Mal in intakten Linien zusammen, d.h. 1. und 2. Violine spielen die Ober- bzw. Unterstimme der rechten, Viola und Violoncello die Ober- bzw. Unterstimme der linken Hand. Auch die originalen Tonhöhen werden eingehalten.

Dafür setzt Reimann das Quartflageolett in diesem Grabeswiegenlied nun fast durchgehend ein: die 2. Violine spielt es im Wechsel mit dem normal gegriffenen Ton, die Melodielinie wird somit immer wieder aus ihrem engen Ambitus entlassen. Der einzige Takt, der auf das Flageolett verzichtet (Takt 4), steht unmittelbar vor dem Schlüsselwort „Trän'" (Takt 5), so dass hier der sphärische Klang des nun wieder einsetzenden Flageoletts besonders intensiv wirkt.

Beispiel 2

(a) Brahms: *Auf morgen ist Sankt Valentins Tag*, Takt 19–25
© Breitkopf & Härtel, Wiesbaden

(b) Brahms/Reimann: *Auf morgen ist Sankt Valentins Tag*, Takt 17–25
—— Oberstimme   ---- Mittelstimme   ▬▬ Bassstimme
© Schott Music, Mainz – Germany

Nr. 5 *Und kommt er nicht mehr zurück?* (d-Moll, ⁶/₄, Zusatz Reimann: Andante con moto)

Das einzige echte Strophenlied der *Ophelia-Lieder* taucht Reimann in eine Fülle von wechselnden Beleuchtungen. Brahms interpretiert Ophelias sehnsuchtsvoll gedehnte Frage als schwermütige Ruhe zum Tode, ohne jeden Anflug von Nervosität oder gar Hysterie. Reimann spürt diesem Ton nach: in der gedämpften Farbe der wie im ersten Lied sordinierten Streicher und in der Abdunklung der wiederholten Frage (Takt 3), wo die in den ersten beiden Takten noch beibehaltene Tonhöhe jeweils um eine Oktave nach unten versetzt wird. Am Schluss der ersten Strophe ist nach vereinzelten Oktavierungen nach oben und Stimmtausch wieder die originale Tonhöhe sowie das originale Gerüst von Ober-, Mittel- und Unterstimme erreicht.

Die zweite Strophe dagegen (bei Reimann folgerichtig nicht durch einen Doppelstrich, sondern durch eine Fermate getrennt) weicht von dieser relativen Regelmäßigkeit völlig ab: Die Melodiestimme wird um eine Oktave angehoben und wandert mit ihrer Achse in die 2. Violine. Parallel dazu verkehren sich die ebenfalls jeweils nach oben oktavierten Mittel- und Unterstimmen innerhalb der Phrase. Bis zur Unkenntlichkeit wird die Melodie in der nächsten Zeile („sein Haupt dem Flachse gleich", Takt 14) zersplittert: Die ersten drei Töne liegen im Bass, die Anschlusstöne stülpen sich in der 1. Violine nach außen, und entsprechend wird in der Basslinie das eigentlich Unterste nach Oben gekehrt. Erst in den beiden Schlusstakten beruhigt sich diese Atomisierung. Die Ordnung der Stimmen scheint zwar wiederhergestellt. Doch Ophelias jenseitiges „Gott helf' ihm ins Himmelreich" ist kein irdischer Belang mehr: Um zwei Oktaven sind alle vier Streicherstimmen angehoben; der Bass im Violoncello erhält hier – und nur hier – ein Flageolett. Mit unaufdringlichen Mitteln intensiviert Reimanns Bearbeitungskunst die psychische Disposition Ophelias.

Beispiel 3

a) Brahms: *Und kommt er nicht mehr zurück?*, Takt 1–7
© Breitkopf & Härtel, Wiesbaden

(b) Brahms/Reimann: *Und kommt er nicht mehr zurück?*, Takt 11–18
—— Oberstimme   ---- Mittelstimme   ▬▬▬ Bassstimme
© Schott Music, Mainz – Germany

Seine *Ophelia*-Bearbeitung betrachtete Aribert Reimann dezidiert als Gelegenheitswerk – der Komponist des *Lear* (1978), einer der international erfolgreichsten Shakespeare-Opern der Moderne, sah sie keinesfalls als Kompensation für einen *Hamlet*, an dessen Vertonung er niemals gedacht habe.[39] Dass er dennoch eine besondere Nähe zu dieser Figur verspürt, mag sich in einer weiteren Ophelia-Bearbeitung, nämlich der Lieder von Richard Strauss, spiegeln, deren Uraufführung im Juni 2014 stattfindet.[40] Reimanns Interesse an der fragmentarischen Form, an den „Bruchstellen als Offenheit gegen den Betrachter"[41] begreift Brahms' absichtsvolle Leerstellen als Angebot zur individuellen Lesart: Sie hört das Original mit geschärften Mitteln aus, stellt sich dabei jedoch nie in den Vordergrund oder übertüncht den angelegten Grundton dieser „melancholischen Balladen". Reimann folgt damit intuitiv den Spuren, die Josef Lewinsky legte. Denn der Auftraggeber von Brahms' *Ophelia*-Liedern sah – mit einem Zitat aus *Hamlet* – sein Theater-Ideal durch Shakespeare selbst erfüllt:

„[...] er erschafft eine eigentliche Schauspielkunst, deren Wesen und Aufgabe er in den ewig geltenden Worten feststellt: ‚[...] paßt die Gebärde dem Wort, das Wort der Gebärde an, wobei ihr sonderlich darauf achten müßt, niemals die *Bescheidenheit* der Natur zu überschreiten. Denn alles, was so übertrieben wird, ist dem Vorhaben des Schauspiels entgegen.'"[42]

---

[39] Gespräch mit der Verfasserin, Hamburg, 25.11.2012. Damit widerspricht Reimann ebenfalls der Vermutung von Thomas Meyer, dass in der Auseinandersetzung mit der Ophelia-Figur, die auch im ersten Lied von Schumanns op. 107 vorkommt, „auch der geheime Wunsch des Opernkomponisten Reimann spürbar wird, sich einmal an einen *Hamlet* zu wagen." – Booklet zur Aufnahme der *Ophelia-Lieder* mit Juliane Banse und dem Cherubini-Quartett, Tudor Recording (1998), S. 7.

[40] bearbeitet für Sopran und Kammerorchester (2011). Solistin: Juliane Banse, Dirigent: Heinz Holliger.

[41] Friederike Wißmann, „Lyrische Momente des Fragmentarischen – *Sieben Fragmente für Orchester in memoriam Robert Schumann* (1988) von Aribert Reimann", in: *Die Musikforschung*, 60. Jg., Heft 2 (2007), S. 117-128, das Zitat S. 118.

[42] Josef Lewinsky, „Das moderne Theater", in *Kleine Schriften dramaturgischen und theatergeschichtlichen Inhalts*, S. 41.

Johannes Brahms und Charles Villiers Stanford: Der Briefwechsel

vorgelegt und kommentiert von Robert Pascall

Abstract. Of the correspondence between Johannes Brahms and the Irish composer, conductor, organist, pianist, teacher and writer Sir Charles Villiers Stanford (1852–1924) one letter of Stanford's and three of Brahms's survive in public institutions; a further three letters of Brahms's are preserved verbatim and two of Stanford's in précis in published sources; the contents of other lost letters of Stanford's have to be deduced from Brahms's replies. The present study presents this material in the context of an historical account of the personal meetings and relations between the two correspondents. The letters chiefly concern the performance of Brahms's First Symphony, op. 68 on 8 March 1877 at Cambridge, Stanford's dedication to Brahms of his *Songs of Old Ireland. A Collection of Fifty Irish Melodies* (London 1882), subsequent attempts by Stanford to lure Brahms into visiting England, Brahms's enthusiasm for including students singing at the end of his *Academic Festival Overture*, op. 80, and a cordial exchange of greetings during Brahms's final illness.

VORBEMERKUNG

Der Briefwechsel zwischen Brahms und dem irischen Komponisten, Dirigenten, Organisten, Pianisten, Lehrer und Schriftsteller Sir Charles Villiers Stanford (geboren am 30. September 1852 in Dublin, gestorben am 29. März 1924 in London) ist heute nur noch unvollständig überliefert: Ein Brief von Stanford und drei Briefe von Brahms sind in Gestalt der originalen Briefmanuskripte erhalten, die in öffentlichen Institutionen aufbewahrt werden. Außerdem sind drei verschollene Brahms-Briefe in gedruckten Quellen überliefert – einer davon lediglich in englischer Übersetzung. Den Inhalt zweier verschollener Stanford-Briefe an Brahms resümierte Stanford selbst in Schreiben, die später publiziert wurden; der Inhalt weiterer Stanford-Briefe lässt sich prinzipiell aus Brahms' Antwortschreiben erschließen.

97

Im Folgenden werden die im Original erhaltenen und die in gedruckten Quellen überlieferten Briefe chronologisch geordnet und durchnummeriert.[1]

DIE KORRESPONDENZ VON BRAHMS UND STANFORD

Stanford lernte Brahms' Musik schon früh durch einen seiner Dubliner Lehrer, Michael Quarry, kennen und lieben: Brahms' Werke waren damals im öffentlichen Musikleben jener Stadt so gut wie unbekannt. Stanfords Vater erlaubte seinem Sohn, eine musikalische Laufbahn anzustreben, sofern er zunächst ein Universitätsstudium absolvierte und erst danach Musik studierte, und zwar im Ausland. Ab 1870 studierte Stanford daher Altphilologie an der Universität Cambridge, übte jedoch nebenbei eine außerordentlich reichhaltige und wirkungsvolle Tätigkeit als Musiker aus – ab 1873 als Organist am Trinity College und als Leiter der Cambridge Musical Society.

Mit Brahms traf Stanford zum ersten Mal am 20. August 1873 zusammen; Stanford war damals 20, Brahms 40 Jahre alt. Stanford beschrieb diese Begegnung folgendermaßen:

> My first speech with him was at a dinner-party given on the day following the close of that Festival [Robert-Schumann-Gedächtnisfeier, Bonn 17.–19. August 1873] by Ferdinand Hiller at Cologne; but it was short and uninteresting; he was somewhat bored and unapproachable, and not (to tell the truth) in the best of tempers. [Stanford fügte in einer Fußnote hinzu:] He never was, I am told by a friend of his, at Hiller's.

> (Zu meiner ersten Unterhaltung mit ihm kam es während einer Abendgesellschaft am Tag nach dem Abschluss jenes Musikfestes [Robert-Schumann-Gedächtnisfeier, Bonn 17.-19. August 1873] bei Ferdinand Hiller in Köln. Sie dauerte nur kurz und war an und für sich uninteressant; er langweilte sich, wirkte unzugänglich und war, ehrlich gesagt, nicht gerade bester Laune. [Stanford fügte in einer Fußnote hinzu:] Bei Hiller war er immer so, wie ich von einem seiner Freunde erfuhr.)[2]

---

[1] Für die Genehmigung zur Veröffentlichung der Briefe bin ich Jürgen Neubacher (Staats- und Universitätsbibliothek Hamburg Carl von Ossietzky) und Peter Horton (Royal College of Music Library, London) sehr zu Dank verpflichtet. Michael Struck danke ich aufs Herzlichste für seinen wissenschaftlichen Rat bei der Vorbereitung dieser Studie. Briefe 2–5 und 7 sind als Anhang II „Brahms' Briefe an Charles Villiers Stanford" wiedergegeben in: Robert Pascall, „Frühe Brahms-Rezeption in England", in: *Internationaler Brahms-Kongress Gmunden 1997. Kongreßbericht*, hrsg. von Ingrid Fuchs (= Veröffentlichungen des Archivs der Gesellschaft der Musikfreunde in Wien, hrsg. von Otto Biba, Bd. 1), Tutzing 2001, S. 293–342; hier S. 332–335.

[2] C.[harles] V.[illiers] Stanford, *Studies and Memories*. London 1908 [im Folgenden zitiert als: Stanford, *Studies*], S. 108. Wenn nicht anders angegeben stammen die Übersetzungen vom Autor.

1874–1876 bekam Stanford vom Trinity College mehrere Urlaube, um in Deutschland seinen musikalischen Studien nachzugehen, und studierte unter anderem Komposition bei Carl Reinecke in Leipzig und bei Friedrich Kiel in Berlin. 1875 begann er mit einer Reihe von Brahms-Aufführungen in Cambridge, die zur Brahmspflege in Großbritannien wesentlich beitrugen.[3] Im gleichen Jahr wurde Stanfords 1. Symphonie in London preisgekrönt. Derzeit versuchte Stanford, den damaligen Ordinarius für Musik an der Universität Cambridge, William Sterndale Bennett, dafür zu interessieren, die Ehrendoktorwürde der Universität an Brahms zu verleihen, hatte damit aber keinen Erfolg. Noch im gleichen Jahr starb Sterndale Bennett, und sein Nachfolger George Alexander Macfarren griff Stanfords Vorschlag gern auf. Macfarren war es auch, der im April 1876 im Namen der Universität an Brahms schrieb, um ihm die Ehrendoktorwürde anzubieten.[4] Joseph Joachim, der das gleiche Anerbieten bekommen hatte, erklärte Brahms im Brief vom Anfang April 1876 die unabdingbare Voraussetzung, dass die Ehrendoktorwürde nur bei persönlicher Anwesenheit des Geehrten verliehen werden könne.[5] Brahms hatte inzwischen jedoch Joseph Joachim mitgeteilt, dass er die 1. Symphonie für eine Aufführung in Cambridge zur Verfügung stellen werde.

---

[3] Stanfords Aufführungen Brahms'scher Werke in den 1870er-Jahren in Cambridge fanden im Rahmen der Konzertreihe der Cambridge University Musical Society in der Guildhall von Cambridge statt; wenn nicht anders angegeben erfolgten sie unter Mitwirkung des Chores und Orchesters der Society, dirigiert von Charles Villiers Stanford: 4. März 1875: 2. Klavierquartett A-Dur op. 26; Charles Villiers Stanford (Klavier), W. F. Donkin (Violine), Alfred Burnett (Viola), Reverend Thomas Percy Hudson (Violoncello). 23. Mai 1876: *Ein deutsches Requiem* op. 45; Sophie Ferrari (Sopran), Frank Pownall (Bariton). 8. März 1877: *Schicksalslied* op. 54, 1. Symphonie c-Moll op. 68 (britische Erstaufführung, dirigiert von Joseph Joachim). 18. Mai 1877: *Neue Liebeslieder* op. 65 (britische Erstaufführung); Charles Villiers Stanford und Raoul Couturier de Versan (Klavier), Thekla Friedländer, Louise Redeker, Reverend Louis Borrisow, Gerald F. Cobb (Sänger). 22. Mai 1877: *Alt-Rhapsodie* op. 53 (britische Erstaufführung); Louise Redeker (Alt). 26. März 1878: *Variationen über ein Thema von Robert Schumann* op. 23; Richard Charles Rowe und Charles Villiers Stanford (Klavier). 17. Mai 1878: Klavierquintett f-Moll op. 34; Charles Villiers Stanford (Klavier), Ludwig Straus (Violine I), Reverend Francis Hudson (Violine II), Alfred Burnett (Viola), Reverend Thomas Percy Hudson (Violoncello). 16. Mai 1879: 1. Klavierquartett g-Moll op. 25; Charles Villiers Stanford (Klavier), Ludwig Straus (Violine), Alfred Burnett (Viola), Reverend Thomas Percy Hudson (Violoncello). 3. Dezember 1879: *Es ist das Heil uns kommen her* op. 29, Nr. 1 (evtl. britische Erstaufführung).
[4] Zum Brieftext siehe: Gerald Norris, *Stanford, the Cambridge Jubilee, and Tchaikovsky*, Newton Abbot 1980, S. 77.
[5] *Johannes Brahms im Briefwechsel mit Joseph Joachim*, hrsg. von Andreas Moser, 2. Bd., Berlin ²1912 (= Briefwechsel Bd. 6), S. 118–120.

1: STANFORD AN BRAHMS

Ross Strasse 9/I
Leipzig
Nov[.] 5/76

Hochgeehrter Herr!
Herr Professor Joachim theilte mir vor einigen Tagen mit, dass Sie die Güte gehabt haben Ihre neue Symphonie zur Aufführung am 1sten März 1877, unserem Universitäts-Musik-verein zu Cambridge zur Verfügung zu stellen; und da ich Dirigent dieser Gesellschaft bin, so beeile ich mich, Ihnen im Namen derselben unseren herzlichsten Dank auszusprechen für die Ehre, welche Sie uns dadurch geschenkt haben.

Wir haben spezielle Arrangements gemacht um durch Extra-Proben eine Aufführung zu sichern, welche, wie wir hoffen, des Werkes und seines Componisten würdig sein wird.

Darf ich Sie um die Freundlichkeit bitten mir sagen zu wollen, ob das Werk bis dahin gedruckt sein wird; oder, im andern Fall, wie bald ich das Manuscript erwarten dürfte, damit ich die Stimmen sobald als möglich copiren lassen, und es für mich selbst studiren könnte?

Ich brauche Ihnen nicht zu sagen, wie sehr wir alle in Cambridge bedauern würden, wenn es Ihnen nicht möglich sein sollte, Ihr Werk selbst zu dirigiren; denn es würde für uns alle eine grosse Ehre sein, Sie in Cambridge selbst, und mit Herrn Professor Joachim zu gleicher Zeit begrüssen zu können: zumal Sie jetzt sehr leicht und sehr schnell direct nach Cambridge gelangen können.

Wir haben letzten Juni Ihr Requiem in Cambridge aufgeführt, und Ihre Compositionen haben bei uns so viele Freunde gefunden, dass wir alle den Wunsch haben Sie selbst bei uns zu sehen. Ausserdem würde Ihr Besuch für uns eine grosse Hülfe in unseren Bestrebungen sein, die Pflege und die Ausübung der Musik in Cambridge zu fördern; und obgleich man bei uns schon viel Fortschritt gemacht hat, so würde Ihre Anwesenheit doch ein umso grösserer Antrieb zur Kunst sein. Ich bitte mir Ihren freundlichen Entschluss mittheilen zu wollen, und habe die Ehre zu sein hochachtungsvoll
Ihr ergebener
C. Villiers Stanford[6]

---

[6] Briefmanuskript (Deutsch): 1 Doppelblatt, 4 mit Tinte beschriebene Seiten. Staats- und Universitätsbibliothek Hamburg Carl von Ossietzky: BRA: Be2: 3.

Da die Uraufführung der 1. Symphonie gerade am Tage zuvor (4. November 1876) in Karlsruhe stattgefunden hatte, kann man folgern, dass Brahms sich schon vorher entschieden hatte, einer Aufführung der Symphonie in Cambridge zuzustimmen, wobei zur Zeit von Stanfords Schreiben der 1. März 1877 als Aufführungstermin vorgesehen war. In seinem Brief versuchte Stanford, Brahms zu einem Besuch in Cambridge zu überreden, und verlieh seiner Hoffnung Ausdruck, dass der Komponist die Symphonie selbst dirigieren werde. Ob Brahms durch Joachim mündlich erwiderte oder ein (heute verschollenes) Antwortschreiben an Stanford richtete, ist unbekannt. Joachim versuchte am 6. Februar 1877 seinerseits abermals, Brahms nach Cambridge zu locken, und auch Stanford muss sich im Februar in dieser Angelegenheit erneut brieflich an Brahms gewandt haben, der daraufhin Anfang März an Joachim nach London schrieb: „Lieber J. Auf einen Brief von Stanley [*recte* Stanford] wußte ich nicht anders zu antworten – als – Dir wohl gezeigt wird."[7] Somit reiste Brahms nicht nach Cambridge; an seiner Stelle dirigierte Joachim die 1. Symphonie am 8. März im Rahmen eines Festkonzertes der Cambridge University Musical Society, bei der unter anderem Joachims Ehrendoktorwürde gefeiert wurde. Das Programm umfasste dem gedruckten Programmheft zufolge: Sir W.[illiam] Sterndale Bennett, *Overture "The Wood Nymphs"* (Op. 20); Beethoven, *Concerto for Violin and Orchestra* (Op. 61) [Solist: Joseph Joachim]; Brahms, *A Song of Destiny* [*Schicksalslied*] (Op. 54); J. S. Bach, Violin solo: *Andante, Allegro assai, in C major* [wohl BWV 1005, 1. und 4. Satz; Solist: Joseph Joachim]; Joseph Joachim, *Elegiac Overture in Commemoration of Kleist* (M.S. [= Manuscript, d. h. noch ungedruckt]); Brahms, *Symphony in C minor* (M.S.). Joachim dirigierte seine Ouvertüre und Brahms' Symphonie,[8] Charles Villiers Stanford die anderen Werke für Orchester mit und ohne Chor. Die Symphonie wurde von 50 Londoner Orchestermusikern gespielt[9] und erzielte laut einem Be-

---

[7] Vollständiger Worttext in: Johannes Brahms, *Neue Ausgabe Sämtlicher Werke. Serie I, Band 1: Symphonie Nr.1, c-Moll opus 68*, hrsg. von Robert Pascall, München 1996 [im Folgenden zitiert als: JBG, *Symphonie Nr. 1*], S. XIII.

[8] Obgleich es auf dem Programm heißt: „Composed expressly for this Concert", hatte Joachim seine Ouvertüre bereits 1856 geschrieben und am 20. November des Jahres den Titel festgelegt: *Dem Andenken des unglücklichen Kleist demuthvoll geweiht*, wie er Gisela von Arnim an jenem Tage berichtete; siehe: *Briefe von und an Joseph Joachim*, gesammelt und hrsg. von Johannes Joachim und Andreas Moser, Bd. 1, Berlin 1911, S. 381 f. (Brief vom 20. November 1856). Für Erörterungen zur Bedeutung von George Alexander Macfarrens analytischer Beschreibung von Brahms' 1. Symphonie im Programmheft zur Cambridger Aufführung im Hinblick auf die dort gespielte Frühfassung des langsamen Satzes, siehe JBG, *Symphonie Nr. 1*, S. 248 f., mit Abbildung 9a.

[9] Aus den Akten der Cambridge Musical Society geht hervor, dass die Streicherbesetzung des Orchesters 10, 8, 6, 4, 3 betrug und die gesamte Rechnung für

richt in *The Times* (9. März) „einen glänzenden Erfolg". Joachim berichtete etwa Mitte März darüber: „Deine Sinfonie ging recht gut, und wurde mit Enthusiasmus aufgenommen, namentlich das Adagio und der letzte Satz taten's den Leuten an. [...] Außerdem ist seit Cambridge das Schicksal des Werkes für England festgestellt, die Hauptblätter sind alle *sehr* warm."[10] Zur gleichen Zeit kommentierte Joachim die damalige Brahms-Rezeption in England gegenüber seinem Kollegen und Freund Ernst Rudorff folgendermaßen: „Von den musikalischen Zuständen Englands zu schreiben, fehlt es mir an Zeit; am bemerkenswerthesten ist mir die weit über meine Erwartung hinaus gehende, rasche Verbreitung Brahms'scher Werke. Mit Schumann gieng es weit langsamer voran."[11]

Am 13. Januar 1881 hörte Stanford in Leipzig Brahms' *Akademische Fest-Ouvertüre* op. 80 und die *Tragische Ouvertüre* op. 81 im Rahmen des 12. Abonnement-Konzertes des Stadt- und Gewandhausorchesters im Saal des Gewandhauses unter Leitung des Komponisten.[12] Im Jahr darauf war er in Hamburg, als Brahms am 6. Januar 1882 sein 2. Klavierkonzert op. 83 im Rahmen des 5. Philharmonischen Konzertes mit dem Orchester der Philharmonischen Gesellschaft unter der Leitung von Julius von Bernuth spielte.[13] Um diese Zeit muss Stanford an Brahms geschrieben oder sich durch einen gemeinsamen Freund bei ihm erkundigt haben, ob er ihm seine Sammlung irischer Volkslieder widmen dürfe, da er Brahms' Interesse an einer solchen Arbeit kannte.[14] Brahms antwortete ihm zusagend am 17. März 1882:

---

die Orchestermitglieder den Betrag von £ 217/-/10 einschließlich der Bahnfahrt London—Cambridge—London erreichte (Archiv der Cambridge Musical Society, University Library, Cambridge). Die Aufführung des *Schicksalsliedes* im selben Konzert erfolgte unter Mitwirkung von 150 Chorsängern.

[10] *Briefwechsel* Bd. 6, S. 135 f.
[11] *Briefe von und an Joseph Joachim*, gesammelt und hrsg. von Johannes Joachim und Andreas Moser, Bd. 3, Berlin 1913, S. 174 (Brief vom 14. März 1877).
[12] Renate und Kurt Hofmann, *Johannes Brahms als Pianist und Dirigent. Chronologie seines Wirkens als Interpret* (= Veröffentlichungen des Archivs der Gesellschaft der Musikfreunde in Wien, hrsg. von Otto Biba, Bd. 6), Tutzing 2006 [im Folgenden zitiert als: Hofmann, *Chronologie*], S. 195. Sir Charles Villiers Stanford, *Pages from an Unwritten Diary*, London 1914 [im Folgenden zitiert als: Stanford, *Pages*], S. 201.
[13] Hofmann, *Chronologie*, S. 206f., Stanford, *Pages*, S. 200. Stanford datierte seinen Hamburger Aufenthalt auf das Jahr 1880, was indes zweifellos zu korrigieren ist, da Brahms sein 2. Klavierkonzert erst im Sommer 1881 komponierte.
[14] Stanford, *Studies*, S. 112.

2: Brahms an Stanford

[Poststempel: Wieden Wien: 17.3.82]

Geehrtester Herr,
Mit vieler Freude höre ich von Ihren alten irischen Melodien u.[nd] wenn Sie mir Ihre Ausgabe zueignen wollen so kann das ja nur meine Freude verdoppeln.
    Hoffentlich lesen Sie so genügend Deutsch wie ich Englisch; – zu schreiben darf ich es allerdings nicht versuchen u.[nd] bitte das zu entschuldigen.
    Ich hoffe Ihre Sendung bald erwarten zu dürfen u.[nd] sehe ihr mit größtem Interesse entgegen.
    In ausgezeichneter Hochachtung
    ergeben
    J. Brahms.[15]

Stanford veröffentlichte die Sammlung *Songs of Old Ireland. A Collection of Fifty Irish Melodies* (London 1882) mit folgender Widmung: „To Johannes Brahms, I dedicate with respect and gratitude these melodies of my native country. Cambridge, August, 1882." Die Melodien wurden von Stanford jeweils mit einer Klavierbegleitung versehen.

Die folgenden Kontakte Stanfords mit Brahms waren rein persönlicher Natur. Die erste Begegnung fand entweder 1881 oder 1884 statt, die zweite 1885.[16] Stanford berichtete über beide Treffen:

> The next time I visited Vienna, I went with Hans Richter to see him. [...] He greeted Richter warmly, and when I was introduced gave me a most distant and suspicious bow. [...] I was quite sure he was aware of who I was, but was going to measure my capacity for lion-hunting. His chance came; he offered Richter a cigar, and was then handing the box to me, when he snatched it back with a curt, 'You are English, you don't smoke!' To which I replied, with an impertinence which it required some courage to assume, 'I beg pardon, the English not only smoke, but they even compose music sometimes,' making a simultaneous dash after the retreating cigar-box. [...] The ice was broken and never froze again.

---

[15] Briefmanuskript: 1 Doppelblatt, 2 mit Tinte beschriebene Seiten + 2 unbeschriebene Seiten: Briefpapier mit Monogramm. Mit eigenhändigem Umschlag, adressiert: To / C. Villiers Stanford / Cambridge. / Trinity College. / (England). – Bibliothek des Royal College of Music, London: 4253: *Autograph Book of C[harles] V[illiers] Stanford*. 4253.24.
[16] Jeremy Dibble, *Charles Villiers Stanford: Man and Musician*, Oxford 2002 [Im Folgenden zitiert als: Dibble, *Stanford*], S. 171.

(Als ich das nächste Mal in Wien war, besuchte ich ihn [Brahms] zusammen mit Hans Richter. [...] Er begrüßte Richter herzlich, und als ich ihm vorgestellt wurde, verbeugte er sich betont reserviert und misstrauisch. [...] Ich war mir sehr sicher, dass er gut wusste, wer ich war, wollte jedoch meine Eigenschaft als Prominentenjäger testen. Die Gelegenheit kam; er bot Richter eine Zigarre an, und als er dann die Kiste an mich weiterreichte, zog er sie schnell wieder zurück mit der schroffen Bemerkung: „Sie sind Engländer, Sie rauchen nicht!" Darauf erwiderte ich mit einer Unverschämtheit, für die ich doch einigen Mut aufbringen musste: „Entschuldigen Sie, Engländer rauchen nicht nur, sondern komponieren gelegentlich sogar", und griff zugleich rasch nach der entschwindenden Zigarrenkiste. [...] Damit war das Eis gebrochen und fror nie mehr zu.)[17]

When I next visited Vienna I [...] sat with him through a rehearsal of Gluck's *Alceste* at the Opera House, over which he waxed enthusiastic. [...] I made two attempts to induce him to visit England after this.

(Als ich das nächste Mal in Wien war [...] erlebte ich mit ihm im Opernhaus eine Probe von Christoph Willibald Glucks *Alceste*, über die er ins Schwärmen geriet. [...] Danach versuchte ich noch zweimal, ihn zu einem Englandbesuch zu überreden.)[18]

Der erste der von Stanford erwähnten beiden nochmaligen Versuche, Brahms nach England zu locken, bezog sich auf eine Aufführung des *Deutschen Requiems* in Leeds. Stanfords Brief an Brahms mit der Einladung dazu ist verschollen, doch Stanford resümierte den Inhalt folgendermaßen: „I wrote and told him that if he would come to Cambridge *viâ* Harwich, I would go to Leeds and back with him, and conceal his identity from every one." (*Ich schrieb ihm und versicherte ihm, dass ich ihn, wenn er über Harwich nach Cambridge käme, nach Leeds und zurück begleiten und seine Identität geheimhalten würde.*)[19] Brahms antwortete:

3: BRAHMS AN STANFORD

[Poststempel: Wien: 30.9.89]

Geehrtester Herr.
Soeben nach Wien zurückgekommen, finde ich Ihren Brief vor u.[nd] danke herzlich für alles freundliche was er enthält.

---

[17] Stanford, *Studies*, S. 112.
[18] Stanford, *Studies*, S.113; vgl. Stanford, *Pages*, S. 250.
[19] Stanford, *Studies*, S. 113.

Das Requiem nicht, aber Ihr weiteres Programm könnte sehr wohl zur Reise verlocken. Leider bin ich zu schwerfällig um mich verführen zu laßen. So werde ich nur im Geist Ihr Zuhörer sein, mich aber in den Tagen auch herzlich Ihrer freundlichen Einladung erinnern!
In vorzüglicher Hochachtung
Ihr ergebenster
J. Brahms[20]

Im Frühjahr 1892 nahm Stanford zweimal Kontakt zu Brahms auf. Beide Schreiben, die sich nicht genau datieren lassen (siehe unten), sind verschollen, doch können wir etwas über ihren Inhalt aus den Umständen von Stanfords Anfragen und aus Brahms' jeweiliger Antwort erschließen.

Im Frühling 1892 plante Stanford das für die Einsetzung des Herzogs von Devonshire zum neuen Rector Magnificus der Universität Cambridge veranstaltete feierliche Konzert, das am 13. Juni des Jahres stattfinden sollte. Um diese Zeit muss er Brahms gefragt haben, ob er Einwände dagegen erhebe, wenn Stanford den Schluss der *Akademischen Fest-Ouvertüre* mit Studentenchor aufführte; offenbar beschrieb Stanford dabei auch die Einsetzungszeremonie selbst.

4: BRAHMS AN STANFORD

[ohne Ort und Datum; ca. März 1892]

Geehrtester Herr.
Nicht das Geringste habe ich einzuwenden, sondern nur meine Freude auszusprechen daß Sie auf diese Weise eigentlich einen heimlichen Wunsch oder Gedanken von mir erfüllen.
Ich wunderte mich nämlich bisweilen u.[nd] meinte, die Studenten namentlich sollten es sich doch gar nicht nehmen laßen, den Schluß der Ouvertüre mitzusingen!
Dagegen muß ich Sie sehr beneiden um eine so schöne Universitätsfeier; derlei kommt hier nicht vor!

---

[20] Briefmanuskript: 1 Doppelblatt, 2 mit Tinte beschriebene Seiten + 2 unbeschriebene Seiten. Mit eigenhändigem Umschlag, adressiert an: Professor C.W.Stanford / Trinity College / Cambridge. / England; nach Ankunft in Cambridge wurde der Brief von fremder Hand weitergeleitet an: 12 Cromwell Place / S.Kensington / SW. Poststempel in Wien 30.9.89, in Cambridge: OC 2 89 [= 2.10.1889]. Bibliothek des Royal College of Music, London: 4253: *Autograph Book of C[harles] V[illiers] Stanford*. 4253.23.

Schließlich danke ich Ihnen herzlich für die freundlich übersandten schönen Beweise Ihres Fleißes. Ich komme so schwer zum Briefschreiben u.[nd] freue mich hier wenigstens kurz zu sagen wie sehr ich dadurch erfreut u.[nd] interessirt wurde.
Ihr herzlich ergebener
J. Brahms.[21]

Hinsichtlich der Datierung dieses Brahms-Briefes ist folgende Tatsache von Belang: In einem Brief an Joseph Joachim vom 2. April 1892 erwähnte und grüßte Brahms auch Stanford und benutzte bei dieser Gelegenheit genau den gleichen Ausdruck wie im zuvor mitgeteilten Brief an Stanford selbst („schöne Universitätsfeier"). Ob Stanford sein Vorhaben Brahms gegenüber in allen Details beschrieben hatte, bleibt unklar. In der Tat machte er von der *Akademischen Fest-Ouvertüre* ziemlich eigenartigen Gebrauch. Das Programm für das feierliche Konzert am 13. Juni 1892 begann mit Brahms' *Akademischer Fest-Ouvertüre* für Orchester, der Stanford seine extra für das Konzert komponierte Einsetzungs-Ode unmittelbar folgen ließ; dieses Werk besteht aus einer vokalen Variationsreihe über das Thema „Gaudeamus Igitur" und endet mit der letzten Strophe des Liedes, die zum Schlussteil von Brahms' Ouvertüre gesetzt ist, der nun also mit Gesang ausgeführt wird.[22] So könnte es gewesen sein, dass Stanford Brahms prinzipiell gefragt hatte, ob er den Schlussteil der Ouvertüre nicht nur mit Gesang sondern auch abgesondert und in einem anderen Kontext aufführen dürfte. In diesem Fall wäre Brahms in seinem Antwortschreiben noch einen Schritt weitergegangen, indem er seinen Wunsch äußerte (und dadurch Stanford nahelegte), dass man am Schluss einer vollständigen Aufführung der *Akademischen Fest-Ouvertüre* eigentlich singen könnte bzw. sollte.[23]

Die im Brahms-Brief erwähnten „freundlich übersandten schönen Beweise Ihres Fleißes" waren natürlich neue Kompositionen Stanfords. Folgende Werke Stanfords notierte Brahms in seinem Bibliotheks-Verzeichnis (die Titel werden hier gemäß Brahms' Benennung wiedergegeben): *Stanford, C. Villiers, für Chor: Elegiac Ode (op.21). / The three holy children (op.22). / The Eumenides (op.23) Songs of old Ireland (84). / Pf.- Trio (op.35), Eden, Oratorium*

---

[21] Briefmanuskript: 1 Doppelblatt, 2 mit Tinte beschriebene Seiten + 2 unbeschriebene Seiten. Bibliothek des Royal College of Music, London: 4253: *Autograph Book of C[harles] V[illiers] Stanford*. 4253.32(i).

[22] Für weiteres über Stanfords Ode, siehe: Dibble, *Stanford*, S. 236.

[23] Diese Deutung des Brahms-Briefes verdanke ich Michael Struck. Der britische Dirigent Sir Malcolm Sargent richtete die Ouvertüre übrigens ebenfalls mit Schlusschor ein; diese Fassung wird gelegentlich in Großbritannien aufgeführt, so beispielsweise auch bei der „First Night of the Proms" am 15. Juli 2011 vom BBC Symphony Orchestra, BBC Singers und BBC Chorus, unter Leitung von Jiří Bělohlávek.

Cl.-A. / The Irish Melodies (118) op.60, 1895. Allerdings führte Brahms kein Werk Stanfords jemals öffentlich auf: Brahms hatte zu jener Zeit ja kein Amt mehr als Dirigent und spielte auch als Pianist meist nur noch eigene Werke.

Etwa um diese Zeit schrieb Stanford in einem verschollenen Brief nochmals an Brahms, um ihn erneut einzuladen, nach Cambridge zu kommen und die Ehrendoktorwürde feierlich in Empfang zu nehmen. Schon seit 1887 war Stanford selbst Ordinarius für Musik an der Universität und dirigierte noch die Cambridge University Musical Society, die 1893 das Jubiläum ihres fünfzigjährigen Bestehens zu feiern plante. Anlässlich dieser Feier bot die Universität den Komponisten Arrigo Boito, Johannes Brahms, Max Bruch, Edvard Grieg, Camille Saint-Saëns, Peter Tschaikowsky und Giuseppe Verdi die Ehrendoktorwürde an. Boito, Bruch, Saint-Saëns und Tschaikowsky akzeptierten und kamen nach Cambridge, Brahms, Grieg und Verdi dagegen nicht. Das Manuskript von Brahms' Antwortbrief auf Stanfords Einladung ist zwar verschollen, doch teilte Max Kalbeck den Wortlaut in seiner Brahms-Monographie mit:

5: BRAHMS AN STANFORD

[Wien: 23.[2. oder 4.]1892]

Lieber und sehr geehrter Herr,
ich nehme die Feder schwer in die Hand, denn wie soll man von vieler Dankbarkeit sprechen und ein Nein dazu sagen? Und doch bin ich Ihnen für Ihre Freundlichkeit und Ihrer Universität für die hohe Ehre, die sie mir erweisen will, ernstlich und herzlich dankbar – und doch wird es zum Juli auf ein ‚Nein' hinauslaufen, wenn ich es auch heute Ihnen und mir selbst verschweigen und ausreden möchte.

Aber bedenken Sie vor allem freundlich: ich kann nicht nach Cambridge gehn, ohne auch London zu besuchen, in London aber wie vieles zu besuchen und mitzumachen – das alles aber im schönen Sommer, wo es auch Ihnen gewiß sympathischer wäre, mit mir an einem schönen italienischen See zu spazieren.

Wie sehr bin ich verführt, Ihre Einladung anzunehmen. Ist es nicht zudem eine ganz eigentliche schöne Musikfeier, und muß ich nicht fürchten, daß der alte Verdi mich an Jugendlichkeit und Dankbarkeit übertrifft und beschämt!? Aber wollte ich auch heute meiner Neigung folgen und mein Kommen versprechen, ich weiß doch nur zu bestimmt, daß ich seinerzeit unmöglich zum Entschluß der Reise und alles Möglichen, was notwendig damit zusammenhängt, kommen würde.

So entschuldigen Sie mich lieber gleich heute möglichst gütig und freundlich, schelten auch ein weniges, lachen über den schwerfälligen Philister – aber halten nicht für gleichgültig und undankbar
Ihren sehr und herzlich ergebenen
J. Brahms.[24]

Im März 1895 sandte Stanford ein Exemplar seiner neuen Sammlung irischer Melodien: *The Irish Melodies of Thomas Moore, the Original Airs restored & arranged for the Voice with Pianoforte accompaniment*, Op. 60 an Brahms. Dessen Antwortbrief ist verschollen, wurde jedoch in englischer Übersetzung als Anhang zu einem Artikel über Stanford in der musikalischen Zeitschrift *Musical Times* veröffentlicht:

6: BRAHMS AN STANFORD

[Poststempel: Wien 15.3.1895]

Honoured Sir
Your parcel has given me extraordinary pleasure, and I thank you from my heart.
    I immediately looked up my beautiful old edition of Moore, to enable me to make comparisons, and thus better to compare and judge your work.
    I had not forgotten my promise; but, unfortunately, I no longer possess the desired portrait, and in place of it I send you two others. I trust that this substitution will satisfy you.
    Heartfelt Thanks
    Yours
    J. Brahms[25]

---

[24] Briefmanuskript verschollen. Worttext (Deutsch) wiedergegeben in: Max Kalbeck, *Johannes Brahms*, Bd. 4, 2. Halbband, Berlin ²1915 (Reprint Tutzing 1976), S. 267 f., mit der Datierung: 23.4.1892. Worttext (Englisch, als „Translation" bezeichnet) wiedergegeben in Stanfords Brahms-Biographie: Sir Charles V.[illiers] Stanford, *Brahms*, New York und London, o.J. [1912] [im Folgenden zitiert als: Stanford, *Brahms*], S. 26, mit der Datierung 23.2.1892. Der Wortlaut des Schreibens legt die Vermutung nahe, dass Kalbeck das Originalmanuskript oder eine Abschrift kannte und nicht Stanfords englische Fassung ins Deutsche zurückübersetzte. Brahms' Erwähnung des „Juli" erklärte Stanford damit, dass dieser Monat in der Einladung als letzter Antworttermin genannt worden war.

(Geehrter Herr, Ihr Paket hat mir außerordentliche Freude bereitet, und ich danke von Herzen. Sogleich habe ich meine schöne alte Ausgabe von Moore hervorgesucht, um sie danebenhalten und so Ihre Arbeit besser vergleichen und beurteilen zu können. Mein Versprechen hatte ich nicht vergessen, besitze aber das gewünschte Porträt leider nicht mehr, statt dessen sende ich hiermit zwei andere. Ich hoffe, dass Sie mit diesem Ersatz zufrieden sind. In herzlicher Dankbarkeit Ihr J. Brahms.)[26]

Zum letzten persönlichen Zusammentreffen Stanfords mit Brahms kam es am 10. Januar 1896 in Berlin, wie Stanford berichtete:

> Our next and last meeting was in Berlin, the Christmas of the famous Jameson Raid. He came to conduct his two Piano Concertos and the Academic Festival Overture at a concert given by D'Albert, and was much fêted and in high good humour. At an interesting dinner-party given by Joachim [...] an amusingly characteristic scene occurred. Joachim [...] was asking us not to lose the opportunity of drinking the health of the greatest composer, when, before he could finish the sentence, Brahms bounded to his feet, glass in hand, and called out, 'Quite right! Here's Mozart's health!' [...] The last vision I had of him was sitting beside the diminutive form of the aged Menzel.
>
> (Unsere nächste und [zugleich] letzte Begegnung erfolgte in Berlin, zu Weihnachten und zur Zeit des berühmten Jameson-Überfalls. Er kam, um seine beiden Klavierkonzerte und die Akademische Fest-Ouvertüre in einem Konzert [Eugen] d'Alberts zu dirigieren, wurde viel gefeiert und war bester Laune. Während einer interessanten Abendgesellschaft bei Joachim [...] gab es eine bezeichnend ergötzliche Szene. Joachim [...] forderte uns auf, die Gelegenheit zu nutzen und auf die Gesundheit des größten Komponisten zu trinken. Doch er hatte den Satz noch nicht beendet, als Brahms mit dem Glas in der Hand aufsprang und rief: „Sehr wohl! Ein Prosit auf Mozart!" [...] Mein letzter Eindruck von ihm war, wie er neben der winzigen Gestalt des hochbetagten Menzel saß.)[27]

Stanford machte aber auch eine hochinteressante Beobachtung zu Brahms' Dirigat des 1. Klavierkonzertes:

> His conducting of the D minor Concerto threw an entirely new light on the whole composition, especially as regards the rhythmical swing

---

[25] Briefmanuskript verschollen. Gedruckt in Stanfords (?) englischer Übersetzung in: *Musical Times*, Nr. 39 (1898), S. 792. Dieser Brief ist das erste von vier dort wiedergegebenen Schreiben an Stanford – die übrigen stammen von Hans von Bülow (zwei) und Robert Browning. Der relativ lange Artikel wurde anonym verfasst, Stanford muss jedoch daran beteiligt gewesen sein; zumindest stellte er die Brieftexte zur Verfügung.
[26] Rückübersetzung von Robert Pascall und Michael Struck.
[27] Stanford, *Studies*, S. 114, 116.

of the first movement. Written in the troublesome *tempo* of 6/4, most conductors either take it too quickly by beating two in a bar or too slowly by beating six. Brahms beat it in an uneven four (- v - v), which entirely did away with undue dragging or hurrying, and kept the line of the movement insistent up to the last note. His *tempo* was very elastic, as much so in places as von Bülow's, though more restrained, but he never allowed his liberties with the time to interfere with the general balance: they were of the true nature of *rubato*.[28]

(Sein Dirigat des d-Moll-Konzertes warf ein völlig neues Licht auf die gesamte Komposition, vor allem was den rhythmischen Schwung des 1. Satzes betrifft. Da dieser im unangenehm zu dirigierenden 6/4-Takt geschrieben ist, nehmen ihn die meisten Dirigenten entweder zu schnell, indem sie zweimal pro Takt schlagen, oder zu langsam, indem sie sechsmal schlagen. Brahms schlug dagegen einen unregelmäßigen Vierertakt (– v – v), was unangemessenes Schleppen oder Eilen vollständig verhinderte, und er blieb beharrlich bis zur letzten Note des Satzes bei dieser Linie. Sein Tempo war sehr elastisch, stellenweise so wie bei von Bülow, wenn auch beherrschter, doch nie erlaubte er seinen Freiheiten, die grundsätzliche Balance zu beeinträchtigen: sie hatten das echte Rubato-Wesen.)

Als Stanford erfuhr, dass Brahms todkrank war, schrieb er ihm einen letzten Brief, der zwar verschollen ist, über dessen Inhalt Stanford jedoch einiges mitteilte:

One letter which he [Stanford] wrote to Vienna in October 1896, shortly after the serious intelligence of the nature of Brahms's illness had reached him from Joachim, contained a long and very intimate appreciation of the great work he had done for the art, of the far-reaching influence for all that was highest and best which had penetrated this country as well as his own, and expressed, lamely enough, the thankfulness England felt for the masterpieces with which he had endowed the whole musical world.

(Ein Brief, den er [Stanford] im Oktober 1896 nach Wien schrieb, kurz nachdem ihm durch Joachim die Nachricht zugekommen war, wie ernst es um Brahms' Krankheit stand, enthielt eine ausführliche und innigst vertraute Würdigung von Brahms' großen künstlerischen Leistungen, von der weitreichenden Wirkung des Höchsten und Besten, das in dieses wie auch in sein eigenes Land gedrungen war; ebenso drückte er, wenn auch mangelhaft genug, Englands Dankbarkeit für die Meisterwerke aus, die er der gesamten Musikwelt geschenkt hatte.)[29]

Daraufhin antwortete Brahms in seinem letzten Schreiben an Stanford:

---

[28] Stanford, *Pages*, S. 201 f.
[29] Stanford, *Brahms*, S. 16.

7: BRAHMS AN STANFORD

27. Oktober 1896

Lieber Hr. St. – Wenigstens hierdurch möchte ich Ihnen recht von Herzen danken für Ihre sehr freundlichen Worte. Es thut mir ungemein wohl, so ernst Gemeintes und einfach Ausgesprochenes so schön verstanden zu sehen.
    Mein Unwohlsein brauchte Sie nicht zu beunruhigen. Es hat nur seine kleine Unbequemlichkeiten, sonst aber durchaus nichts zu bedeuten.
    Meinen herzlichen Dank wiederholend Ihr ergebenster
    J. BRAHMS.[30]

Nach Brahms' Tod setzte sich Stanford weiterhin durch Aufführungen[31] und Publikationen für den Komponisten und seine Werke ein. Seine Kompositionslehre von 1911 enthält eine ausführliche Analyse von Brahms' *Variationen über ein Thema von Joseph Haydn* op. 56a/b,[32] und im folgenden Jahr veröffentlichte er seine Brahms-Biographie, mit einer historischen Einschätzung und dem Lebenslauf des Komponisten. Zwar schrieb Stanford auch über andere Tonsetzer Artikel und Buchkapitel, doch nur über Brahms verfasste er ein Buch.

---

[30] Briefmanuskript verschollen. Worttext (Deutsch) wiedergegeben in: Stanford, *Brahms*, S. 16.
[31] Siehe: Dibble, *Stanford*, passim.
[32] Charles Villiers Stanford, *Musical Composition. A Short Treatise for Students*, New York 1911, S. 63–69.

Andreas Zurbriggen

Eduard Brinckmeier als Übersetzer des „Gesang aus Fingal"
Eine Richtigstellung[1]

Abstract. For more than a century, an assumption prevailed amongst Brahms scholars that it had been Johann Gottfried Herder who had translated the original text for *Gesang aus Fingal*, op. 17 No. 4. However, if one actually looks at the sources, attributing this to him is soon shown to be wrong. Herder neither translated the passage from the Ossian poems used by Brahms, nor did it feature in any of his collections. Moreover, the occasional proximity to the hexameter in "Gesang aus Fingal" runs contrary to Herder's conceptions regarding authentic Ossianic metre. According to him, they can only be translated using free rhythms if the poetry of the Gaelic bard is to be rendered faithfully. Who then translated "Gesang aus Fingal", if not Herder? The final answer can be found in Kurt Hofmann's list of book titles in Brahms's library. It turns out to be Eduard Brinckmeier (1811–1897), who in 1839 produced a rhythmic translation of the Ossian poems. Clara Schumann gave it to Brahms as a present, and five years later he used a passage from it – from the first Book of *Fingal* – as the text for op. 17 No. 4.

Zweimal griff Johannes Brahms bei einer Vertonung auf eine Textvorlage des gälischen Barden Ossian zurück.[2] Beide Male verwendete er einen ele-

---

[1] An dieser Stelle ist Howard Gaskill ein herzliches Dankeschön auszusprechen. Während der Indiziensuche zu diesem Beitrag stand er dem Verfasser stets mit Rat und Tat zur Seite und gab ihm zentrale Hinweise in Bezug auf die deutsche Ossianrezeption im Allgemeinen und auf diejenige von Johann Gottfried Herder im Besonderen. Ein weiterer Dank gilt Nicolas Eyer, der wesentliche Impulse bei der Ausarbeitung des Artikels gegeben hat, sowie Anselm Gerhard, dessen Anregungen den Verfasser zur Ossian-Lektüre geführt haben. – In diesem Artikel wird zwischen „Gesang aus Fingal" als der von Brahms vertonte Text und *Gesang aus Fingal* als die daraus resultierende Komposition unterschieden.

[2] Ab 1760 gab der schottische Schriftsteller James Macpherson Gesänge heraus, die er nach eigenen Angaben aus mündlichen Überlieferungen in gälischer Sprache zusammengestellt und ins Englische übersetzt hatte. Diese wurden dann dem Barden Ossian, dem Sohn Fingals, zugeschrieben, der – auch nach authentischer irischschottischer Überlieferung – als letzter Überlebender seines Stammes im dritten nachchristlichen Jahrhundert die Taten der gefallenen Helden besungen haben soll. Die

113

gischen Trauergesang in deutscher Übertragung, jedoch bediente sich Brahms nicht – wie oft fälschlicherweise behauptet wird – zweimal bei demselben Übersetzer.

Johann Gottfried Herders *Volkslieder* (1778–1779; 2 Teile), die posthum 1807 unter dem Titel *Stimmen der Völker in Liedern* herausgegeben wurden, nahmen einen gewichtigen Platz in Brahms' Lektüre ein. Max Kalbeck schreibt dazu: „Seit [Julius] Allgeyer 1854 in Düsseldorf Brahms zu Herder hingeführt hatte, kam die berühmte Volksliedersammlung nicht mehr von seinem Tisch. Nächst der Bibel war sie eines seiner liebsten Bücher, das ihn immer wieder zur Komposition anregte."[3] So verwundert es nicht, dass sich Brahms auch für eine der beiden Ossian-Vertonungen auf diese Volksliedersammlung gestützt hat.

Trotz seiner großen Begeisterung für Ossian hatte Herder lediglich drei ihm zugeschriebene Dichtungen in seine *Volkslieder* aufgenommen: *Fillans Erscheinung und Fingals Schildklang*, *Erinnerung des Gesangs der Vorzeit* und *Darthula's Grabesgesang*.[4] Auf dem letztgenannten Gesang in einer von Herder selbst angefertigten Übertragung basiert das gleichnamige Chorstück von Brahms op. 42 Nr. 3. Somit lässt sich die Quelle der einen Ossian-Vertonung leicht eruieren. Wie sieht es jedoch beim 1860 komponierten *Gesang aus Fingal* op. 17 Nr. 4 aus?

Seit über einem Jahrhundert wird in der Forschungsliteratur zu Johannes Brahms hartnäckig die These vertreten und ungeprüft weiterverbreitet, dass eine Ossian-Übersetzung von Herder die Textgrundlage des *Gesang aus Fingal* sei. Studiert man allerdings die Quellen, erweist sich diese Annahme bald als unhaltbar. Der eigentliche Übersetzer wurde jedoch bis zum heutigen Tag nicht ausfindig gemacht, obwohl dies relativ leicht zu bewerkstelligen gewesen wäre.

***

Als Gustav Ophüls 1908 die *Vollständige Sammlung der von Johannes Brahms componirten und musikalisch bearbeiteten Dichtungen* in einer zweiten durchgesehenen Auflage publizierte, schien für ihn die mögliche Schlussfolgerung in

---

Echtheit der von Macpherson gesammelten Gesänge galt von Anfang an als umstritten und wird in der Ossian-Forschung immer noch diskutiert. Einen guten Überblick über die Echtheitsdebatte bietet: Wolf Gerhard Schmidt, *'Homer des Nordens' und 'Mutter der Romantik'. James Macphersons Ossian und seine Rezeption in der deutschsprachigen Literatur*, Bd. 1, Berlin 2003, S. 207–251 und S. 259–298, sowie Band 2, S. 1097–1117.

[3] Max Kalbeck, *Johannes Brahms*, Bd. 4, Berlin ²1915, Reprint Tutzing 1976, S. 278.

[4] Zu den drei Ossian-Stücken in Herders *Volksliedern* vgl.: Howard Gaskill, „Ossian und die Volkslieder", in: *Übersetzen bei Johann Gottfried Herder. Theorie und Praxis*, hrsg. von Clémence Couturier-Heinrich, Heidelberg 2012, S. 125–141.

Bezug auf den Übersetzer des „Gesang aus Fingal" noch eindeutig zu sein. So schreibt er im Anhang zu den beiden von Brahms vertonten Ossian-Texten: „Die Uebersetzung von ‚Darthula's Grabesgesang' ist von Goethe und steht in Herders ‚Stimmen der Völker'; wer den Gesang aus Fingal übersetzt hat, hat sich nicht ermitteln lassen."[5]

Auch schon fünf Jahre zuvor war der Musikforscher Richard Hohenemser zu demselben Schluss gekommen, wenn er den Übersetzer des „Gesang aus Fingal" in einem Artikel zu „Johannes Brahms und die Volksmusik" als „nicht ermittelt" betrachtet.[6] Weshalb Edwin Evans dann 1912 im ersten Band des *Historical, Descriptive & Analytical account of the entire works of Johannes Brahms* plötzlich Herder als Übersetzer angibt, bleibt ein Rätsel. Evans schreibt in einer Fußnote zum Werkeintrag des op. 17 Nr. 4 lediglich: „The translation used by Brahms is that of Herder".[7] Woher er diese Information hat, erwähnt er nicht.

Die Fehlinformation taucht somit spätestens seit 1912 in der Forschungsliteratur auf und wird bis heute in unzähligen Publikationen – ohne quellenkritische Einwände[8] – übernommen.[9] Einige Brahms-Forscher hin-

---

[5] G.[ustav] Ophüls, *Vollständige Sammlung der von Johannes Brahms componirten und musikalisch bearbeiteten Dichtungen*, Berlin ²1908, S. 394. Auch noch Kristian Wachinger, der 1983 die Sammlung der sämtlichen von Johannes Brahms vertonten und bearbeiteten Texte vervollständigt und neu herausgegeben hat, schreibt beim *Gesang aus Fingal* bloß: „nach Ossian" (Gustav Ophüls, *Brahms-Texte. Sämtliche von Johannes Brahms vertonten und bearbeiteten Texte*, vervollständigt und neu herausgegeben von Kristian Wachinger, Ebenhausen bei München 1983, S. 29). Sucht man im letztgenannten Band nach dem „Gesang aus Fingal" im Autorenverzeichnis, ist dieser unter der Rubrik „UNBEKANNTE ÜBERSETZER" eingeteilt (ebd., S. 382). Die Behauptung, die in der Brahmsforschung zuweilen auftaucht, *Darthula's Grabesgesang* gehe auf eine Übertragung von Johann Wolfgang von Goethe zurück, ist falsch. Es handelt sich um eine eigenständige Überarbeitung von Herder, die er auf der Basis der deutschen Ossian-Übersetzung von Michael Denis angefertigt hat. Vgl. dazu: Alexander Gillies, *Herder und Ossian* (= Arbeiten zur Geistesgeschichte der germanischen und romanischen Völker Bd. 19), Berlin 1933, S. 86–87.

[6] R.[ichard] Hohenemser, „Johannes Brahms und die Volksmusik", in: *Die Musik*, hrsg. von Bernhard Schuster, zweiter Jahrgang, Heft 18, Berlin und Leipzig 1903, S. 422–446, hier S. 438.

[7] Edwin Evans, *Historical, Descriptive & Analytical account of the entire works of Johannes Brahms*, Bd. 1, London 1912, S. 70.

[8] Mit einer einzigen mir bekannten Ausnahme, auf die noch eingegangen werden soll.

[9] Da Hohenemser und Ophüls einmütig den Übersetzer des „Gesang aus Fingal" als „nicht ermittelt" betrachten, kann davon ausgegangen werden, dass sich die Fehlinformation erst in den Jahren zwischen 1908 und 1912 in der Forschungsliteratur etabliert hat. Ob Evans dabei der Erste war, der sie verbreitet hat, ist also nicht mit letzter Sicherheit festzuhalten.

gegen vermieden in ihren Publikationen die Angabe eines Übersetzers oder wiesen auch noch in neuerer Zeit auf einen anonymen Urheber der Übertragung hin.[10]

Herder als Übersetzer des „Gesang aus Fingal" überhaupt in Erwägung zu ziehen, entbehrt jeglicher Evidenz und kann nur auf dem Fehlschluss basieren, vom Übersetzer der einen Brahms'schen Ossian-Vertonung auf den Übersetzer der anderen zu schließen. So findet sich der „Gesang aus Fingal" nämlich in keiner der von Herder publizierten Schriften oder Sammlungen. Zwar gibt es von Herder einen *Fingal*-Übersetzungsversuch,[11] dieser wurde jedoch erstmals 1933 in der Dissertation *Herder und Ossian* von Alexander Gillies abgedruckt.[12] Wie hätte also Brahms in Kenntnis einer Übersetzung sein sollen, die erst über siebzig Jahre nach seiner Komposition in gedruckter Form vorlag? Wirft man einen Blick in diese *Fingal*-Übertragung, wird bald ersichtlich, dass Brahms seine Textvorlage gar nicht daraus gewählt haben kann, da sie vor der in Frage kommenden Stelle abbricht und die von Brahms vertonte Passage somit gar nicht übersetzt ist.[13]

---

[10] So beispielsweise Maurizio Giani in seiner 2011 publizierten Brahms-Biographie, in der als Übersetzer des „Gesang aus Fingal" die Angabe „trad.[uttore] an.[onimo]" steht (Maurizio Giani, *Johannes Brahms*, Palermo 2011, S. 534).

[11] Die drei von Herder angefertigten *Fingal*-Anfänge werden von Alexander Gillies („am allerwahrscheinlichsten") in die Zeit um 1770–1771 datiert (Gillies, *Herder und Ossian*, S. 88–89). Über die Gründe, warum Herder die Übersetzung nicht zu Ende geführt hat, kann nur spekuliert werden. Für Gillies ist es wahrscheinlich, dass Herder seine Übertragung abgebrochen hat, weil er noch während der Arbeit von Goethe eine englische Ossian-Ausgabe erhalten hatte und darin im siebten Buch von *Temora* „eine Probe des gälischen Silbenmaßes [in den *Specimen of the Original of Temora*] studieren konnte" (ebd. S. 89). Wolf Gerhard Schmidt schreibt dazu: „Eine Untersuchung von Sprache und Metrum des gälischen *Specimen* hat nun [Herder] sicherlich stärker interessiert als die Bearbeitung defizitärer deutscher Übersetzungen" (Wolf Gerhard Schmidt, *‚Homer des Nordens' und ‚Mutter der Romantik'*, Bd. 2, S. 720). Da Herder erst durch Goethe in den Besitz einer englischen Ossian-Ausgabe gekommen ist, kann man beim Fragment gebliebenen *Fingal*-Versuch nur bedingt von einer Übersetzung sprechen. Gillies nimmt an, dass es sich um eine Nachbildung der *Fingal*-Versionen von Albrecht Wittenberg und derjenigen von Michael Denis handelt (Gillies, *Herder und Ossian*, S. 89).

[12] Gillies schreibt in der Publikation, dass „die drei [Übersetzungs-]Versuche – ‚Comola', ‚Elegie auf Cuchullin den Helden' und der Anfang von ‚Fingal' – [...] hier im Anhang zum ersten Male abgedruckt werden" (ebd., S. 79).

[13] Vgl. dazu die drei Herder'schen Versionen des Beginns von *Fingal*, die Gillies im Anhang seiner Dissertation abdruckt (ebd., S. 165–167). In derselben Zeit, als seine *Fingal*-Anfänge entstanden, schickte Herder seiner späteren Ehefrau Caroline Flachsland ossianische Stücke zu, die auf Bearbeitungen der Übersetzung von Michael Denis beruhen (ebd., S. 25). Die ersten drei Stücke, *Mingalens Elegie auf ihren Drago*, eine Er-

Selbst die verschiedenen Notenausgaben des op. 17 geben keinerlei Hinweis auf Herder: Beim Erstdruck der *[Vier] Gesänge für Frauenchor mit Begleitung von zwei Hörner[n] und Harfe* op. 17 wird kein Übersetzer angegeben, sondern lediglich mit der Überschrift „von Ossian" auf den Dichter der Textvorlage verwiesen.[14] Auch im 1927 herausgegebenen 19. Band der alten *Gesamtausgabe* findet sich kein Vermerk auf einen möglichen Übersetzer. Bloß „Ossian" steht dort unter dem Stücktitel geschrieben.[15] Als letzte mögliche Quelle hätte das Autograph in Betracht gezogen werden können. Dem *Thematisch-Bibliographischen Werkverzeichnis* von Margit L. McCorkle zufolge sind aber sowohl die Originalfassung des Manuskripts wie auch die später angefertigte Fassung für gemischten Chor mit Orchester verschollen.[16]

Auch in später erschienenen Notenausgaben wird kein Übersetzer angegeben. In der 1965 in den USA gedruckten Ausgabe der Edition Peters steht beim „Song from Fingal" der Hinweis: „German version by unknown author",[17] in der als Breitkopf Urtext herausgegebenen Partitur steht unter dem Titel lediglich „Ossian" in einer Klammer.[18]

---

zählung Fingals und ein Gespräch zwischen Roscrana und Fingal, sandte Herder am 24. September 1770 an seine Freundin (vgl. Brief vom 24. September 1770 von Johann Gottfried Herder an Caroline Flachsland in: *Herders Briefwechsel mit Caroline Flachsland*, nach den Handschriften des Goethe- und Schiller-Archivs hrsg. von Hans Schauer, Bd. 1, Weimar 1926, S. 59–66). Auch in diesen Nachbildungen ist die von Brahms benutzte Dichtung nicht enthalten.

[14] Johannes Brahms *[Vier] Gesänge für Frauenchor mit Begleitung von zwei Hörner[n] und Harfe*, Bonn 1861, S. 13.

[15] Johannes Brahms, *4. Gesang aus Fingal*, in: *Sämtliche Werke*, Band 19, Chorwerke mit Orchester III, hrsg. von Eusebius Mandyczewski, Wiesbaden [1927], S. 145. Auch im Revisionsbericht von Mandyczewski kommen die vertonten Texte des op. 17 nicht zur Sprache. In der neuen *Gesamtausgabe* der Werke Brahms' ist der Band mit den instrumental begleiteten Chorwerken bis anhin nicht erschienen.

[16] Margit L. McCorkle, *Johannes Brahms. Thematisch-Bibliographisches Werkverzeichnis*, herausgegeben nach gemeinsamen Vorarbeiten mit Donald M. McCorkle, München 1984, S. 60. Eine Abschrift der Singstimme der *Vier Gesänge* op. 17 findet sich im Sopranstimmheft von Bertha Faber (Porusbszky). Dieses befindet sich im Brahms-Archiv der Staats- und Universitätsbibliothek Hamburg. Laut Auskunft von Jürgen Neubacher kommt darin kein Hinweis auf den Übersetzer des Ossian-Textes vor. Bertha Faber war eine der Gründerinnen des Hamburger Frauenchores, mit dem Brahms am 15. Januar 1861 den *Gesang aus Fingal* uraufgeführt hat (zur Datierung der Erstaufführung vgl. ebd.).

[17] [Johannes] Brahms, *Opus 17. Four Songs for Women's Chorus, Two Horns and Harp. Vier Gesänge für Frauenchor, zwei Hörner und Harfe*, Partitur, New York 1965, S. 19.

[18] [Johannes] Brahms, *Vier Gesänge für Frauenchor mit Begleitung von zwei Hörnern und Harfe. Four Songs for Female Choir with two Horns and Harp op. 17*, Partitur, Wiesbaden [2005] S. 11. Diese Ausgabe basiert auf der alten *Gesamtausgabe*.

Wie konnte demzufolge Herder überhaupt so lange als Übersetzer in Betracht gezogen werden?

Als wesentlicher Multiplikator in der Verbreitung der Fehlzuschreibung kann Siegfried Kross angesehen werden, auf dessen Arbeiten beispielsweise McCorkle rekurriert.[19] So macht Kross im Werkteil seiner grundlegenden Dissertation *Die Chorwerke von Johannes Brahms* von 1957 bezüglich der verwendeten Dichtung im Op. 17 Nr. 4 folgende Angabe: „Textvorlage aus James Macpherson (1736-96) ‚Fingal' von Ossian; Übersetzung von Johann Gottfried Herder."[20] Eine Quelle gibt Kross dabei nicht an. Auch noch 1997 wiederholt Kross im ersten Band seiner Brahms-Biographie die Behauptung, Herder sei der Übersetzer des „Gesang aus Fingal". Wiederum geschieht dies ohne Quellenangabe.[21]

***

Lässt sich die von Brahms gewählte Übersetzung indessen eigentlich mit den Auffassungen in Einklang bringen, die Herder von den in seiner Zeit entstandenen und den eigenen Übertragungen der Gesänge Ossians gewonnen hatte? Oder gab es Indizien, die als Hinweise gegen die Urheberschaft Herders hätten interpretiert werden können?

Als Ansatzpunkt für eine mögliche Antwort lassen sich zunächst Versfuß und Rhythmus der von Brahms benutzten Übertragung heranziehen. Diese werfen nämlich Fragen auf, will man sie mit Herders Ansichten in Verbindung bringen.

Für die Vertonung benutzt Brahms folgende Textgrundlage:

> „Wein' an den Felsen der brausenden Winde, weine, o Mädchen von Inistore! Beug über die Wogen dein schönes Haupt, lieblicher du als der Geist der Berge, wenn er um Mittag in einem Sonnenstrahl über das Schweigen von Morven fährt. Er ist gefallen, dein Jüngling liegt darnieder, bleich sank er unter Cuthullins Schwert. Nimmer wird Mut deinen Liebling mehr reizen, das Blut von Königen zu vergießen. Wein' an den Felsen der brausenden Winde, weine, o Mädchen von Inistore! Trenar, der liebliche Trenar starb, starb! o Mädchen von

---

[19] McCorkle stützt sich in ihrem Thematisch-Bibliographischen Werkverzeichnis – bei dem im Eintrag zum op. 17 Nr. 4 als Übersetzer des „Gesang aus Fingal" „Gottfried Herder" angegeben wird – neben Ophüls auch auf die 1957 publizierte Dissertation von Kross (vgl. McCorkle, S. 60).
[20] Siegfried Kross, *Die Chorwerke von Johannes Brahms*, Bonn 1957, S. 92.
[21] Siegfried Kross, *Johannes Brahms. Versuch einer kritischen Dokumentar-Biographie*, Bd. 1, Bonn 1997, S. 321–322.

Inistore! Seine grauen Hunde heulen daheim; sie sehn seinen Geist vorüberziehn. Trenar, der liebliche Trenar starb, starb! o Mädchen von Inistore! Seine grauen Hunde heulen daheim, sie sehn seinen Geist vorüber ziehn. Trenar, der liebliche Trenar starb, starb! o Mädchen von Inistore! Sein Bogen hängt ungespannt in der Halle, nichts, nichts regt sich auf der Haide der Rehe. Wein' an den Felsen der brausenden Winde, weine, o Mädchen von Inistore. Wein' an den Felsen der brausenden Winde, weine, o Mädchen von Inistore. Wein'! Wein'! Wein'! Wein'! Wein' an den Felsen der brausenden Winde, weine, o Mädchen von Inistore."[22]

Als Vergleich der englische ‚Originallaut' von Macpherson in den 1773 erschienenen *The Poems of Ossian*:

„Weep on the rocks of roaring winds, O maid of Inistore! Bend thy fair head over the waves, thou lovelier than the ghost of the hills; when it moves, in a sun-beam, at noon, over the silence of Morven! He is fallen! thy youth is low! pale beneath the sword of Cuthullin! No more shall valour raise thy love to match the bloods of kings. Trenar, graceful Trenar died, O maid of Inistore. His grey dogs are howling at home; they see his passing ghost. His bow is in the hall unstrung. No sound is in the hill of his hinds!"[23]

Bei der von Brahms gewählten Übersetzung fällt zu Beginn eine gewisse rhythmische Zuspitzung auf. So wird im ersten Satz das Wort „weine" im Gegensatz zur Version von Macpherson wiederholt – womöglich um die Andeutung eines daktylischen Versmaßes aufrechtzuerhalten. Schon nach dem ersten Satz verliert sich diese Fokussierung auf das daktylische Metrum und die Übertragung wird in einem unregelmäßigen freien Rhythmus fortgeführt. Wäre solch eine Übertragung auch bei Herder möglich gewesen? Zumindest der erste Satz hinterlässt Fragezeichen, da die Einbindung des ossianschen Gesanges in ein rhythmisches Korsett den Ideen Herders zuwiderläuft.

In seinem 1771 geschriebenen „Auszug aus einem Briefwechsel über Ossian und die Lieder alter Völker" kritisiert Herder die Ossian-Übersetzung von Michael Denis[24] – die vorwiegend im Klopstock'schen

---

[22] Zitiert nach: *Johannes Brahms. Sämtliche Werke*, Band 19, S. 145–152.
[23] Zitiert nach: *The Poems of Ossian*, translated by James Macpherson, Esq, in two volumes, Bd. 1, London 1773 [1774], S. 234–235.
[24] Da Herder zu diesem Zeitpunkt das englische Original noch nicht kannte, orientierte er sich bei seiner Kritik an der Prosa-Übersetzung von Wittenberg, die 1764 in Hamburg anonym erschienen war. Das griechische Silbenmaß schien für ihn dem

Hexameter[25] gehalten ist – dahingehend, dass durch die Übertragung in ein regelmäßiges Versmaß den Gesängen Ossians ihre Ursprünglichkeit und Urwüchsigkeit genommen werde. Für Herder gilt nämlich, „daß Ossians Gedichte *Lieder, Lieder des Volks, Lieder* eines ungebildeten sinnlichen Volks sind, die sich so lange im Munde der väterlichen Tradition haben fortsin-

---

„Genie und dem Geist" der Sprache Ossians „vollständig fremd", und so traute er sich, die Übersetzung von Denis „kurzerhand zu verurteilen", ohne „nähere Kenntnisse des Urtextes zu besitzen" (Gillies, *Herder und Ossian*, S. 76).

[25] Friedrich Gottlieb Klopstock war nicht der Erste, der sich daran versucht hat, Hexameter in deutscher Sprache zu bilden, jedoch wurde 1748, als „die ersten Gesänge des Messias erschienen, [...] der Hexameter in die deutsche Literatur eingeführt und gewissermassen zum deutschen epischen Verse geweiht" (Emil Linckenheld, *Der Hexameter bei Klopstock und Voss*, Straßburg 1906, S. 13). Doch auch Klopstocks Versuche waren nicht vor Kritik gefeit. Unter den Gegnern soll „der zopfige Magister Gottsched [...] allen voran" gewesen sein (ebd., S. 14) – ausgerechnet Gottsched, der noch 1731 in der ersten Auflage seines *Versuchs einer critischen Dichtkunst* den Anstoß gab „daß einmahl ein glücklicher Kopf, dem es weder an Gelehrsamkeit noch an Witz, noch an Stärcke in seiner Sprache fehlt, auf die Gedancken geräth, eine solche Art [des ‚lateinischen Vers Virgils oder Horatii in dergleichen Sylbenmaaß'] von Gedichten zu schreiben und sie mit allen Schönheiten aufzumischen, deren sonst eine poetische Schrift außer den Reimen fähig ist" (Johann Christoph Gottsched, *Versuch einer critischen Dichtkunst vor die Deutschen*, Leipzig 1730, S. 312) . Derselbe Gottsched schrieb nun 1751 in der vierten bearbeiteten Fassung vom *Versuch einer kritischen Dichtkunst*, ohne dabei Klopstock explizit zu nennen: „Diesen meinen Aufmunterungen zu Folge, habe ich es nun zwar erlebet, daß man uns im Deutschen verschiedene größere Gedichte [...] in solchen Hexametern ans Licht gestellt [...]. Allein nach dem Wohlklange zu urtheilen, den diese Proben uns von deutschen Hexametern hören lassen; sollte ichs beynahe bereuen, daß ich diese Art von Versen unsern Landsleuten von neuem angepriesen habe." Und weiter: „Wir müssen also noch andre Dichter erwarten, die ein besser Gehör haben, und die Anmuth des Wohlklanges glücklicher erreichen können" (Johann Christoph Gottsched, *Versuch einer kritischen Dichtkunst*, Leipzig ⁴1751, S. 398–399). Wie Schmidt schreibt, ist Michael Denis „Freund, Schüler und Bewunderer Klopstocks" und gehört somit zu den Befürwortern der Verwendung des Hexameters in der deutschen Sprache. So lässt sich auch erklären, dass er die Gesänge Ossians „[i]m Gegensatz zu Macphersons Polymetrik [...] fast ausschließlich in antiken Hexametern [übersetzt] – ganz im Sinne der humanistischen Gattungsvorgabe und seiner großen Bewunderung für Klopstocks Messias" (Schmidt, ‚*Homer des Nordens'*, Bd. 1, S. 545–548). Im Vorwort zum ersten Band seiner Ossian-Übersetzung schreibt dazu Denis selbst: „Ich habe den Hexameter der Griechen gewählt. Kein Sylbenmaass [sic] schien mir meinem Gegenstande angemessener" (*Die Gedichte Ossians eines alten celtischen Dichters*, aus dem Englischen übersetzt von M.[ichael] Denis, erster Band, Wien 1768, S. *3) Die Übertragung von Denis gilt als „erste vollständige fremdsprachige Ausgabe der Gedichte [Ossians] überhaupt", die „über Jahre hinaus Standardfunktion besitzt" (Schmidt, S. 546).

gen können". Er merkt kritisch an: „[S]ind sie das in unsrer schönen epischen Gestalt [also in der Übersetzung von Denis] gewesen?"[26]

Die Antwort gibt Herder gleich selbst. Für ihn steht der Klopstock'sche Hexameter in diametralem Kontrast zum ossianischen Sprachgestus. Ist für ihn die Sprache Ossians „kurz, stark, männlich, abgebrochen in Bildern und Empfindungen", so ist hingegen „Klopstocks Manier, so ausmalend, so vortrefflich, Empfindungen ganz ausströmen und, wie sie Wellen schlagen, sich legen und wiederkommen, auch die Worte, die Sprachfügungen ergießen zu lassen".[27] Ganz abgeneigt scheint Herder der Übersetzung von Denis zwar nicht zu sein, wenn er sie als „schönes poetisches Werk" würdigt.[28] Er folgert jedoch schon 1769 in einer Rezension zu dieser Übersetzung, dass Ossian durch die Übertragung in Hexametern – trotz inhaltlich anderer Akzentsetzung – zu sehr in die Nähe von Homer gelange – „[j]etzt ists also Oßian der Barde im Sylbenmaase [sic] eines griechischen Rhapsodisten" –, und stellt die Frage: „Vielleicht aber wird er dadurch verschönert, und gleichsam classisch?" Herder erwägt die Konsequenzen und konkludiert: „Er mag es werden: nur er verliert mehr, als er gewinnt, den Bardenton seines Gesanges."[29]

---

[26] Johann Gottfried Herder, „Auszug aus einem Briefwechsel über Ossian und die Lieder alter Völker", in: *Herders Sämmtliche Werke*, hrsg. von Bernhard Suphan, Bd. 5, Berlin 1891, S. 159–207, hier S. 160.

[27] Ebd.

[28] Ebd. S. 161.

[29] Johann Gottfried Herder, Rezension zu „Die Gedichte Oßians, eines alten celtischen Dichters, aus dem Englischen übersetzt von M. Dennis, aus der G[esellschaft] J[esu]. Erster Band. Wien bey Trattner 1768. gr.8. 226 Seiten.", in: *Allgemeine Deutsche Bibliothek*, des zehnten Bandes erstes Stück, Berlin und Stettin 1769, S. 63–69, hier S. 65. Herder teilte 1769 in einem Brief an Johann Georg Hamann seine Ansichten zu der Ossian-Übersetzung von Denis unverblümter mit: „[I]ch kann ihn [...] nicht ausstehen, er ist in Homerisch seyn sollende Hexameter hingeschwemmt – als wenn nicht ein großer Unterschied wäre, zwischen dem sanften süßen Geschwätzeton des Griechen und der rauhen Kürze des Barden" (Brief von Mitte März 1769 von Johann Gottfried Herder an Johann Georg Hamann, in: *Herders Briefe an Joh. Georg Hamann*, hrsg. von Otto Hoffmann, Berlin 1889, S. 51–57, hier S. 55). Überdies schreibt Herder ein Jahr später in einem Brief an Johann Heinrich Merck von seinem Wunsch – sollte er je nach Schottland kommen –, „die Celtischen Lieder des Volks, in ihrer ganzen Sprache und Ton des Landherzens wild singen [zu] hören, die jetzt in Hexameter und Griechischen Sylbenmaassen so sind, wie eine aufgemalte, bebalsamte Papierblume gegen jene lebendige, schöne, blühende Tochter der Erde, die auf dem wilden Gebürge duftet" (Brief von Johann Gottfried Herder an Johann Heinrich Merck vom 28. Oktober 1770, zitiert nach: *Johann Heinrich Merck. Briefwechsel*, hrsg. von Ulrike Leuschner u.a., Bd. 1, Göttingen 2007, S. 167–169, hier S. 168). Die Vorstellungen, die sich Herder vom Macpherson'schen ‚Originallaut' der Ossian-Gesänge gemacht hatte,

Schaut man sich nun die rhythmische Struktur des ersten von Brahms vertonten Satzes an, lässt sich eine gewisse Allusion an den deutschen bzw. Klopstock'schen Hexameter festmachen. Der erste Satz müsste dafür wie folgt angeordnet werden:[30]

> Wein' an den Felsen der brausenden Winde, weine, o Mädchen von Inistore! [...]

Dabei ergibt sich in der ersten Zeile folgendes Metrum:

‾ ‿ ‿ ‾ ‿ ‿ ‾ ‿ ‿ ‾ ‿ ‾ ‿ ‿ ‾ ‿ ‿

Beim deutschen Hexameter ist es durchaus üblich, dass die Daktylen[31] (und die in der deutschen Sprache nur bedingt vorzufindenden Spondeen) durch Trochäen ersetzt bzw. ergänzt werden können, um dem Versfuss mehr Abwechslung zu verleihen.[32] Hingegen wäre es bei einem klassischen deutschen Hexameter notwendig, dass der Vers katalektisch ist – also am Ende einen unvollständigen Daktylus mit lediglich einfacher Senkung aufweist. So lässt sich in den ersten Wörtern der Übertragung zwar kein in jeder Hinsicht klassischer Hexameter nachweisen, da am Zeilenende die

---

waren entgegengesetzt zu dem, was er schlussendlich vorfand, denn der englische ‚Urtext' ist „bei weitem melodischer und harmonischer und gar nicht so kurz und abgebrochen, [...] wie er glaubte" (Gillies, *Herder und Ossian*, S. 61).

[30] „Das Enjambement (Brechung, Sprung) ist [beim Hexameter] beliebt" (Erwin Arndt, *Deutsche Verslehre. Ein Abriss*, Berlin [13]1996, S. 144). Somit ist die Verschiebung des Wortes „Inistore" auf die nächste Zeile durchaus zulässig.

[31] Eine differenzierte Betrachtung des deutschen Daktylus – in der drei Gruppen desselben unterschieden werden – findet sich in: Albert Köster, „Deutsche Daktylen", in: *Zeitschrift für deutsches Altertum und deutsche Literatur*, Bd. 46, Berlin 1902, S. 113–127. Da der neuhochdeutschen Sprache, im Gegensatz zu den antiken Sprachen, „eine [...] genaue bewertung aller silben nach ihrer zeitdauer fehlt", ist es für Köster ein in Lehrbüchern verankerter Irrtum, „jede[n] dreisilbige[n] tact bei unsern neuzeitlichen dichtern, wenn er aus einer accentuierten und zwei folgenden nicht accentuierten silben besteht, als daktylus" zu bezeichnen. Für ihn ist damit nicht „die exacte zeitliche abstufung der silben, wie sie der antike eigen ist" der Ausgangspunkt des deutschen Daktylus, sondern „die dreizahl der silben [...], die principiell alle von gleicher dauer sind." Somit entspricht der deutsche im Gegensatz zum „zwei- bezw. vierzeitigen antiken daktylus" einem „¾ tact x́xx" (ebd. S. 113–114). Brahms hingegen vertont den „Gesang aus Fingal" in „dem würdig einherschreitenden antiken daktylus von der form ♩ ♪♪ " (ebd. S. 114).

[32] So schreibt Linckenheld: „Der Hexameter besteht aus 6 Füssen; der deutsche Hexameter hat seit Klopstock neben den gewohnten Daktylen und Spondeen auch Trochäen. Erst durch *ihre* Einführung war derselbe ein deutsches Mass geworden" (Linckenheld, *Der Hexameter bei Klopstock und Voss*, S. 40).

Dreisilbigkeit fortgeführt wird, jedoch kann man wegen der Bevorzugung des Daktylus mit regelkonformer Durchbrechung durch einen Trochäus eine gewisse Anlehnung an den Hexameter ablesen. Die rhythmische Regelmäßigkeit, die in der Übersetzung zu Beginn vorhanden ist, übernimmt Brahms auch in seiner Vertonung und lässt den (antiken) daktylischen Rhythmus – außer im a-cappella-Teil – wie einen roten Faden durch die Komposition ziehen. Es sollte nicht das letzte Mal sein, dass Brahms diesen Rhythmus in einem Chorstück als konstituierendes Element wählt: In *Darthula's Grabesgesang* wird der in der Dichtung angelegte daktylische Beginn immer wieder im rhythmischen Geflecht zumindest punktuell aufgenommen, und der *Gesang der Parzen* op. 89 weist beinahe flächendeckend einen „skandierenden [daktylischen] Rhythmus" auf.[33]

Wie sehr Herder den Hexameter in der Ossian-Übersetzung von Denis als unangemessen empfand, führt er in seiner Rezension von 1769 noch weiter aus:

> „So sind also die Gedichte Oßians in Hexameter übersetzt – aber würde Oßian, wenn er in unsrer Sprache sie abgesungen, sie hexametrisch abgesungen haben? oder wenn die Frage zu nah und andringend ist; mag er in seiner Originalsprache den Hexameterbau begünstigt haben? [...] Wir wissen von den Nordischen Dichtern der Celten wenig; aber, was wir von ihnen wissen, was die Analogie der Skalden, ihrer Brüder, uns ausserdem noch auf sie schließen läßt, dürfte das für den Hexameter entscheiden? Nach allen einzelnen Tönen, die uns von ihnen zurückgeblieben, haben sie in einer Art von lyrischer Poesie gesungen, und da dies aus den Nachrichten von Skalden gewiß wird, da man den Strophen- und Versbau dieser Liedersänger zum Theil entwickelt hat: so wünschten wir, Hr. D[enis] hätte sich nach den Accenten solcher Bardengesänge sorgfältiger erkundigt, von denen in den so bearbeiteten celtischen Alterthümern Spuren gnug anzutreffen sind. Unsere Sprache, die in so vielen Jahrhunderten freylich sehr nach andern disciplinirt und von ihrem Bardenursprung weggebogen ist, würde vielleicht in diesem Rhythmus Töne finden, die zum zweytenmale Deutsche Barden wieder aufwekten."[34]

---

[33] Kross, *Die Chorwerke von Johannes Brahms*, S. 392. Durch eine gewisse Ähnlichkeit in der Bezugnahme auf das schreitende Versmass wurde rezeptionsgeschichtlich der *Gesang aus Fingal* „im Rückblick ob seiner ostinaten daktylischen Rhythmik auch als Vorstufe zum Gesang der Parzen op. 89 gewürdigt" (Victor Ravizza, Art. „Sinfonische Chorwerke", in: *Brahms Handbuch*, hrsg. von Wolfgang Sandberger, Kassel und Stuttgart 2009, S. 279–302, hier S. 300).
[34] Herder, Rezension zu „Die Gedichte Oßians, eines alten celtischen Dichters, aus dem Englischen übersetzt von M. Dennis", S. 64–65.

Herder ist der Meinung, dass Denis „[i]n seinem folgenden Theil" dem bardischen Gesang möglicherweise gerecht werden könnte, indem er „nach den Mustern der freysylbigen Klopstockischen Oden allem Wohlklange aufhorchte, der jedesmal im Gedanken und im Ausdruk, bis auf alle Kürze und Stärke [...] im Oßian liegt". Damit könne er zugleich das „einförmige Gehege" des Hexameters überwinden.[35]

Indem Herder den Hexameter als „einförmiges Gehege" für eine Ossian-Übersetzung beschreibt und als unangebracht empfindet, bleibt mehr als fraglich, ob bei Herder – hätte er die von Brahms verwendete Passage wirklich übersetzt – eine ähnliche Anspielung auf den epischen Vers wahrscheinlich gewesen wäre.

Als Herder 1769 die Rezension und 1771 den „Auszug aus einem Briefwechsel über Ossian und die Lieder alter Völker" schrieb, hatte er – laut Gillies – noch keine Kenntnis von den von Macpherson herausgegebenen englischen Ossian-Ausgaben.[36] Wohl erst Ende November 1771 stellte ihm Goethe „ein Exemplar der englischen Originalausgabe vom Jahre 1765" für ein Jahr zur Verfügung.[37] Trotzdem blieben Herders Ossian-Übersetzungen bis 1778 allesamt Überarbeitungen von deutschen Übertragungen (von Denis oder Wittenberg).[38] Gillies weist auch darauf hin, dass Herder in seinen Ossian-Bearbeitungen versuchte, die Denis-Übersetzung bardenmäßiger zu gestalten – und zwar bevor er Kenntnis vom englischen Original erhielt.[39] Somit hätte Herder wohl kaum ein solch regelmäßiges Versmaß gewählt, wie es die von Brahms benutzte Übersetzung zu Beginn verwendet,[40] vor allem nicht nach 1771, als er die Eigenschaften des gälischen

---

[35] Ebd., S. 68.
[36] Vgl. Gillies, *Herder und Ossian*, S. 13–14, S. 26 und S. 33, sowie Schmidt, ‚*Homer des Nordens*', Bd. 2, S. 665.
[37] Gillies, S. 33.
[38] Vgl. Gaskill, „Ossian und die Volkslieder", S. 132, und Gillies, S. 80–90.
[39] Vgl. Gillies, S. 87. Siehe dazu auch: Rüdiger Singer, „*Nachgesang*". *Ein Konzept Herders, entwickelt an Ossian, der popular ballad und der frühen Kunstballade* (= Epistemata – Würzburger wissenschaftliche Schriften Band 548), Würzburg 2006, S. 287–306.
[40] *Darthula's Grabesgesang* – der andere von Brahms vertonte ossianische Gesang – beginnt zwar in der Übertragung Herders auch daktylisch, verlässt jedoch schon nach zwei Versfüßen das Metrum – wohl unter anderem, um nicht wie die Vorlage von Denis eine für Herder ‚unbardische' Übertragung in einem gleichbleibenden Versmaß zu erhalten. Der erste Satz ist bei Herders Übertragung jedoch metrisch noch gleich ausgeführt wie bei Denis. Bei Denis beginnt die Stelle folgendermaßen: „Tochter von Colla! du liegst!" (zitiert nach: *Die Gedichte Ossians eines alten celtischen Dichters*, aus dem Englischen übersetzt von M[ichael] Denis, dritter Band, Wien 1769, S. 74); bei Herder hingegen beginnt sie wie folgt: „Mädchen von Kola, du schläfst!" (zitiert nach: Johann

Originals zu kennen glaubte.⁴¹ Als Vergleich kann die Übertragung der Passage von Michael Denis herangezogen werden, die reichlich wenig mit der vertonten Version zu tun hat. Es fällt auf, wie konsequent Denis versucht, die Dichtung im Versmaß des Hexameters wiederzugeben:

„Fräulein von Inistore! von Klippen der heulenden Winde
Neige dein zierliches Haupt auf die Wellen, und weine, du, schöner,
Als der mittagige Geist, der Bewohner des Hügels, den itzund
Ueber das schweigende Morven ein Stral des Lichtes herumträgt.
Ach! er ist hin dein Geliebter! er fiel! er lieget erblasset
Unter Cuchullins Klinge! Nun wird den erhabenen Jüngling
Nicht mehr sein Herz von Muthe begeistert versuchen, in Schlachten
Fürsten entgegen zu stehn. Ach! Trenar, der liebliche Trenar,
Fräulein! ist todt! Sein Giebel erschallt vom Geheule der treuen
Graulichten Doggen. Sie sehen den Schatten des holden Besitzers.
Ungespannt hängt er dahin in seinem Saale der Bogen.
Nimmermehr schallt vom Gehäge des Hirschen zum Ohre sein Waidhorn."⁴²

***

Gottfried Herder „Darthula's Grabesgesang", in: *Herders Poetische Werke*, hrsg. von Carl Redlich (= *Herders Sämmtliche Werke*, hrsg. von Bernhard Suphan, 25. Bd.), 1. Bd., Berlin 1885, S. 423).

⁴¹ Herder schreibt in einem Brief vom November 1771 an Merck (in dem er Ideen von Goethe paraphrasiert, die ihm einige Monate zuvor in einem Brief desselben dargelegt wurden): „[...][I]st meine Ahnung und Aufpochen des innern Gefühls nicht recht gewesen, daß Oßian anders, u. eben so vielleicht übersetzt werden sollte, als da manche bardentöne lauten. Auf Macphersons Prose, dünkt mich, haben Sie sich im Tone nicht so völlig zu verlaßen; da er alle Fallendungen, u. wiederkommenden Tavtologien der Meistersänger, an denen Oßian voll ist, wegläßt, so bekomt seine Prose etwas den vollen Ton der spätern Romanze, der sich doch, dünkt mich, zu Oßian, mit seinen Füllwiederholungen u. unregelmäßigem Sylbenmaas, wie Trompetenschall zur Nebelharfe verhält, und die wilde ungebundne, u. an Empfindungen eben so hierogl. Sprache, als die Orient.[alische] es an bildern ist, war überdem gar nicht zu geben" (Brief von Johann Gottfried Herder an Johann Heinrich Merck vom 16. November 1771, zitiert nach: *Johann Heinrich Merck. Briefwechsel*, Bd. 1, S. 286–290, hier S. 288; bezüglich der Goethe-Paraphrasierungen vgl. Howard Gaskill, „,Von celtischen Galischen Sachen soll nächstens etwas folgen': Goethe und ,Ossians schottisches'", in: *Album amicarum et amicorum. Für Hans Grüters* [Privatdruck], Frankfurt am Main 2010, S. 69–78, hier S. 74). Der Ausschnitt aus dem Brief an Merck zeigt, welche zentrale Rolle für Herder beim Versuch des Erahnens authentischer ossianischer Gesänge ein „unregelmäßiges Sylbenmaß" spielte. Daher scheint es plausibel, dass Herder solch einen Anfang wie beim *Gesang aus Fingal* bei einer Aufnahme in eine seiner Sammlungen überarbeitet und bardenmäßiger gestaltet hätte.

⁴² Zitiert nach: *Die Gedichte Ossians eines alten celtischen Dichters*, aus dem Englischen übersetzt von M[ichael] Denis, Bd. 1, S. 24–25.

Die von Brahms als Textgrundlage für den *Gesang aus Fingal* verwendete Dichtung von Ossian ist eine aus dem Epos *Fingal* herausdestillierte, in sich geschlossene Passage. *Fingal, an Ancient Epic Poem in Six Books* hatte James Macpherson zum ersten Mal Ende 1761 herausgegeben. Beinahe genau hundert Jahre nach dem Erscheinen desselben griff Brahms auf das epische Gedicht als Textgrundlage zurück.

In der Mitte dieses hundertjährigen Zeitraums zwischen der Publikation von Macpherson und der Komposition von Brahms setzte 1815 auch schon ein anderer Komponist genau denselben Textausschnitt aus *Fingal* in Musik: Mit *Das Mädchen von Inistore* D 281 vertonte Franz Schubert die gleiche Textvorlage wie Brahms, jedoch in einer anderen Übersetzung. Er verwendet – mit einigen künstlerischen Freiheiten[43] – die von Edmund von Harold herausgegebene „zweyte verbesserte Auflage" der Gedichte Ossians aus dem Jahr 1782:[44]

> „Mädchen Inistores, wein auf den Felsen der heulenden Winde! neig über die Wellen dein zierliches Haupt, du, dem an Liebreiz der Geist der Hügeln weicht; wenn er in einem Sonnenstrahl, des Mittags über Morvens Schweigen hingleitet. Er ist gefallen! der Jüngling erliegt, bleich unter der Klinge Cuthullins! nicht mehr wird der Muth deinen Geliebten erheben, dem Blut der Gebieter zu gleichen. O Mädchen Inistores! Trenar, der zierliche Trenar ist todt. In seiner Heymat heulen seine grauen Doggen; sie sehn seinen gleitenden Geist. In seiner Halle ist sein Bogen ungespannt. Man hört auf dem Hügel seiner Hirsche keinen Schall!"[45]

Vergleicht man nun die verschiedenen Übersetzungen der Passage, fällt ein Detail auf. In Macphersons ‚Originallaut' von 1773, in der Harold-Übersetzung und bei der von Brahms vertonten Version stirbt Trenar durch C u t h u l l i n s Schwert, bei Denis hingegen durch C u c h u l l i n s

---

[43] Im Gegensatz zu den Verlegern Diabelli und Spina, die mit der „1. Ausgabe der Ossian-Gesänge im Jahre 1830 […] einen willkürlich im Wortlaut und im Notentext überarbeiteten und entstellten Text" herausgaben, hatte Schubert selbst wohl nur wenige Eingriffe am Text vorgenommen (*Franz Schubert. Die Texte seiner einstimmig komponierten Lieder und ihre Dichter*, hrsg. von Maximilian und Lilly Schochow, Bd. 2, Hildesheim und New York 1974, S. 420).

[44] Vgl. Walther Dürr: „Vorwort", in: *Franz Schubert. Neue Ausgabe sämtlicher Werke*, hrsg. von der Internationalen Schubert-Gesellschaft, Serie IV: Lieder, Bd. 9, S. XI–XXIX, hier S. XV.

[45] Zitiert nach: [Edmund von Harold], *Die Gedichte Ossians eines alten celtischen Helden und Barden*, zweyte verbesserte und mit neu entdeckten Gedichten vermehrte Auflage, zweyter Band, Mannheim 1782, S. 62–63. Zu den Abweichungen, die Schubert gegenüber der Fassung von Harold vornimmt, vgl.: Schochow, *Franz Schubert*, Bd. 2, S. 429.

Klinge.⁴⁶ Wie lässt sich erklären, dass der Name in den Übersetzungen nicht gleich wiedergegeben wird? Die Lösung findet sich in der Erstausgabe des *Fingal* von 1761. Dort steht beim besagten Vers nämlich geschrieben: „He is fallen! thy youth is low; pale beneath the sword of Cuchullin."⁴⁷

Auch noch in *The Works of Ossian* von 1765 findet sich derselbe Wortlaut.⁴⁸ Erst in den auf 1773 datierten und 1774 herausgegebenen *Poems of Ossian* erscheint die Schreibweise *Cuthullin*. Da die Übersetzung von Michael Denis zuvor entstanden ist, verwendet diese noch die ‚alte' Schreibweise *Cuchullin*.⁴⁹ Im *Gesang aus Fingal* wird *Cuchullin* als *Cuthullin* notiert, daher muss die Entstehungszeit dieser Übersetzung nach 1773 angesetzt werden.

Interessant wird es nun bei Herder: In seiner *Fingal*-Übertragung schreibt er schon im ersten Absatz in allen drei Versionen *Cuchullin* und nicht etwa *Cuthullin*. Als Beleg soll die erste der drei Übersetzungen des Abschnitts genügen:

⟨Version A⟩
„Cuchullin saß an Turas Wall
darüber ihm rauscht es laut,
Sein Speer gelehnt an Fels und Moos
Sein Schild danieder im Gras."⁵⁰

Spätestens hier wird endgültig klar, dass Herder als Übersetzer ausgeschlossen werden muss, da er nicht nur im *Fingal*-Fragment, sondern in allen seinen Ossian-Übersetzungen die Variante *Cuchullin* benutzt.⁵¹

---

⁴⁶ Diesen Hinweis verdanke ich Howard Gaskill.
⁴⁷ Zitiert nach: *Fingal, an Ancient Poem, in six books; together with several other poems, composed by Ossian the son of Fingal*. Translated from the Galic Language by James Macpherson, erstes Buch, London 1762 [1761], S. 14.
⁴⁸ Vgl. dazu: *The Works of Ossian, the Son of Fingal. In two volumes, Translated from the Galic language by James Macpherson. In six books; and several other poems*, erstes Buch, Dublin 1765, S. 21.
⁴⁹ 1784 veröffentlichte Michael Denis eine zweite Ossianübersetzung, die nach der *Poems of Ossian*-Ausgabe von 1773 übersetzt ist. Nun schreibt auch er den Namen als Cuthullin (vgl. [Michael Denis,] *Ossians und Sineds Lieder*, erster Band, Wien 1784, S. 24). Somit gilt die Beobachtung nur für die Denis-Übersetzung von 1769, auf deren Grundlage Herder seine Gedanken zu Ossian entwickelt hat.
⁵⁰ Zitiert nach: Gillies, *Herder und Ossian*, S. 165.
⁵¹ Unter der Nummer 6715 findet sich in der *Bibliotheca Herderiana* folgender Eintrag: „Works of Ossian. Vol. 1.2. Engl." (*Bibliotheca Herderiana*, Nachdruck der Originalausgabe von 1804, angefertigt vom Zentralantiquariat der Deutschen Demokratischen Republik, Leipzig 1980, S. 290). Nur diese eine englische Ossian-Ausgabe ist in Herders Nachlass-Verzeichnis seiner Bücher aufgelistet. Ort und Jahr des Erscheinens sind darin nicht angegeben. Für Gillies ist es jedoch klar („[w]ie aus seinen Überset-

Dennoch hat meines Wissens lediglich ein Autor explizit darauf hingewiesen, dass die Zuschreibung der von Brahms verwendeten Übersetzung an Herder falsch ist. In seiner Dissertation *Die Ossian-Dichtung in der musikalischen Komposition* hält Matthias Wessel in einer Fußnote fest:

> „Vielfach wird die irrige Auffassung tradiert, daß der Gesang aus Fingal auf einer Übersetzung Herders basiere. Durch den Vergleich mit einer Reihe der bekannteren Ossian-Übersetzungen ließ sich die Vorlage nicht verifizieren. Die größten Übereinstimmungen weist sie mit Johann Gottlieb Rhodes Übersetzung (Ossians Gedichte …, Berlin ²1817, Bd. 2, S. 25) auf."[52]

Wessel bemerkt somit die falsche Zuschreibung, unterlässt es jedoch, durch Quellenstudium den eigentlichen Übersetzer zu ermitteln. Die Übersetzung von Rhode, der Wessel die größte Ähnlichkeit mit der von Brahms benutzten attestiert, besitzt zwar tatsächlich einige Ähnlichkeiten mit dieser, die Abweichungen liegen jedoch außerhalb eines Toleranzrahmens, der mit freier künstlerischer Handhabung gerechtfertigt werden könnte.

Die Übersetzung von Rhode hat folgenden Wortlaut:

> „Weine an dem Felsen der brausenden Winde,
> du Mädchen von Inistore! Beuge
> dein schönes Haupt über die Wogen,
> du, lieblicher denn Geister der Hügel,
> wenn sie wandeln im Sonnenstrahle
> am Mittag' über das schweigende Morven!

---

zungen hervorgeht"), dass es sich um die „englische Ausgabe vom Jahre 1765" handeln muss, also um die *The Works of Ossian*-Ausgabe, in der noch *Cuchullin* geschrieben steht (Gillies, S. 11). Wie Gaskill nachgewiesen hat, kommt bei der vermerkten englischen Ossian-Ausgabe nur der von Goethe und Merck hergestellte Raubdruck infrage, dem der Text von *The Works of Ossian* zugrunde liegt (Gaskill, „Ossian und die Volkslieder", S. 136). Auch die englische Ossian-Ausgabe, die Herder 1771 von Goethe für ein Jahr ausgeliehen bekommt (und die dieser in der Bibliothek seines Vaters in Frankfurt vorgefunden hat), basiert auf der *The Works of Ossian*-Ausgabe (Gillies, S. 33). Neben den beiden mit Goethe in Verbindung stehenden Ausgaben scheint Herder keine anderen englischen Ossian-Ausgaben besessen zu haben (ebd., S. 11). Dass Herder *Cuchullin* anstatt *Cuthullin* notiert, lässt sich sogar schon an der Überschrift einer seiner Übertragungen sehen, die er an Caroline Flachsland geschickt hat, nämlich dem „Lied Bragela's nach ihrem Cuchullin" (Brief vom 28. Oktober [1770] von Johann Gottfried Herder an Caroline Flachsland, in: *Herders Briefwechsel mit Caroline Flachsland*, S. 113–126, hier S. 124).

[52] Matthias Wessel, *Die Ossian-Dichtung in der musikalischen Komposition*, Laaber 1994, S. 121.

Er ist gefallen! Dein Jüngling ist hin,
bleich, unter Cuthullin's Schwerdte!
Nicht mehr wird der Muth den Geliebten treiben,
der Könige Blut zu vergießen!
Trenar, dein reizender Trenar, starb,
o Mädchen von Inistore!
Seine grauen Hunde heulen zu Hause,
sie sehen seinen wandelnden Geist.
Sein Bogen liegt ungespannt in der Halle,
kein Ton auf dem Hügel der Hindin!"[53]

Vor allem bei Abweichungen, die das Silbenmaß nicht verändern, wie beispielsweise „Hügel" anstatt „Berge" oder „reizender" anstatt „lieblicher", würden Eingriffe des Komponisten in den Text eher wenig Sinn machen; sie wären für Brahms auch ungewöhnlich.

***

Wer ist nun aber der Übersetzer des „Gesang aus Fingal", wenn es nicht Herder und auch nicht Rhode ist?

Die Lösung liegt seit 1974 auf der Hand, seit dem Jahr nämlich, in dem Kurt Hofmann das Bücher- und Musikalienverzeichnis *Die Bibliothek von Johannes Brahms* publiziert hat. Als einzige Ossian-Übersetzung in Brahms' Bibliothek listet Hofmann darin die folgende auf:

> 519. OSSIAN. Gedichte. Rhythmisch bearbeitet von Eduard Brinckmeier. Braunschweig, Verlag von Oehme & Müller. 1839. XII + 153 S. Hldr. d. Zt.
> Auf dem Vorsatzblatt die Widmung von Clara Schumann: „Johannes Brahms/Clara/ July 55" Auf Brahms' Namen war ursprünglich eine Blume eingeklebt. Bei allen Gedichten Knickfalten.[54]

Da die Widmung von Clara Schumann auf das Jahr 1855 datiert ist, besitzt Brahms 1860, im Jahr der Komposition, bereits das besagte Buch. Zudem lassen die von Hofmann erwähnten Knickfalten bei allen Gedichten auf eine intensive Lektüre schließen. Dadurch reichen die Indizien eigentlich schon aus, um bei der Suche nach dem Übersetzer des „Gesang aus Fingal"

---

[53] Zitiert nach: *Ossians Gedichte*, rhythmisch übersetzt von J[ohann] G[ottlieb] Rhode, zweite verbesserte Ausgabe, zweiter Theil, Berlin 1817, S. 25–26.
[54] Kurt Hofmann, *Die Bibliothek von Johannes Brahms. Bücher- und Musikalienverzeichnis*, Hamburg 1974, S. 83.

Brinckmeier als potentiellen Autor der Textvorlage in Erwägung zu ziehen. Konsultiert man dann noch die Übersetzung, wird der Fall klar:

> „Wein' an den Felsen der brausenden Winde,
> Weine, Mädchen von Inistore!
> Beug' über die Wogen Dein schönes Haupt,
> Lieblicher Du als der Geist der Berge,
> Wenn er um Mittag in einem Sonnenstrahl
> Ueber das Schweigen von Morven fährt.
> Er ist gefallen, Dein Jüngling liegt darnieder,
> Bleich sank er unter Cuthullins Schwert.
> Nimmer wird Muth Deinen Liebling mehr reizen,
> Das Blut von Königen zu vergießen.
> Trenar, der liebliche Trenar starb,
> O Mädchen von Inistore!
> Seine grauen Hunde heulen daheim,
> Sie sehen seinen Geist vorüberziehn.
> Sein Bogen hängt ungespannt in der Halle,
> Nichts regt sich auf der Haide der Rehe."[55]

Mit Ausnahme von zwei kleinen Veränderungen sind der von Brahms verwendete und der von Brinckmeier übersetzte Text identisch. Somit lässt sich diese Übersetzung eindeutig als die von Brahms vertonte identifizieren.

Neben etlichen Wiederholungen erlaubt sich der Komponist lediglich zwei kleine Eingriffe in den Text: Er fügt im ersten Satz den Ausruf „o" hinzu und erhält dadurch einen daktylischen Versfuß mehr.[56] Dies liegt im Sinne des feierlich schreitenden Gestus der Komposition, die dadurch nach der Zäsur bei „Winde" im etablierten Rhythmus fortgeführt werden kann. Die zweite Veränderung ist eine Zusammenstauchung des zweisilbigen Wortes „sehen" auf „sehn". Auch dies geschieht wiederum, um einen zusätzlichen Daktylus zu erhalten.

Die von Eduard Brinckmeier (1811–1897) vorgelegte Übersetzung der Gesänge Ossians in metrischen Versen ist eine wenig beachtete. In der zurzeit umfangreichsten Studie zur deutschen Ossian-Rezeption von Wolf

---

[55] Zitiert nach: *Ossians Gedichte*, rhythmisch bearbeitet von Eduard Brinckmeier, Braunschweig 1839, S. 60.
[56] Der Ausruf „o" ist auch in der Vorlage von Macpherson vorhanden. Obwohl bei Brinckmeier nun im Vergleich zur Brahms-Fassung ein zweiter Trochäus innerhalb des Versmaßes vorkommt, tangiert das die These einer möglichen Hexameter-Allusion nicht, da der Daktylus im deutschen Hexameter durch einen Trochäus ersetzt werden kann, um das Versmaß rhythmisch abwechslungsreicher zu gestalten.

Gerhard Schmidt wird sie durchwegs nur am Rande behandelt.[57] Den Anlass der Veröffentlichung seiner Übersetzung erklärt Brinckmeier in der den Gesängen Ossians vorangestellten Einleitung gleich selbst:

> „Zwei Gründe veranlassen mich, meine Uebersetzung Ossians zu veröffentlichen. Einmal der Mangel einer Uebersetzung, welche den Ossian, wie Macpherson ihn uns lieferte, in seiner ganzen Eigenthümlichkeit wiedergiebt. Sämmtliche bisher erschienene[n] Uebersetzungen, welche mir bekannt wurden, sind nur mehr oder minder freie Bearbeitungen, die zwar wohl den Sinn wiedergeben, aber das ganze Colorit verwischt haben. Ausgenommen davon ist nur die Rhode'sche Uebersetzung, bei welcher jedoch die Eigenthümlichkeit Ossians, daß mit jeder Cadenz auch ein Sinn schließt, gänzlich unberücksichtigt gelassen ist, so daß die Uebersetzung sich als völlig unsangbar zeigt. Was meine Uebersetzung betrifft, so darf ich ihr ohne Anmaßung wenigstens die größeste Treue zusprechen. Den Rhythmus suchte ich so wiederzugeben, wie ich nach langem Studium und gänzliches Versenken in den Geist und Klang der Lieder ihn mit dem Ohre heraushühlte. [...] Die rhythmische Form halte ich für die einzig passende. Es kommt, neben der Treue des Sinns, besonders auf das richtige Treffen des Tons, der Farbe, der Eigenthümlichkeit an. [...].
>
> Der andere Grund, welcher mich zur Herausgabe vermochte, ist die hohe Schönheit der ossianischen Poesie, welche in der möglichsten Verbreitung derselben einen wahrhaften Gewinn für die Bildung des Herzens wie des Geschmacks erkennen läßt. [...]."[58]

Der Anspruch Brinckmeiers wird somit klar: den Gesängen Ossians in größtmöglicher Kolorittreue – durch eine rhythmische Übertragung – auch in der deutschen Sprache musikalische Qualität zu verleihen. Dass er Rhode unterstellt, ihm sei dies nicht gelungen, zeigt zumindest, dass Brinckmeier in Kenntnis jener Übertragung war, der Matthias Wessel die größte Übereinstimmung mit der von Brahms verwendeten bescheinigt. Immerhin gesteht Brinckmeier Rhode zu, nicht gänzlich das Kolorit verwischt zu haben. Daher erscheint es nicht als abwegig, dass Brinckmeiers *Ossian* auch als Versuch gelesen werden kann, dem übersetzerischen Ansatz von Rhode eine lyrische Qualität einzuhauchen.

---

[57] So erwähnt Schmidt zwar die Nähe zu dem Vorwort von Rhode (aus der Ausgabe von 1800) und der „Critical Dissertation" von Hugh Blair in der von Brinckmeier verfassten Einleitung zu seiner Ossian-Übertragung, übergeht jedoch die Verwandtschaft zu Herder, dessen „Auszug aus einem Briefwechsel über Ossian" Brinckmeier beinahe wörtlich paraphrasiert (Schmidt, *‚Homer des Nordens'*, Bd. 1, S. 288–289, S. 329, S. 410 und S. 473, sowie in Bd. 2, S. 1134).
[58] Brinckmeier, S. XII.

Um sich eine gewisse Freiheit in der Übertragung zu erhalten und den möglichst adäquaten „Ton" des Gesanges zu treffen, sowie um unnötige Wortwiederholungen vermeiden zu können, erscheint Brinckmeier „ein modernes, noch mehr ein altclassisches Metrum als ganz unstatthaft".[59] Was genau Brinckmeier mit „altclassichem Metrum" meint, führt er nicht weiter aus. Die Aussage könnte in der Weise interpretiert werden, dass ihm zum Beispiel eine möglichst durchgängige Übertragung in Hexametern und die damit verbundene „Auslassung eines, der Zusatz eines andern, die Umschreibung oder Wiederholung eines dritten Wortes, wie sie ein bestimmtes Metrum oft nöthig macht", seinem Konzept der koloritgetreuen Übersetzung widerstrebt. Nicht unbedingt muss dies ausschließen, dass er sich trotzdem an bestimmte Metren anlehnt – sei es bewusst oder unbewusst –, um eine möglichst rhythmische Übertragung zu gewährleisten.

Ob jedoch Herder, der – nicht nur 1769 in seiner Rezension, sondern auch noch in seinem fingierten Briefwechsel mit einem Befürworter der Denis-Übersetzung (dem „Auszug aus einem Briefwechsel über Ossian und die Lieder alter Völker" von 1771) – jede Ossian-Übertragung in einem zu strikten Metrum ablehnte, einen solch daktylischen Ansatz in seiner *Fingal*-Übertragung hätte gelten lassen, bleibt offen. Zu sehr scheint er nach der Denis-Übersetzung auf den Hexameter sensibilisiert, als dass eine Anlehnung an das Versmaß Homers in einer seiner Ossian-Übersetzungen hätte durchgehen können. Für Herder konnte nämlich der Hexameter in der deutschen Sprache nie das werden, was er bei Homer war: „singende Natur".[60]

Dass Brinckmeier so lange nicht als Übersetzer identifiziert wurde, könnte übrigens noch einen weiteren Grund haben. Er gab 1883 nochmals eine Ossian-Übersetzung heraus, und zwar „[i]n neuer Uebertragung". Diese Umschreibung ist dabei nicht ganz glücklich gewählt, da durchaus zweideutig interpretierbar. Sie lässt nicht erkennen, ob das „neu" als Abgrenzung zu den bereits existierenden Ossian-Übertragungen gemeint ist – oder zu seiner eigenen „rhythmischen Übertragung" von 1839. Letzteres ist der Fall, und erstaunlicherweise übersetzt er die von Brahms verwendete Passage nun in einem ganz anderen Ton:

---

[59] Ebd.
[60] Vgl. August Koberstein, *Grundriss der Geschichte der deutschen Nationalliteratur*, Bd. 3, Leipzig ⁵1872, S. 221. Koberstein bezieht sich dabei auf Herders Ausführungen in den *Fragmente[n] zur Deutschen Literatur* (1766–1767).

„Wein' auf den Felsen der brausenden Winde,
O Maid von Inistore!
Neige dein schönes Haar wohl über die Wogen,
Du, lieblicher als der Berge Geist,
Wenn er auf einem Sonnenstrahl schwebt
Mittags über dem Schweigen Morvens.
Er ist gefallen; dein Jüngling liegt darnieder,
Bleich unter Cuthullins Schwert.
Nimmer wird Kühnheit erheben deine Liebe,
Zu vergießen das Blut von Königen.
Trenar, der mutige Trenar starb,
O Maid von Inistore!
Seine grauen Rüden heulen daheim,
Sie sehn, wie sein Geist vorüberzieht.
Sein Bogen hängt nun ungespannt in der Halle,
Kein Laut ist in der Halle seiner Diener."[61]

Durch das andere Kolorit in der neuen Übersetzung und aufgrund der größeren Verbreitung dieser Ausgabe im Vergleich zur früheren Übertragung[62] sind möglicherweise Forscher, die nach dem Übersetzer des „Gesang aus Fingal" suchten, in die Irre geleitet worden.

Bleibt nun noch die Frage zu klären, weshalb Brahms gerade einen – zumindest im Druckbild – in ungebundener Sprache gehaltenen Ausschnitt aus dem ersten Gesang aus *Fingal* für die Vertonung ausgewählt hat.

Naheliegend wäre, dass Brahms die Vertonung derselben Passage von Schubert gekannt hat, ihm jedoch die Brinckmeier-Übertragung für einen eigenen Versuch geeigneter erschien als die Übersetzung von Harold. Dass sich Brahms mit Schubert und dessen Vertonungen schottischer Dichter auseinandergesetzt hat, beweist seine Bearbeitung des Klavierliedes *Ellens zweiter Gesang* D 838, das auf Walter Scotts Poem *Lady of the Lake* zurückgeht und das er gleich in zwei Versionen orchestriert: im Frühjahr 1862 (?) für Singstimme und Blasinstrumente sowie im Frühjahr 1873 für Sopransolo, Frauenchor und Blasinstrumente.[63] Somit fällt die erste Bearbeitung

---

[61] Zitiert nach: *Ossians Gedichte. In neuer Uebertragung von Eduard Brinckmeier*, Bd. 2, Stuttgart [1883], S. 125.
[62] Zumindest in den Bibliotheken im deutschsprachigen Raum scheint die 1883 publizierte Übersetzung häufiger katalogisiert und konsultierbar zu sein als die Übertragung, die 1839 erschienen war (dies ergibt eine Recherche der im Karlsruher Virtuellen Katalog aufgeführten Bücher in Bibliotheken aus Deutschland, Österreich und der Schweiz).
[63] Vgl. Robert Pascall, Art. „Orchestermusik", in: *Brahms Handbuch*, S. 476–539, hier S. 537.

von *Ellens zweiter Gesang* wohl in die Zeit der beiden Ossian-Vertonungen. Gut möglich, dass ohne Schuberts Beschäftigung mit der schottischen und gälischen Literatur Brahms nie auf die Idee gekommen wäre, ein eigenes Werk auf der Basis von Ossians *Fingal* zu komponieren.

STYRA AVINS

Revision des Requiems: Ein Brief in Dresden und Brahms' Schweizer Reise mit seinem Vater *

Abstract. In the autograph of "Ihr habt nun Traurigkeit", movement V of the German Requiem Op. 45, an obbligato oboe in measure 5–7 accompanies the Soprano as she sings her opening phrase. The oboe part is vigorously crossed out, replaced by a bassoon on its own stave, in tenor clef. Although the autograph was used as the engraver's model, by the time of publication the oboe had been mysteriously restored to its original role. The solution to this puzzle lies in an unpublished letter found in the Saxon State Library in Dresden in 1990. Without date or place, the letter, unmistakably in Brahms's hand, is identified and dated thanks to the unusual signature ending the letter: "J. B. sen. u jun." Further biographical clues reveal something of Brahms's compositional practices, shed light on his relationship to his father, and add to what we know of the crafting of the German Requiem.

Als *Ein deutsches Requiem* op. 45 von Breitkopf und Härtel in der alten Brahms-Gesamtausgabe (1926–27) herausgegeben wurde, erregte eine Passage im 5. Satz, „Ihr habt nun Traurigkeit", die Aufmerksamkeit des Herausgebers Eusebius Mandyczewski: „Im 5. Satz machte der Komponist den Versuch, das erste der Oboe zugeteilte Solo eine Oktave tiefer dem Fagott zu geben, stand aber bald davon wieder ab. Denn von dieser in der Handschrift bemerkbaren Veränderung weiß die erste Ausgabe nichts."[1] Tatsächlich ist im Autograph das Oboensolo in den Takten 4–7 im zweiten Notensystem kräftig durchgestrichen, während im vierten Notensystem das Fagott nun die größtenteils gleiche Phrase zu spielen hat, die mit „Solo p dolce" bezeichnet und im Tenorschlüssel notiert ist (siehe Abbildung 1).

---

[1] *Ein deutsches Requiem nach Worten der heil. Schrift*, in *Johannes Brahms: Sämtliche Werke. Ausgabe der Gesellschaft der Musikfreunde in Wien*, hrsg. von Eusebius Mandyczewski und Hans Gàl, Bd. 17, Leipzig, Breitkopf & Härtel, 1926–27. Nachdruck mit englischer Übersetzung des redaktionellen Kommentars und Textes (New York, Dover Publications, 1987), xii.

Abb. 1: Erste Seite des Partiturautographs von Brahms' „Ihr habt nun Traurigkeit",
5. Satz aus *Ein deutsches Requiem*,
Archiv der Gesellschaft der Musikfreunde in Wien.
Abbildung mit freundlicher Genehmigung.

Als das Werk schließlich für die Veröffentlichung druckfertig gemacht wurde, war das Oboensolo unter rätselhaften Umständen wiederhergestellt worden. Mandyczewski konnte dieses Rätsel seinerzeit nicht aufklären; ihm war lediglich das Manuskript bekannt, das als Stichvorlage diente und sich im Archiv der Gesellschaft der Musikfreunde in Wien befand. Darüber hinaus waren nicht nur die Korrekturabzüge verschwunden, sondern auch die Orchesterstimmen, die bei der Probeaufführung des 5. Satzes verwendet worden waren. Mandyczewski hatte Zugang zur Korrespondenz zwischen Brahms und dem Schweizer Herausgeber des *Deutschen Requiems* Jakob Melchior Rieter-Biedermann, die jedoch in dieser Hinsicht wenig aufschlussreich war.[2] Doch in der Sächsischen Landesbibliothek in Dresden wartete 1990 ein Brief auf seine Entdeckung, der zwar weder Ort noch Datum enthielt, aber zweifelsfrei in Brahms' Handschrift verfasst worden war und die eigenartige Signatur „J. B. sen. u. jun." trug, die in Abbildung 2 zu sehen ist.[3] Es handelt sich hierbei um einen von mehreren unveröffentlichten Briefen, die ich bei der Suche nach möglichen Briefen für die von mir geplante englischsprachige Ausgabe Brahms'scher Briefe gefunden hatte, und es war die Unterschrift, die zunächst meine Aufmerksamkeit erregte (siehe Abbildung 2a u. 2b). Hier war bestimmt eine ‚Story' zu finden. Erst später wurde mir klar, dass sich der Brief mit dem 5. Satz aus Brahms' *Deutschem Requiem* befasste, was mit noch größerer Sicherheit bedeutete, dass hier noch eine zweite ‚Story' zu finden war. Die Unterschrift gab Aufschluss über die Datierung des Briefes, konnte sie doch nur bei einem der beiden Sommerurlaube geschrieben worden sein, die Brahms mit seinem Vater verbrachte. Dass in dem Brief das *Deutsche Requiem* erwähnt wird, beschränkte die Entstehung auf Brahms' Aufenthalt in der Schweiz im September 1868, und zwar aus Gründen, die im Folgenden dargestellt werden sollen. So soll dieser Aufsatz zwei Geschichten erzählen: eine, die ergänzt, was wir bisher über die Entstehungsgeschichte des *Deutschen Requiems* wissen, die andere, die eine bisher wenig bekannte Seite von Johannes Brahms enthüllt: die tiefe Zuneigung gegenüber seinem Vater Johann Jakob. Doch wenden wir uns zunächst der Musik zu.

---

[2] *Johannes Brahms im Briefwechsel mit Breitkopf & Härtel, Bart[h]olf Senff, J. Rieter-Biedermann, C.F. Peters, E.W. Fritzsch und Robert Lienau*, hrsg. von Wilhelm Altmann, Berlin 1920 (= Briefwechsel Bd. 14). Das *Deutsche Requiem* wird in erster Linie in den Briefen Nr. 130–140, 149, und 157, siehe S. 152–166, 176–177 und 184–186, diskutiert.

[3] Im Besitz der Sächsischen Landesbibliothek Dresden, Signatur: Msc:. Dresd. App 722,9.

Abb. 2a: Brief von Brahms an Rieter-Biedermann, S. 1
Sächsische Landesbibliothek Dresden, Msc: Dresd. App 722,9.

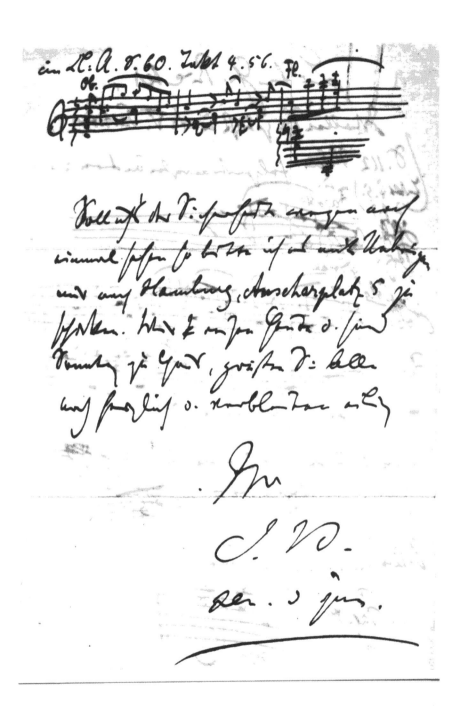

Abb. 2b Brief von Brahms an Rieter-Biedermann, S. 2
Sächsische Landesbibliothek Dresden, Msc: Dresd. App 722,9.

Vielfältige Informationen zur Veröffentlichungsgeschichte des Deutschen Requiems finden sich in Brahms' Korrespondenz mit Rieter-Biedermann, die am 24. Mai 1868 im Anschluss an die erste, von Brahms selbst geleitete Aufführung des damals 6-sätzigen Werkes im Bremer Dom am 10. April beginnt. Die Korrespondenz wird in zwölf weiteren Briefen bis zum 13. November desselben Jahres fortgeführt, als Partitur, Chor- und Orchesterstimmen veröffentlicht wurden; zudem existieren einige Briefe aus den folgenden beiden Jahren.[4] Der größte Teil der Korrespondenz, die der Veröffentlichung voranging, beschäftigt sich mit dem hinzugefügten 5. Satz „Ihr habt nun Traurigkeit", der Ende Mai 1868 in Hamburg komponiert wurde und somit bei den Aufführungs-Erprobungen fehlte, die für Brahms stets eine entscheidende Rolle spielten, bevor er ein Werk zur Veröffentlichung freigab.[5]

So reichhaltig die veröffentlichte Korrespondenz mit Rieter-Biedermann ist, enthält sie doch nur einen – und zudem kaum erkennbaren Hinweis – darauf, dass ein Brief fehlt: Am 27. September 1868, nachdem er gerade die neueste Revision der Korrekturfahnen des 5. Satzes erhalten hatte, schrieb Brahms: „Für Nr. 5 muß ich Sie sehr ersuchen, meine zwei Briefe anzusehen. Es ist ja überhaupt manches früher Angezeichnete gar nicht korrigiert!"[6] Doch zu diesem Zeitpunkt gibt es in der überlieferten Korrespondenz lediglich einen Brief, der sich mit der Revision des fünften Satzes beschäftigt, nämlich den vom 21. September, in dem Brahms einige zusätzliche Korrekturen schickte und unter anderem die Verfeinerung der dynamischen Angaben des Holzbläser am Ende des 5. Satzes erbat (was sicher ein Resultat der zuvor gehörten Probeaufführung war).

Um nun die Geschichte zu erzählen, wie das *Deutsche Requiem* seine endgültige Form erlangte, müssen wir zum 24. Mai zurückgehen, als Brahms die Chor- und Orchesterstimmen für die Sätze 1–4, 6 und 7 an Rieter sand-

---

[4] All diese Briefe sind ebd. zu finden, mit zwei Ausnahmen: einem unveröffentlichten Brief, datiert auf [Bonn] August 1868, der sich im Besitz der Pierpont Morgan Bibliothek befindet, MFC B8135.R563, nach einer Eintragung in Rieter-Biedermanns Handschrift zu datieren auf den 31. August 1868, im Folgenden MFC 8/68; sowie dem unveröffentlichten Brief, der im Mittelpunkt dieses Aufsatzes steht.

[5] Siehe Margit McCorkle, „The Role of Trial Performances" in *Brahms Studies: Analytical and Historical Perspectives*, hrsg. von George S. Bozarth, Oxford 1990, S. 295–328. Zusätzlich zur Aufführung vom 10. April konnte Brahms die originalen sechs Sätze des Werkes als Hörer evaluieren, als der Dirigent Karl Reinthaler sie am 28. April 1868 erneut in Bremen zur Aufführung brachte.

[6] *Johannes Brahms im Briefwechsel mit Breitkopf & Härtel, Bart[h]olf Senff J. Rieter-Biedermann, C.F. Peters, E.W. Fritzsch und Robert Lienau*, S. 163.

te. An diesem Punkt ist es nicht möglich, mit Sicherheit zu sagen, ob das obligate Solo im 5. Satz der Oboe oder dem Fagott zugewiesen war.

> „Lieber Herr Rieter. Ich nehme eine neue Feder, um Ihnen zu schreiben, daß ich das ‚Requiem' schicke... Ich schicke die Stimmen gut korrigiert. Die Partitur und den Klavier-Auszug [sende ich] von Köln aus, wohin ich zu Pfingsten gehe, Sie vielleicht auch sehe? Es ist nun eine 7. Nummer hinzugekommen, Nr 5, Sopransolo mit 16 Takt Chor etwa. Diese werde ich überhaupt erst später schicken, da ich sie erst ausschreiben lassen muß und einen Ort suchen, wo ich sie für Geld und gute Worte mir vorspielen lassen kann. Deshalb notiere ich, daß sie in meiner Partitur 17 und im Klavier-Auszug 6 Seiten lang ist; also können Sie sich danach einrichten."[7]

Am 13. Juni wurde die vollständige Partitur und der Klavierauszug des kompletten Werkes, die beide auch den neu hinzugekommenen 5. Satz enthielten, sowie die Chor- und Orchesterstimmen des 5. Satzes Rieter zugesandt. Die vollständige Partitur stammte von Brahms' eigener Hand, der Klavierauszug von der Hand eines Kopisten – mit Ausnahme des 5. Satzes, der ebenfalls von Brahms selbst geschrieben war. Brahms hatte dieses Manuskript in seinem Brief vom 24. Mai bereits detailliert beschrieben, indem er Rieter nicht nur die Anzahl der vorhandenen Seiten mitteilte, sondern ihn auch darauf hinwies, dass die drei oberen Vokalstimmen im C-Schlüssel notiert worden waren. Diese Details sind wichtig, da es verwirrenderweise zwei Autographe des 5. Satzes gibt: eines, das Brahms seinem Verleger zusandte und eine eigenhändige Abschrift, die er Clara Schumann schenkte. Das Faksimile dieses Zweitautographs wurde von Franz Grasberger veröffentlicht, der es fälschlicherweise als erste Version bezeichnete; es umfasst sieben Seiten, wobei die Gesangsstimmen im Violinschlüssel notiert sind.[8]

---

[7] Ebd., S. 152. Während der Pfingstferien Anfang Juni besuchte Brahms das jährliche Niederrheinische Musikfest, das sein 50-jähriges Bestehen feierte. Dies ist auch der Brief, in dem sich Brahms bei Rieter bedauernd über die Menge an Stiefeln beklagte, die er in Winterthur und Baden bei dem Versuch durchgelaufen hatte, den berüchtigten Orgelpunkt am Schluss des 3. Satzes zu finden.

[8] Franz Grasberger, „Ihr habt nun Traurigkeit": 5. Satz aus dem Deutschen Requiem, Faksimile der ersten Niederschrift, Tutzing 1968. Beide Autographe werden diskutiert in Friedrich G. Zeileis, „Two Manuscript Sources of Brahms's German Requiem", in: Music and Letters 60/2 (Apr. 1979), S. 149–155. Deutsche Version: „Ein deutsches Requiem von Johannes Brahms: Bemerkungen zur Quellenlage des Klavierauszuges", in: Festschrift Rudolf Elvers zum 60. Geburtstag, hrsg. von Ernst Herttrich und Hans Schneider, Tutzing 1985, S. 535–540. Clara Schumann sandte Brahms am 24. Juni 1868 einen verspäteten Dank für den 5. Satz. Ihr Brief lässt den Schluss zu, dass Brahms ihn etwa zu der Zeit geschickt hatte, als er nach Köln abreiste – mit anderen Worten zur gleichen

Die Details aus Brahms' Brief vom 24. Mai lassen keinen Zweifel zu, welches Autograph Rieter erhielt. Daher ist es klar, dass spätestens Anfang Juni das Fagott von Brahms ausgewählt wurde, um die Sopranstimme der Takte 4–7 zu begleiten, wenn diese ihr Solo beginnt, da sich dies deutlich in der Partitur zeigt und auch im Klavierauszug anhand der Oktavlage der Noten und der Ausrichtung der Notenhälse entsprechend angelegt ist (siehe Abbildung 3 im Vergleich zu Abbildung 1).

Abb. 3: Brahms, „Ihr habt nun Traurigkeit", 5. Satz aus *Ein deutsches Requiem*, erste Seite des autographen Klavierauszuges dieses Satzes, Brahms-Institut an der Musikhochschule Lübeck

In seinem Brief vom 13. Juni informierte Brahms Rieter zudem darüber, dass es ihm nicht gelungen war, eine Probeaufführung bei seinen Dirigenten-Freunden in Oldenburg oder Karlsruhe zu arrangieren. Dennoch bat er seinen Herausgeber, die Partitur, die Orchester- und Chorstimmen sowie

---

Zeit, als er das andere Autograph an Rieter sandte. Vgl. *Clara Schumann – Johannes Brahms: Briefe aus den Jahren 1853–1896*, hrsg. von Berthold Litzmann, Leipzig 1927, Bd. 1, S. 583.

einen Klavierauszug (der eventuell von der Solistin verwendet werden sollte?) für den Fall schnellstmöglich anzufertigen, dass er mit seinen Bemühungen doch noch erfolgreich sein sollte. Rieter kam dieser Bitte nach, indem er „Eilt sehr" auf die Titelseiten der für den Stecher vorgesehenen Kopien der Partitur und des Klavierauszuges schrieb. Zudem schrieb jemand anders als Rieter auf die Titelseite, dass die Nummer 5 des Werkes zuerst gestochen werden solle. Brahms hatte die Idee der Probeaufführung auch zwei Wochen später noch nicht verworfen, als er aus Bonn, wohin er nach dem Kölner Musikfest gereist war und wo er bis Anfang September zu bleiben gedachte, erneut an Rieter schrieb: „Wenn ich nur wüßte, wo ich zur Sommerszeit Nr 5 probieren kann."[9]

Am 9. August erwartete Brahms bereits die vorläufigen Korrekturfahnen des *Deutschen Requiems*. Er bat Rieter, ihm zwei Exemplare „in spielbarem Zustand" zur Verfügung zu stellen, d. h. doppelseitig gedruckt und gebunden – für den Gebrauch bei der Vorbereitung der Orgelstimme und eines vierhändigen Klavierauszuges, ein sicheres Indiz dafür, dass das Werk bis dahin tatsächlich als Korrekturfahne vorlag;[10] am darauffolgenden Tag schrieb er, in einer Art Postscriptum: „Allerdings bitte ich Nr 5 [des *Deutschen Requiems*] hierher [nach Bonn] zu schicken".[11] Einige Zeit später informierte Brahms ihn in einem bisher unveröffentlichten Brief: „Ich schicke Ihnen der Tage von Satz 1 u. 5 die Correktur u. auch die Orgelstimme./ Darf ich Sie sehr bitten statt der römischen Ziffern über den Sätzen, wie im M[anu]script No. 1 etc. zu setzen u. die ersten Textworte. Diese—doch es muß Ihnen nothwendig auch besser gefallen als die nackte Zahl."[12] Rieter erfüllte Brahms' Bitte jedoch nicht, sondern verwendete weiterhin nur römische Zahlzeichen. Eins ist sicher: Nach einiger Zeit hatte Brahms im Laufe der zweiten Augusthälfte die erbetenen Materialien erhalten, und Ende August konnte er die korrigierten Fahnen des 5. Satzes an den Verleger zurücksenden.

Sehr wahrscheinlich war es Rieter, dem es gelang, in Zürich eine private Aufführung des 5. Satzes mit einem kleinen, aber vollständigen Orchester

---

[9] *Johannes Brahms im Briefwechsel mit Breitkopf & Härtel, Bart[h]olf Senff, J. Rieter-Biedermann, C.F. Peters, E.W. Fritzsch und Robert Lienau*, S. 157. Der Brief ist datiert „[Bonn 26.] Juni 68".

[10] Ebd., 159.

[11] Ebd., 161.

[12] MFC8/68 (siehe Fußnote 3), datiert von Brahms auf [Bonn] Aug. 68, und von Rieter als am 31. August 1868 versendet notiert. Diese Datierungen stimmen mit Brahms' Bezugnahme auf den bevorstehenden Besuch seines Vaters überein.

und einem „sehr hohen Sopran",[13] wie Brahms ihn erbeten hatte, zu organisieren. Daher leitete am 17. September 1868 Friedrich Hegar, der Dirigent des Chores und Orchesters der Zürcher Tonhallegesellschaft, ein Kammerorchester und die Sopranistin Ida Suter-Weber bei der Aufführung von „Ihr habt nun Traurigkeit", die aus den kurz zuvor gedruckten Korrekturfahnen gespielt wurde. Dies ist ein entscheidender Punkt in der Geschichte, denn Max Kalbeck gibt an, dass die Aufführung aus dem Manuskript stattfand; eine Aussage, die Margit McCorkle in ihrem Brahms-Werkverzeichnis übernommen hat. In ihrem späteren Artikel „The Role of Trial Performances" (siehe Fußnote 4) revidierte sie dies, da sie inzwischen Brahms' unveröffentlichten Brief von Ende August entdeckt hatte.[14] Mittlerweile liegen sogar noch bessere Indizien dafür vor, dass die Probeaufführung auf Grundlage der Korrekturfahnen stattfand. In den Jahrzehnten nach Mandyczewskis Edition ist eins der beiden Exemplare dieser vorläufigen Korrekturfahnen des kompletten Werkes, die Rieter auf Brahms' Bitte vom 9. August hin angefertigt hatte, wieder aufgetaucht und befindet sich jetzt im Brahms-Institut an der Musikhochschule Lübeck. Auf der ersten Seite des 5. Satzes ist nun durch unauffällige, aber deutliche Bleistiftkorrektur das obligate Bläser-Solo der Takten 4–7 wieder der Oboe zugeordnet und die entsprechende Fagottpassage leicht durchgestrichen (siehe Abbildung 4). Dass Brahms selbst diese Änderung vorgenommen hat, wurde von Michael Struck und Kurt Hofmann auf der Internationalen Brahms-Konferenz in Nottingham im Juli 1997 bestätigt, auf der ich einen Vortrag über meine Entdeckung des Dresdner Briefes hielt (Abbildung 2).

---

[13] *Johannes Brahms im Briefwechsel mit Breitkopf & Härtel, Bart[h]olf Senff, J. Rieter-Biedermann, C.F. Peters, E.W. Fritzsch und Robert Lienau*, S.158.

[14] Es gab einige unnötige Verwirrung darüber, ob die Aufführung des 5. Satzes im September 1868 in Zürich anhand von Manuskripten oder mit einem gestochenen Satz von Partitur und Einzelstimmen stattfand, da McCorkle nicht nur Kalbeck, sondern zusätzlich Klaus Blum als Quellen zitiert. (Margit McCorkle, *Johannes Brahms: Thematisch-Bibliographisches Werkverzeichnis*, München 1984, S. 172.) Doch Blum bezieht sich auf Brahms' Brief an Karl Reinthaler vom August 1868, der von Brahms' Erhalt der gestochenen Partitur und der Einzelstimmen des fünften Satzes von Rieter-Biedermann berichtet und der sein Bestreben ausdrückt, sie für eine Probeaufführung zu verwenden. Siehe Klaus Blum, *Hundert Jahre Ein deutsches Requiem von Johannes Brahms: Entstehung, Uraufführung, Interpretation, Würdigung*, Tutzing 1971, S. 76–77, und *Johannes Brahms im Briefwechsel mit Karl Reinthaler, Max Bruch, Hermann Deiters, Friedr. Heimsoeth, Karl Reinecke, Ernst Rudorff, Bernhard und Luise Scholz*, hrsg. von Wilhelm Altmann, Berlin 1908 (= Briefwechsel Bd. 3), S. 22–23. Siehe auch Max Kalbeck, *Johannes Brahms*, Berlin 1912–1921, Reprint Tutzing 1976, Bd. 2, S. 272.

Abb. 4: Vorläufige Korrekturfahne der Eröffnung des 5. Satzes, Brahms-Institut an der Musikhochschule Lübeck

Man kann nun Vermutungen darüber anstellen, warum diese Passage Brahms so nachhaltig beschäftigte. Der Satz steht in einer A-B-A-Form und enthält in den Takten 49–51 der Reprise eine Parallele zu den Anfangstakten 4–7. In der Reprise spielt ein Solocello die Melodie des Soprans mit, während die Oboe eine Oktave höher die Gegenstimme spielt. Angesichts seiner Vorliebe für Variationen liegt die Vermutung nahe, dass Brahms gehofft hatte, das Stück in umgekehrter kontrapunktischer Relation zu beginnen, d. h. mit der Eingangsmelodie, die von einem Sopran eine Oktave über der Gegenstimme eines Fagotts gesungen werden sollte. Doch der praktische Musiker in ihm war davon offensichtlich nicht vollkommen überzeugt. Nachdem er seine Zweifel in Zürich bestätigt sah, nahm er in letzter Minute die entsprechende Änderung vor und informierte Rieter in seinem zweiseitigen Brief, der sich heute in Dresden befindet, darüber. Indem er Rieter um diese Änderung ersuchte, verwies er auf die korrekte Seite der Korrekturfahne, nämlich S. 112, so dass wir sichergehen können, dass diese ihm vorlag. Nun gab es, wie wir aus dem Brief von Brahms an Rieter vom 9. August wissen, zwei Exemplare der vorläufigen Korrekturfahnen. Eines davon hatte Rieter Anfang September zurückerhalten, um es bei der Drucklegung verwenden zu können. Das andere, das wir auch weiterhin als vorläufige Korrekturfahne bezeichnen können, verblieb bei Brahms, der es für seine eigenen Zwecke verwendete und schließlich einem Wiener Freund schenkte. Eine Seite dieses zweiten Exemplars ist in Abbildung 4 zu sehen. Der Dresdner Brief kann nun, aus Gründen, die im Folgenden aufgezeigt werden, zweifelsfrei auf den 18. September 1868 datiert werden – ein Datum, das zeigt, dass er als Reaktion der am Vortag von Brahms gehörten privaten Aufführung in Zürich geschrieben worden war und das die eindeutige Erklärung dafür liefert, wie die Oboe ihr obligates Solo zurückerhielt.

[S.1] „Lieber Herr Rieter,
   Wollen Sie gütigst in No. V. Partitur S. 112 Hoboen [darunter:] u. [darunter] Fagotte [oben weiter:] folgendermaßen ändern:
   [ein Notensystem mit Beginn der Oboenpartie wieder gestrichen]
   Kein Tenorschlüssel.[15] [Hier demonstriert Brahms auf drei Notensystemen seine Vorstellungen.]
   Seite 121. Takt 1.Viol. 1 vorletzte Note g fehlt das [Auflösungszeichen]
   S. 124 vorletzter u. letzter Takt: [Änderung der Fagotte].

---

[15] Sowohl für das Cello als auch für das Fagott kennzeichnen Passagen, die im Tenorschlüssel notiert werden, für gewöhnlich ihre Rolle als Soloinstrument, wenn die Noten sonst ebenso gut im Bassschlüssel gelesen werden könnten.

[S. 2] Im Cl[avier]-A[uszug] S. 60. Takt 4. 56. [Notenbeispiel] Soll ich's der Sicherheit wegen noch einmal sehen so bitte ich es mit Uebrigem mir nach Hamburg, Anscharplatz 5 zu schicken. Wir reisen Heute u. sind Sonntag [20. September] zu Haus, grüßen Sie Alle noch herzlich u. verbleiben eilig

Ihr
J. B.
sen. u jun."

Das „wir", das Brahms im Brief verwendet, ist nicht als ‚Pluralis Majestatis' zu werten, sondern bezieht sich auf ihn und seinen Vater, der ihn während der gesamten Zeit begleitet hatte. Einzig ungeklärt bleibt nur noch das Entstehungsdatum des Dresdner Briefes. Dies ist nun der Zeitpunkt, an dem ein wenig Biographie ins Spiel kommt:

Brahms verbrachte den größten Teil des Sommers 1868 in Bonn, wo er die Korrekturfahnen des *Deutschen Requiems* und mehrerer Liedersammlungen (Opp. 43 und 46–49, einschließlich des berühmten *Wiegenliedes*) korrigierte. Aus seinen Briefen geht hervor, dass er nicht vorhatte, den gesamten Sommer in Bonn zu verbringen, sondern auf der Suche nach einem geeigneten Ort für eine Probeaufführung der bisher noch nicht gehörten Ergänzung des *Deutschen Requiems* war. Irgendwann jedoch beschloss er, seinen Vater Johann Jakob einzuladen, mit ihm Urlaub zu machen – als Fortsetzung ihrer Reise in die österreichischen Alpen im Jahr zuvor. Nach jener Reise 1867 hatte Brahms an Joseph Joachim erfreut über die Gesellschaft seines Vaters geschrieben: „meine Seele ist doch erfrischt wie der Körper nach einem Bade; davon hat der gute Vater keine Ahnung, wie wohl er mir getan hat."[16] Und an seinen Vater schrieb er: „Vater, wirst Du mir denn im nächsten Jahre wieder einige Wochen schenken? Das wäre das Einzige, worauf ich mich freuen würde. Viel praktischer würde ich alles einrichten, daß Du es bequemer hättest und doch recht viel Schönes siehst."[17]

Im Sommer 1868 plante Brahms nun wie versprochen einen weiteren gemeinsamen Urlaub. Bereits Anfang Juli hatte er seinem Vater geschrieben: „[…] vielleicht macht sich's, daß wir zum Herbst noch ein wenig zusammen spazieren."[18] Am 20. August drängte er Johann Jakob, nach Bonn zu kommen und gemeinsam mit ihm am Rhein zu bummeln. „Richte Dich

---

[16] *Johannes Brahms im Briefwechsel mit Joseph Joachim*, hrsg. von Andreas Moser, Berlin 1905, Reprint Tutzing 1974, Bd. 2, S. 46.

[17] Vgl. *Brahms in seiner Familie*, hrsg. von Kurt Stephenson, Hamburg 1973, S. 139. Der Brief ist datiert auf den 11. Oktober 1867.

[18] Ebd., S. 146.

jetzt etwas darauf ein, daß Du einen praktischen (doch guten) Gehrock und einen (nicht zu schweren) Überrock hast, gute Stiefel, keine weiße Hose und Weste."[19] Die Möglichkeit einer Probeaufführung des 5. Requiem-Satzes in Oldenburg hatte Brahms nach wie vor noch nicht aufgegeben. Für den Fall, dass diese tatsächlich stattfinden könne, würde er, wie er seinem Vater schrieb, mit ihm stattdessen in den Harz reisen. Kurze Zeit später schrieb er erneut: „Nun bitte ich nochmal, daß Du gleich schreibst und auch recht gleich kommst! [...] Ich denke, Du bist in 14 Tagen wieder zu Haus... Ich kann Dich in Köln erwarten."[20] (Tatsächlich kam Johann Jakob direkt nach Bonn.) Brahms fügte hinzu, dass er derzeit sehr beschäftigt mit den Korrekturfahnen sei und nicht wisse, wohin er als nächstes gehen müsse.

Am 26. August informierte Johann Jakob seinen Sohn darüber, dass er vorhatte, Hamburg am 2. September zu verlassen. Einen oder zwei Tage später antwortete Brahms, dass günstige Reisen in die Schweiz vom 2. bis zum 5. September zur Verfügung stünden.

Brahms' Brief an Rieter MFC8/68 (siehe Fußnote 3) enthält die gleichen Reiseinformationen:

> „Ich erwarte am 2te[n] Sept. hier m. Vater u. denke mit diesem den Vergnügungs-Zug in die Schweiz zu benutzen. Dieser geht von Mainz spätestens den 5te[n] ab – nun frage ich natürlich ob wir uns nicht sehen können? ... Dürfen wir Sie vor- oder nachher besuchen u. m. Vater den Rheinfall zeigen? Jedenfalls freue ich mich sehr daß dieser billige Zug mir noch ein kleiner Anlaß mehr ist den Schanzengarten [Rieters Wohnsitz in Winterthur] zu sehen. Kann ich denn hier bis zum 3te[n] (4te[n]?) noch von Ihnen hören? ... Lassen Sie mich wenn möglich telegrafisch od. brieflich erfahren ob Sie zu Haus sind u. eventuell mit nach Luzern oder Interlaken fahren."

Dies ist derselbe Brief, der auch die Information enthält, dass Brahms Rieter in Kürze die Korrekturfahnen der Sätze 1 und 5 zusenden werde. Als Vater und Sohn am 4. September ihre Ferien begannen, hatte Brahms daher ein Exemplar der vorläufigen Korrekturfahnen bei sich, das andere hatte er an Rieter zurückgesandt. Zu diesem Zeitpunkt hatte das Fagott in den Takten 4–7 nach wie vor die Rolle des obligaten Soloinstrumentes inne. Nach derzeitigem Kenntnisstand war die Probeaufführung in Zürich damals noch nicht vereinbart worden. Brahms wollte seinem Vater die Schönheit des Rheins und die Pracht des Berner Oberlandes zeigen. Für ihn selbst bot die Reise, wie sich herausstellte, die Möglichkeit, das Alp-

---

[19] Ebd., S. 148.
[20] Ebd., S. 149.

horn-Thema, das er Clara als Geburtstagsgruß zusandte und außerdem acht Jahre später in der 1. Symphonie verwendete, zu hören und niederzuschreiben – oder möglicherweise selbst zu komponieren.

Während der Reise führte Johann Jakob ein kleines Reisetagebuch mit Orts- und Datumsangaben, das ihre Reiseroute genau beschrieb und die Aufgabe, die Briefe aus dieser Zeit zu datieren, maßgeblich erleichtert. Rieter-Biedermann und seine Familie stellten ihre anhaltende Freundschaft mit Brahms unter Beweis, indem sie ihn und seinen Vater in ihrem Sommerhaus, einer Alphütte auf Selisberg, der hügeligen Halbinsel, die in den Vierwaldstätter See hineinragt, beherbergten. „Selisberg, 10. September," schrieb Johann Jakob an seine Frau: „Drei Tage leben wir schon hier, die schönste Gegend der Schweiz zu wohnen. Morgens, wenn wir die Augen aufmachen, dann sehen wir gegen die Berge, wo die Tellsche [Geschichte] passiert ist, wo er den Landvogt Gessler erschossen hat." Sein Reisetagebuch hält fest: „Mont[ag] nach Selisberg. Da sind wir 3 Tage geblieben mit Rieter-Biedermann."[21] Johann Jakob setzt seinen kurzen Bericht fort und erwähnt unter anderem den großen Wasserfall in Meiringen, einen Ausritt zum Eisgletscher nach Rosenlani, der um 5 Uhr morgens begann, die großen Berner Berge – Jungfrau, Mönch, Eiger –, eine Nacht in Grindelwald und eine weitere in Wengernalp, Lauterbrunnen und die Staubbach-Wasserfälle sowie schließlich, am 15. September, die Ankunft in Zürich, „wo wir 3 Tage sehr hübsch zugebracht haben, zusammen mit [Theodor] Kirchner, [Friedrich] Hegar und Bruder [Emil]." Am 16. unternahmen sie einen Ausflug nach Winterthur und kehrten anschließend nach Zürich zurück, wo am nächsten Tag „die 5. Nummer von seinem [Brahms'] Requiem probiert [wurde], sehr gut.— Den 18. zurück nach Basel, wo wir von

---

[21] Für eine Übertragung des Tagebuches siehe Peter Sulzer, *Die Fünfte Schweizerreise von Johannes Brahms*, Winterthur 1971–1972, S. 10, und Stephenson, *Brahms in seiner Familie*, S. 151. Stephenson hat in seiner Übertragung die Rechtschreibung und den Sprachgebrauch von Brahms' Vater verbessert, Sulzer hingegen übernahm das Tagebuch unverändert – charmant, geistreich und aufschlussreich. Für den Brief siehe Stephenson, *Brahms in seiner Familie*, S. 152. Kalbeck schrieb fälschlicherweise, dass die Reise ins Berner Oberland im Anschluss an die Probeaufführung des 5. Satzes in Zürich stattfand (Kalbeck, *Johannes Brahms,* Bd. 2, S. 275). Er vermischte zudem die Reise in die Schweizer Alpen mit der Vorjahresreise in die Österreichischen Alpen (1867). Bei der Reise im Jahr 1868 traf Johann Jakob seinen Sohn in Bonn, nicht in Heidelberg, einer Stadt, die Brahms Senior am Ende der gemeinsamen Reise im vorangegangenen Jahr eigenständig besucht hatte. Zu Kalbecks Verteidigung muss man sagen, dass er Johann Jakobs Reisetagebuch nicht kannte, das dessen Ankunft in Bonn am Mittwoch, den 2. September bestätigt, einige Besuchstage am Rhein zusammenfasst und ihre Ankunft in Selisberg datiert.

Freunden Johannes' [Friedrich und Margarethe Riggenbach-Stehlin] empfangen wurden. Übernachtet. Und so über Colmar zu Hause Hamburg."

Im Gegensatz zu seinem Sohn datierte Johann Jakob Brahms seine Briefe. Als er sich anschickte, nach Hause zurückzukehren, schrieb er an seine Frau. Datiert auf den 18. September 1868 und vor der Abreise nach Basel in Zürich verfasst, enthält der Brief einen kurzen Bericht über ihre Abenteuer und wiederholt, was sich bereits in dem kleinen Reisetagebuch findet. Er enthält zudem ein Postscriptum von Johannes Brahms, das besagt: „Einige Tage waren wir jetzt in Zürich und fahren heute ab, um wie gesagt am Sonntag zwischen vier und fünf Uhr, möglicherweise um 8–9 bei Euch zu sein." Und er unterschrieb den Brief in ihrer beider Namen mit „Herzliche Grüße von J. B. sen. u. jun."[22]

In all den tausenden von Briefen, die Brahms zeit seines Lebens verfasste, findet sich eine derartige Unterschrift lediglich ein einziges weiteres Mal, nämlich am Ende des Dresdner Briefes an Rieter. Dort ist seine Unterschrift kühn und schwungvoll; die kurze Grußformel bringt die Auswirkungen der angenehmen Zeit zum Ausdruck, die sie mit den Rieters verbracht hatten, und die Freude, Zuneigung, das Vergnügen und den Stolz, den Brahms auf der gemeinsamen Reise erlebte. Und da beide Briefe sinngemäß die gleiche Phrase enthalten: „Wir reisen heute [ab]", steht fest, dass sie beide am Freitag, den 18. geschrieben wurden – innerhalb von 24 Stunden nach der Probeaufführung – und dass Brahms' Entscheidung, die Orchestrierung des Beginns des 5. Satzes wieder in ihre ursprüngliche Form zu bringen, direkt daraus resultierte, dass er diesen Satz zuvor klanglich erprobt hatte. Nach dieser Datierung reiht sich Brahms' Dresdner Brief in Band 14 seiner Korrespondenz zwischen den Nummern 135 und 136 ein.

Zwei weitere Fragen bleiben noch offen. Warum trug Brahms den Wechsel der Instrumente in die vorläufige Korrekturfahne, die er für sich selbst behalten hatte, ein, nicht aber in die Materialien, die Hegar im Rahmen der Aufführung nutzte? Tatsächlich liegen uns keine Informationen darüber vor, in welcher Verfassung sich die Korrekturfahnen befanden, die Hegar und das Orchester verwendeten, da sie verschwunden sind. Es ist unwahrscheinlich, dass Brahms selbst sie nach der Aufführung überarbeitete. Wahrscheinlicher ist, dass es Hegars Aufgabe war, sie Rieter erneut zukommen zu lassen, da Brahms am nächsten Tag abreiste. In jedem Fall steht fest, dass die Materialien, die bei der Zürcher Aufführung verwendet

---

[22] Eine gekürzte Version dieses Briefes findet sich bei Stephenson, *Brahms in seiner Familie*, S. 152. Mein besonderer Dank gilt Jürgen Neubacher und der Staats- und Universitätsbibliothek Hamburg Carl von Ossietzky für die Bereitstellung einer Kopie des gesamten Briefes, Signatur BRA: Bal: 36 (J.J. Brahms).

wurden, die von Brahms gewünschten Änderungen noch nicht enthielten, da er andernfalls den Dresdner Brief nicht hätte verfassen müssen. Nach meiner Vorstellung saß Brahms im Konzertsaal mit seinen vorläufigen Korrekturfahnen, hörte sich die Eröffnungspassage an und trug die Änderungen, von denen er nun überzeugt war, mit Bleistift ein. Auf der anderen Seite ist es erwähnenswert, dass die anderen Änderungen, die Brahms im Dresdner Brief erbat, ebenso wie die Änderungen, die er in seinem folgenden Brief an Rieter vom 21. September[23] beschrieb, nicht in seine vorläufigen Korrekturfahne eingetragen wurden. Dies ist ein sicheres Indiz dafür, dass es sich hierbei nicht um die Materialien handelte, die für den endgültigen Überarbeitungsprozess verwendet wurden. Sie geben jedoch den Zustand wieder, in dem sich „Ihr habt nun Traurigkeit" Anfang September 1868 befand, als Brahms die Korrekturfahnen zu Rieter zurücksandte.

Warum korrigierte Brahms nicht das Partiturautograph, sondern ließ dieses in seiner verwirrenden damaligen Form? Der Grund hierfür ist sehr einfach. Brahms sah sein Autograph während der folgenden zwei Jahre nicht wieder und erhielt es auch erst auf mehrere Nachfragen hin von Rieter zurück. Das *Deutsche Requiem* erschien im November 1868; Brahms bat Rieter am 3. April 1869 um die Rücksendung und erneut am 12. Februar 1870. Schließlich schrieb er ihm am 10. März 1870 sehr entschieden: „Also die Partitur erbitte [ich], wenn Sie sie nicht mehr gebrauchen, zurück."[24]

Dass der Dresdner Brief so exakt datiert werden kann, gibt uns nun Aufschluss darüber, warum Brahms auf Probeaufführungen bestand, bevor er ein Werk zur Veröffentlichung freigab. Der Wechsel vom Fagott zur Oboe stellte die ursprüngliche Klangkonzeption wieder her, nachdem Brahms monatelang mit einer Alternative geliebäugelt hatte. Auch andere wichtige Änderungen nahm Brahms vor, nachdem er den Satz gehört hatte, darunter eine, die den letzten vier Takten des fünften Satzes eine besonderes Klangfarbe verlieh: eine Crescendogabel für das Klarinetten-Pianissimo, das fast unmerklich in eine Crescendogabel des Flöten-Pianissimo übergeht – eine der raffiniertesten und feinsten Passagen in seinem gesamten Werk.

Dank Brahms' Entscheidung, den Urlaub mit seinem Vater zu verbringen und dank Johann Jakobs Vorliebe, ein kleines Reisetagebuch zu führen und seine Briefe zu datieren, fügen sich das rätselhafte Autograph und der undatierte Brief nahtlos zusammen, um einen zusätzlichen Einblick in das

---

[23] Vgl. *Johannes Brahms im Briefwechsel mit Breitkopf & Härtel, Bart[h]olf Senff J. Rieter-Biedermann, C.F. Peters, E.W. Fritzsch und Robert Lienau*, S. 161–162. Dieser Brief folgt chronologisch auf den Dresdner Brief.
[24] Ebd., S. 186.

kompositorische Schaffen von Brahms zu geben und ein bislang ungeklärtes Rätsel in der Geschichte des *Deutschen Requiems* aufzuklären.

Übersetzung: Anna Theresa Struck

* Dieser Aufsatz entstand ursprünglich im Jahr 1993 und wurde später für den Vortrag „Brahms reist in die Schweiz und revidiert sein Requiem" überarbeitet, ein Vortrag, der bei der GNY-AMS 1996 und der Internationalen Brahms Konferenz 1997 in Nottingham gehalten wurde. Mein großer Dank gilt David Brodbeck und Michael Struck für viele darauffolgende fruchtbare Diskussionen, Kurt Hofmann für den Zugang zu wichtigen Dokumenten, die sich zunächst in seinem Besitz befanden, dem Brahms-Institut an der Musikhochschule Lübeck für die Abbildungserlaubnis sowie Josef Eisinger für die Übertragung und Übersetzung des Dresdner Briefes und seine fortgesetzte Bereitschaft, alle Übersetzungsfragen zu beantworten. Herzlicher Dank gilt zudem der Sächsischen Landesbibliothek Dresden für die freundliche Bereitstellung von Fotografien des Briefes und die Erlaubnis, ihn zu veröffentlichen.

KATRIN BOCK, ULRICH TADDAY

Bericht zum Fund der Bremer Fassung des *Triumphliedes* in C-Dur von Johannes Brahms

Abstract. In the Bremen Philharmonic Society archives the complete musical scores of Brahms's *Triumphlied* of the premiere in 1871 up to this point in one movement have been rediscovered. Katrin Bock and Ulrich Tadday of Bremen University have therefore been able to reconstruct the original full score which differs from the well-known 1872 version in many ways. This rediscovery is also of particular importance for another reason inasmuch as a comparison of the two versions now opens up new perspectives for research into Brahms's compositional processes. Up till now this had always been held back due to the lack of sources such as sketches.

Im Februar 1871 schreibt Johannes Brahms an seinen Freund, den Bremer Musikdirektor Karl Martin Reinthaler: „Ich habe eine recht unbezwingliche Sehnsucht nach Deutschland", und übersendet ihm mit diesen Worten einen „ersten Chor von einem *Triumphlied*", das in seiner späteren Form als Opus 55 in das Œuvre Brahms' eingehen sollte.[1] Dem angekündigten Besuch Folge leistend, begann man in Bremen sogleich den Wunsch des Komponisten umzusetzen: Die Chorstimmen wurden autographiert, um den Proben der Bremer Singakademie zur Verfügung zu stehen. Bereits ab dem 6. März 1871 wurde dann der neue Chorsatz geprobt. Zur selben Zeit hatten auch die erneuten Proben zum *Deutschen Requiem* für das alljährliche Karfreitagskonzert im Bremer St. Petri Dom begonnen.[2] Wann hingegen auch die Orchesterstimmen in Bremen eintrafen oder ob dieselben erst persönlich durch Brahms nach Bremen gebracht wurden, ist nicht bekannt.

---

[1] Brief an Karl Reinthaler vom Ende Februar 1871; Johannes Brahms, *Briefwechsel mit Karl Reinthaler, Max Bruch, Hermann Deiters, Friedr. Heimsoeth, Karl Reinecke, Ernst Rudorff, Bernhard und Luise Scholz*, hrsg. von Max Kalbeck, Berlin 1917 (=Briefwechsel Bd. 3), S. 37.

[2] S. Protokoll der Singakademie Bremen. *Protocoll der Singakademie von 1856- --*. Gebunden. Letzter Eintragung April 1944. Bremen, Archiv Bremische Musikgeschichte.

Am 7. April 1871 wurde schließlich „Zum Andenken an die im Krieg Gefallenen" neben dem ersten Satz des *Triumphliedes* erneut das *Deutsche Requiem* und einige Soli aus Grauns *Tod Jesu* und Händels *Messias*, gesungen von der Sopranistin Marie Wilt, aufgeführt. Eine ursprüngliche Ergänzung des Programms durch den Halleluja-Chor aus letztgenanntem Werk hatte schließlich dem neuen Chorsatz als Abschluss des Konzertes weichen müssen. Das Karfreitagskonzert war in Bremen seit der Gründung der Singakademie im Jahr 1815 eine feste Einrichtung, die unmittelbar an die Mitwirkung des Chores gebunden war und durch einen niedrigen Eintrittspreis weiten Teilen der Bevölkerung offenstand. Die Konzerte widmeten sich fast ausschließlich den großen geistlichen und weltlichen Oratorien; der große Zuspruch des Publikums war für Reinthaler besonders auch in seiner Funktion als Städtischer Musikdirektor bedeutsam (siehe unten Abbildung 1, S. 155-157).

Im Notenarchiv der Philharmonischen Gesellschaft Bremen, in dem sich neben zahlreichen Erstdrucken aus der Zeit des Bremer „Privat-Concerts" auch der 1891 übernommene Notenbestand der Singakademie Bremen befindet, konnte nun das bisher unbekannte Aufführungsmaterial der Bremer Uraufführung ausfindig gemacht werden. Es handelt sich dabei um vollständige Abschriften des Streichersatzes (Violine I: 7 Abschriften; Violine II: 7 Abschriften; Viola: 5 Abschriften; Violoncello gemeinsam mit Basso: 8 Abschriften), die Orchesterstimmen der Bläser (jeweils eine Abschrift der Flauto I und II; Oboe I und II; Clarinetto in C I und II; Fagotto I und II; Corno in C I-IV; Tromba in C I-III; Trombone Alt, Tenor und Basso) und das Schlagwerk (Timpani in C und G). Die Instrumentenbezeichnung ist entgegen der späteren Druckversionen noch in italienischer Sprache angegeben (siehe unten Abbildung 2, S. 158).

Darüber hinaus gelang nach weiterer Recherche und erneuter Suche an anderer Stelle auch der Fund der autographierten Chorstimmen: Sie sind als dreiseitig bedruckte Bögen in der Erstausgabe des *Deutschen Requiems* eingebunden, die sich ebenfalls im Besitz des Notenarchivs befindet, und stehen nun ebenfalls in vielfacher Ausgabe der wissenschaftlichen Auswertung zur Verfügung.[3] Teilweise wurden die Chorstimmen mit Bleistiftanmerkungen von unterschiedlicher Hand versehen (siehe unten Abbildung 3, S. 159).

---

[3] Die Chorstimmen sind in der folgenden Ausführung überliefert: Chor I: Sop. (12), Alt (13), Tenor (5), Bass (12); Chor II: Sopran (15), Alt (7), Tenor (4), Bass (11). Darüber hinaus sind eine Stimme Sopran I und zwei Stimmen Alt I separat als gebundene Chorstimme, also nicht im *Deutschen Requiem* eingebunden, erhalten.

**Zum Andenken
an die im Kampfe Gefallenen**

am Charfreitag, den 7. April 1871,

Abends 6½ Uhr,

Aufführung der Singacademie

in der St. Petri Domkirche zu Bremen

unter gütiger Mitwirkung

der Kaiserlich Oesterr. Kammersängerin Frau Wilt aus Wien,
des Kaiserlich Königl. Hofopernsängers Herrn Otto Schelper
aus Berlin, des Harfenvirtuosen Herrn Vitzthum aus Hannover,

sowie des gesammten Concert-Orchesters.

---

1. **Ein deutsches Requiem**

nach Worten der heiligen Schrift

für Soli, Chor und Orchester

componirt von

Johannes Brahms.

I.

Selig sind, die da Leid tragen, denn sie sollen getröstet werden.
Die mit Thränen säen, werden mit Freuden ernten.

Sie gehen hin und weinen und tragen edlen Samen, und kommen mit Freuden und bringen ihre Garben.

Abbildung 1: Programmzettel des Karfreitagskonzerts am 7. April 1871 im Bremer St. Petri Dom. Staatsarchiv Bremen, 7,1014.

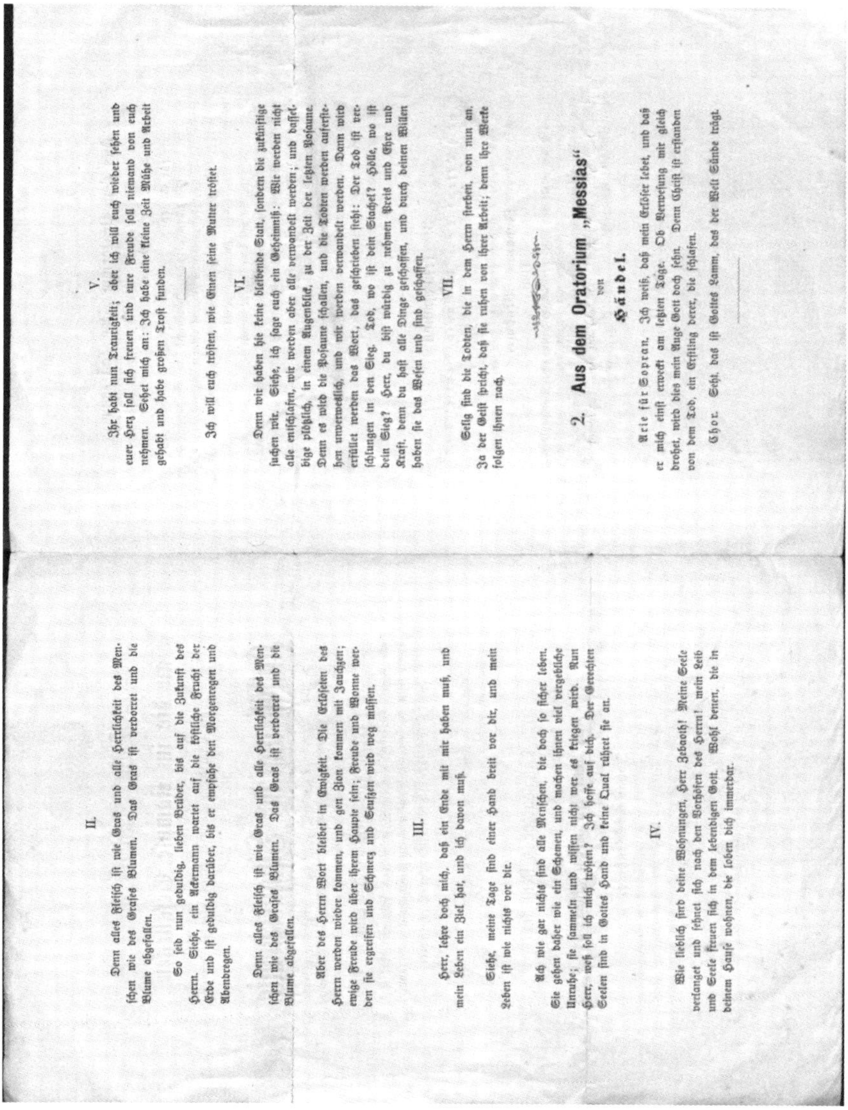

II.

Denn alles Fleisch ist wie Gras und alle Herrlichkeit des Menschen wie des Grases Blumen. Das Gras ist verdorret und die Blume abgefallen.

So seid nun geduldig, lieben Brüder, bis auf die Zukunft des Herrn. Siehe, ein Ackermann wartet auf die köstliche Frucht der Erde und ist geduldig darüber, bis er empfahe den Morgenregen und Abendregen.

Denn alles Fleisch ist wie Gras und alle Herrlichkeit des Menschen wie des Grases Blumen. Das Gras ist verdorret und die Blume abgefallen.

Aber des Herrn Wort bleibet in Ewigkeit. Die Erlöseten des Herrn werden wieder kommen, und gen Zion kommen mit Jauchzen; ewige Freude wird über ihrem Haupte sein; Freude und Wonne werden sie ergreifen und Schmerz und Seufzen wird weg müssen.

III.

Herr, lehre doch mich, daß ein Ende mit mir haben muß, und mein Leben ein Ziel hat, und ich davon muß.

Siehe, meine Tage sind einer Hand breit vor dir, und mein Leben ist wie nichts vor dir.

Ach wie gar nichts sind alle Menschen, die doch so sicher leben. Sie gehen daher wie ein Schemen, und machen ihnen viel vergebliche Unruhe; sie sammeln und wissen nicht wer es kriegen wird. Nun Herr, weß soll ich mich trösten? Ich hoffe auf dich. Der Gerechten Seelen sind in Gottes Hand und keine Qual rühret sie an.

IV.

Wie lieblich sind deine Wohnungen, Herr Zebaoth! Meine Seele verlanget und sehnet sich nach den Vorhöfen des Herrn! mein Leib und Seele freuen sich in dem lebendigen Gott. Wohl denen, die in deinem Hause wohnen, die loben dich immerdar.

V.

Ihr habt nun Traurigkeit; aber ich will euch wieder sehen und euer Herz soll sich freuen und eure Freude soll niemand von euch nehmen. Sehet mich an: Ich habe eine kleine Zeit Mühe und Arbeit gehabt und habe großen Trost funden.

Ich will euch trösten, wie Einen seine Mutter tröstet.

VI.

Denn wir haben hie keine bleibende Statt, sondern die zukünftige suchen wir. Siehe, ich sage euch ein Geheimniß: Wir werden nicht alle entschlafen, wir werden aber alle verwandelt werden; und dasselbige plötzlich, in einem Augenblick, zu der Zeit der letzten Posaune. Denn es wird die Posaune schallen, und die Todten werden auferstehen unverweslich, und wir werden verwandelt werden. Dann wird erfüllet werden das Wort, das geschrieben steht: Der Tod ist verschlungen in den Sieg. Tod, wo ist dein Stachel? Hölle, wo ist dein Sieg? Herr, du bist würdig zu nehmen Preis und Ehre und Kraft, denn du hast alle Dinge geschaffen, und durch deinen Willen haben sie das Wesen und sind geschaffen.

VII.

Selig sind die Todten, die in dem Herrn sterben, von nun an. Ja der Geist spricht, daß sie ruhen von ihrer Arbeit; denn ihre Werke folgen ihnen nach.

2. **Aus dem Oratorium „Messias"**

von

Händel.

Arie für Sopran. Ich weiß, daß mein Erlöser lebet, und daß er mich einst erweckt am letzten Tage. Ob Verwesung mir gleich drohet, wird dies mein Auge Gott doch sehn. Denn Christ ist erstanden von dem Tod, ein Erstling derer, die schlafen.

Chor. Seht, das ist Gottes Lamm, das der Welt Sünde trägt.

Abbildung 1: Programmzettel des Karfreitagskonzerts am 7. April 1871 im Bremer St. Petri Dom. Staatsarchiv Bremen, 7,1014.

Aus dem Oratorium „Der Tod Jesu“

von

G r a u n.

Arie für Sopran.

Singt dem göttlichen Propheten!
Der den Trost vom Himmel bringet,
Daß der Geist sich aufwärts schwinget,
Erdensöhne singt ihm Dank!
Die du vor dem Staube fliehest,
Und die rollenden Gestirne
Unter deinen Füßen siehest,
Nun geniesse deiner Tugend,
Steig auf der Geschöpfe Leiter
Bis zum Seraph! steige weiter
Seele. Gott sei dein Gesang!

3. Triumphlied

nach Offenbarung Johannis, Capitel 19,

für Doppelchor und Orchester

componirt von

Johannes Brahms.

(1871.)

Zum Ersten Male und unter persönlicher Leitung des Componisten.

Halleluja! Halleluja! Halleluja! Preis und Dank, Ehre und Macht sei Gott unserm Herrn! Denn wahrhaftig und gerecht sind seine Gerichte. Halleluja!

Druck von Chr. Gefffen & Söhn.

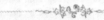

Abbildung 1: Programmzettel des Karfreitagskonzerts am 7. April 1871 im Bremer St. Petri Dom. Staatsarchiv Bremen, 7,1014.

Abbildung 2: Orchesterstimmen des Aufführungsmaterials der Uraufführung. Philharmonische Gesellschaft Bremen

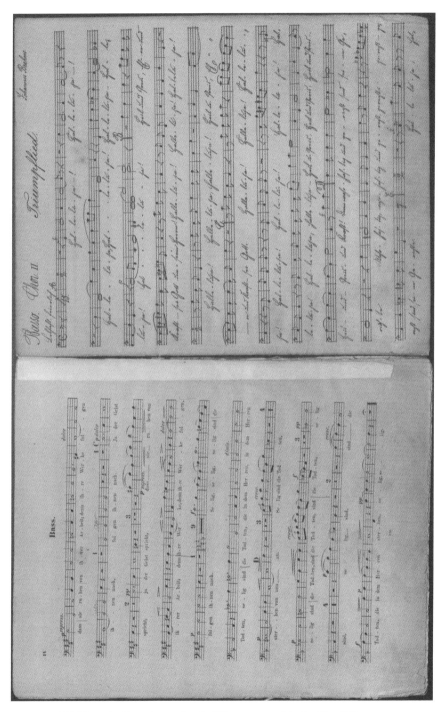

Abbildung 3: Chorstimme des Aufführungsmaterials der Uraufführung.
Philharmonische Gesellschaft Bremen

Nachweisbar stammen die Abschriften von vier bisher unbekannten Kopisten, von denen einer als Hauptkopist, also mindestens einmal als Schreiber aller Stimmen, gelten darf.[4] Es ist wahrscheinlich, dass zumindest der Hauptkopist dem Bremer Konzertorchester angehörte, weil im gleichen Notenarchiv von derselben Hand auch weitere Abschriften anderer Kompositionen aufbewahrt werden. Der Fund des vollständigen Aufführungsmaterials ermöglichte eine Rekonstruktion der Partitur, wie sie bei der Uraufführung des *Triumphliedes* von 1871 erklungen war. Dass die ursprüngliche Partitur der Nachwelt nicht überliefert ist, verwundert kaum, bedenkt man Brahms' Bemühungen, seine Kompositionsskizzen und unfertigen Werke stets fern von der Öffentlichkeit zu halten. Zur Erstellung der Partitur wurden im Hinblick auf quellenkritische Kriterien sämtliche Informationen aller Abschriften erfasst und ausgewertet. Insgesamt gab es annähernd 200 abweichende Details und größere Abweichungen zwischen den Kopistenabschriften. Besonders die Artikulations- und Dynamikbezeichnungen in den Streichinstrumenten konnten wegen zahlreicher Differenzen zwischen den einzelnen Abschriften nur durch den Vergleich aller Stimmauszüge zu einem authentischen Notentext ediert werden. In Ausnahmefällen mussten kleinere Ungenauigkeiten der Kopisten durch einen textkritischen Eingriff verdeutlicht werden. Das *Triumphlied* in der Bremer Fassung von 1871 ist in die neue *Johannes Brahms Gesamtausgabe* aufgenommen worden.

Bei dem Vergleich der Partitur der Bremer Uraufführung mit der späteren Fassung des Erstdrucks von 1872, der bei Fritz Simrock in Berlin erschien, werden bereits auf den ersten Blick einige Unterschiede deutlich, die es durchaus plausibel erscheinen lassen, von einer eigenständigen Bremer Fassung des *Triumphliedes* zu sprechen. Zunächst steht die Frühfassung nicht wie das bekannte Werk in D-Dur, sondern in C-Dur.[5] Über die Gründe für diese Tonartenmodifikation lassen sich bisher nur Vermutungen formulieren, weil sich keine schriftlichen Quellen, einschließlich der bekannten Bremer Rezensionen oder der späteren Karlsruher Uraufführung des gesamten Werkes, als aufschlussreich herausstellten. Gleichwohl war das *Triumphlied*, wie es 1871 in Bremen aufgeführt wurde, offenbar von Brahms von Anbeginn an nur als Anfang eines größeren Werkes geplant.

---

[4] Für Unterstützung bei der Zuordnung der Kopistenhandschriften danken wir herzlich Herrn Johannes Behr und Herrn Jakob Hauschildt von der Forschungsstelle der *Johannes Brahms Gesamtausgabe*, Kiel.

[5] Diese Tatsache löst ein altes Rätsel einer Briefstelle von Brahms an Reinthaler, in der es heißt: „Wie ich mich freue auf meine Reise – ja, um das zu sagen, braucht man 3 Trompeten und 4 Hörner in C!" (Brief an Karl Reinthaler im März 1871, Johannes Brahms, *Briefwechsel mit Karl Reinthaler, Max Bruch, Hermann Deiters, Friedr. Heimsoeth, Karl Reinecke, Ernst Rudorff, Bernhard und Luise Scholz*, S. 39.

Darüber hinaus fehlen in der Instrumentation der Bremer Fassung noch die Tuba und auch das Kontrafagott, welches nicht etwa dem Umstand fehlender Orchesterstimmen geschuldet sein könnte, sondern sich aus der Anlage des musikalischen Satzes an sich erklärt: In der späteren D-Dur Fassung übernehmen Tuba und Kontrafagott an mehreren Stellen die Dopplungen des Kontrabasses und lassen neben einer vielleicht besser ausdifferenzierten Klangfarbe der Bassstimmen im Fagott und in den Posaunen Raum für neue Stimmführungen entstehen. Der Satz der Blechbläser verändert sich so merklich, wobei besonders die Posaunen erst in der späteren Fassung überhaupt eine begleitende Funktion des Chores übernehmen (z.B. Takt 27, Erstausgabe *Triumphlied*, Simrock, Berlin 1872). Entsprechend erscheint das Bassfundament der Komposition in der Bremer Fassung allgemein noch weniger dominant. Gleichzeitig ist die Stimmführung der Holzbläser in der späteren Fassung durch häufige Teilungen der Stimmen dichter, allgemein konsequenter gesetzt und trotz weniger unruhiger Sprünge, wie noch in der Frühfassung, insgesamt ausfigurierter, was besonders auch an den Stellen der Imitation der „Halleluja"-Rufe des Chores deutlich wird (z.B. Takt 131ff., ebd.).

Entgegen dieser Beobachtungen erscheinen die Streichinstrumente und besonders auch die Melodieführung des Chores im Notenbild der Bremer Fassung in C-Dur an vielen Stellen noch figurativer, komplexer, vielleicht auch uneinheitlicher. Offensichtlich wurde die Polyphonie des Chorsatzes von Brahms erst später an vielen Stellen zugunsten einer Vereinfachung der Stimmführung zurückgenommen. Die Modifikation des Chorsatzes zwischen den beiden Fassungen ist darüber hinaus durch eine der wenigen von Brahms bekannten Skizzen belegt.[6] Darin sind vier Takte des Doppelchores angelegt, wie sie erst in der späteren D-Dur-Fassung enthalten sind. Insgesamt erscheinen die Unterschiede zwischen den beiden Werkfassungen im Chor von mindestens so großer Bedeutung wie in den Orchesterstimmen.

Obwohl die Bremer Fassung des *Triumphliedes* in C-Dur 16 Takte kürzer als der spätere erste Satz in D-Dur ist, gibt es zunächst keine Unterschiede im formalen Aufbau der Komposition. Die Unterschiede sind vielmehr in der Stimmführung, der klanglichen Ausdifferenzierung, der Phrasierung

---

[6] Brahms skizzierte die späteren Takte 141-144 der D-Dur-Fassung des *Triumphliedes* (Taktangabe nach: Erstausgabe *Triumphlied*, Simrock, Berlin 1872). Überliefert ist die Skizze als Überklebung in der autographen Partitur des *Schicksalsliedes* op. 54, die sich in der Library of Congress in Washington befindet. Im Brahms-Werkverzeichnis ist diese Skizze, deren Inhalt sich erst durch die Bremer Fassung erklärt, bereits angegeben (Margit L. McCorkle, *Johannes Brahms, thematisch-bibliographisches Werkverzeichnis*, München 1984, S. 231.).

und Artikulation zu suchen. Eine Gegenüberstellung beider Werkfassungen eröffnet die Möglichkeit, an vielen Stellen und Beispielen die Änderungen, die von Brahms vorgenommen wurden, zu verfolgen. In Zukunft soll diese Untersuchung auch auf die weiteren Textstufen des *Triumphliedes* ausgeweitet werden, denn erste Untersuchungen zeigten, dass auch in der autographen Partitur des *Triumphliedes* die Spuren der Bremer Fassung deutlich zu verfolgen sind. Die Artikulation betreffend hielt Brahms beispielsweise noch bei der Niederschrift des ersten Satzes in D-Dur an der Bremer Schreibweise fest, und auch die Eingriffe in die Stimmführung und Instrumentation können an mehreren Stellen durch Bleistifteintragungen und Retuschen nachvollzogen werden.[7]

Erst diese weitere Untersuchung wird schließlich Rückschlüsse darauf zulassen, welchen Kriterien das Werk bei der Umformung standhalten musste. Interessant ist dabei natürlich zunächst die Frage, ob und inwiefern die Umarbeitung ebenso vom Kontext der politischen Ereignisse der Zeit beeinflusst wurde. Denn erst nach der Bremer Aufführung am 7. April 1871 wurde der Krieg auch formal durch den Frieden von Frankfurt am Main beschlossen. Wie sehr das nationale Hochgefühl, das dem Werk auch in der frühen Gestalt sicher schon zu eigen war, noch steigerungsfähig gewesen war und beispielsweise von der Berliner Siegesfeier zur Rückkehr der deutschen Truppen am 16. Juni 1871 inspiriert worden sein könnte, lässt sich ebenfalls erst nach weiteren Untersuchungen deuten. So besteht die Hoffnung, durch die neu gewonnenen Erkenntnisse eine Komposition besser verstehen zu lernen, die im 19. Jahrhundert und auch noch zu Beginn des 20. Jahrhunderts eine umfassende Rezeption nicht zuletzt im Kontext vieler Musikfeste erfuhr, jedoch heute fast völlig von unseren Konzertbühnen verschwunden ist.

---

[7] Zur Deutung der veränderten Artikulation und ihrer Spielweise siehe Jan Brachmann, „Kaiserschmarrn in C-Dur", in: *Frankfurter Allgemeine Zeitung* vom 14. Juni 2013, S. 36.

NORS S. JOSEPHSON

Zyklische Intervalltechniken in der Musik von Johannes Brahms

In seinen Werken der 1860er-Jahre beginnt Johannes Brahms, die einzelnen Sätze seiner größeren Kompositionen intervallisch-motivisch miteinander zu verknüpfen. Bereits das g-Moll-Klavierquartett op. 25 (1857–1861) lässt in seinen Ecksätzen die Konzentration auf eine Motivzelle um b–fis–g erkennen, welche die chromatische Ur-Melodik dieses prägnanten Werkes nachhaltig beeinflusst. Noch konsequenter erscheinen die intervallischen Grundgerüste im f-Moll-Klavierquintett op. 34 (vollendet 1864): Gleich das anfängliche Hauptthema des ersten Satzes (c'–f'–g'–as' usw.) stellt drei bedeutsame intervallische Zellen auf: das anhebende Quartenmotiv um c'–f', die Kleinterz-Antwort um f'–g'–as' und die wiederholenden Kleinsekund-Kadenzen um g'–as' und des'–c':

Notenbeispiel 1: Hauptthema des Klavierquintetts op. 34

Erster Satz, Allegro non troppo, 1. Violine, Takt 1–2

Dritter Satz, Scherzo. Allegro, 1. Violine, Takt 1–5

Fast noch wichtiger erscheinen aber Brahms' ausdrucksvolle Metamorphosen dieses Hauptthemas in den Takten 23f. (des"–c"–as'–b'–c") und 39 (Bratsche, a'–gis'–fis'–a'–gis'–fis'): zwei Weiterentwicklungen, welche die Kleinsekund-Kadenzen und Terzen des Kopfthemas noch expressiver gestalten:

Notenbeispiel 2: Metamorphose des Hauptthemas im Klavierquintett op. 34

Erster Satz, Allegro non troppo, 1. Violine, Takt 23–24

Dritter Satz, Scherzo. Allegro, 1. Violine, Takt 13–15

Vierter Satz, Allegro non troppo, 1. Violine. Takt 95–99

Im weiteren Verlauf des Werkes nimmt der dritte Satz (Scherzo) eine reprisenartige Formstellung ein, da die Takte 1–4 (Hauptthema) und 23f. des ersten Satzes wieder aufgegriffen werden. Ähnliches gilt für das Finale Takte 42–45 (erster Satz, Takt 1–4) und 95–108 (erster Satz, Takt 23f.), das übrigens in seiner Durchführung die gleiche Tonartenfolge um b-Moll–Des-Dur und der Dominante C-Dur wie im ersten Satz wiederholt. Insgesamt können wir also von einem klassischen Variationszyklus sprechen, wobei der langsame zweite Satz mit seinen wiegenden Kleinterzen um es'–des'–c' bzw. h'–a'–gis' wohl die kontrastierende Bratschen-Kantilene aus dem ersten Satz (Takt 39) zum Vorbild nimmt: expressiver Höhepunkt des Werkes. Dies wird in der langsamen Einleitung zum Finale (1. Violine Takt 2–5 um b'–h'–c"–des"–h'–c") noch weiterentwickelt.

Ähnliche intervallische Gegenüberstellungen zwischen naturhaften Quart-/Quint-Gerüsten und expressiven chromatischen Höhepunkten sind in noch stärkerem Maße im Horntrio Es-Dur op. 40 (1865) gegeben. Gleich das Kopfthema des ersten Satzes in der 1. Violine zeichnet markante Quinten um b–f und Quarten um f–c' und b–es' sowie kontrastierende Kleinsekunden um e'–f (Takt 1), b–ces' und ges'–f (Takt 16–18). Dieses chromatische Idiom wird im zweiten Gesangsthema (Takte 76–130 und 166–199) noch breiter ausgesponnen (vgl. Melodie der 1. Violine um fis'–g'–as'/b' in Takt 76–78 usw.) – ein Prozess, der in der Schlussreprise des Hauptthemas in Takt 199–234 noch gesteigert wird.

Ein ähnliches Bild zeichnet sich in den drei anderen Sätzen ab. Der zweite Satz (Scherzo) und das Finale verwenden zunehmend die naturhafte Quarten-/Quintenmotivik des Eingangssatzes. Daneben erscheinen die markanten Kleinsekundschritte als melodische Kontrastmittel, so im zweiten Satz die Modulation von H-Dur/Ces-Dur zur Es-Dur-Dominante B-Dur in Takt 121–155 und die markanten Vorhalte um es/fes und g/as in Takt 227–232 usw. Auch im verwandten Finale (vierter Satz) findet sich ein analoger h-Moll-Einschub in den Takten 77f. und 103–111 (Beginn der eigentlichen Durchführung). Daneben ist das kontrastierende Gesangsthema in Takt 71–74 (1. Violine fis′–g′–a′–b′–h′–c″) ebenso als Umbildung des Gesangsthemas aus dem ersten Satz (Takt 76, 1. Violine fis′–g′–as′ usw.) aufzufassen:

Notenbeispiel 3: Zweites Gesangsthema im Horntrio op. 40

    Vierter Satz, Allegro con brio, Violine, Takt 71–73

    Erster Satz, Andante – Poco più animato, Violine, Takt 76–78

Eine eindrucksvolle Synthese dieser gegensätzlichen Bestrebungen finden wir endlich im langsamen dritten Satz. Sind hier die anfänglichen chromatischen Linien um es′–d′–des′–ces′–b–as/a mit denjenigen des ersten Satzes urverwandt, so gewinnen die mehr diatonischen Quint- und Quartpassagen ab Takt 19 und besonders 59 zunehmend die Oberhand, um endlich in Takt 59–65 mit einem Doppelzitat des Volksliedes *Dort in den Weiden steht ein Haus* und des Chorals *Wer nur den lieben Gott lässt walten* zum zündenden Finalsatz überzuleiten:

Notenbeispiel 4: Übergang vom dritten zum vierten Satz

    Dritter Satz, Adagio mesto, Es-Horn, Takt 59–62
    (*Dort in den Weiden steht ein Haus*)

    Vierter Satz, Finale. Allegro con brio, Violine, Takt 1–3

Höhepunkt von Brahms' zyklisch-intervallischen Bemühungen der 1860er-Jahre stellt das 1868 vollendete *Deutsche Requiem* op. 45 dar. Hier finden wir besonders ausgeprägte motivische Entsprechungen zwischen den Ecksätzen Eins und Sieben wie zwischen Zwei/Drei und Sechs, sodass wir in diesem Fall von einer plastischen Bogenform für das ganze Werk sprechen können:

Tabelle 1: Motivische Entsprechungen zwischen den Sätzen im *Deutschen Requiem*

Satz	Takte	Satz	Takte	Bemerkungen
I	106–158	VII	132–166	Gemeinsamer Text „Selig sind"; Schlusssatz ist modaler geprägt (und daher statischer), mit Modulationen nach Es-Dur–Des-Dur–F-Dur–Tonika.
II	2–13	I IV VII	144–146 1–3 2–4 (Sopran)	Fallende Sexte entspringt dem Trost-Gedanken des ersten Satzes sowie dem Beginn des vierten und siebten Satzes.
II	22–33	VI	82–104	Gemeinsame Todessymbolik: „Denn alles Fleisch" in Satz Zwei wird zum Jüngsten Gericht in Satz Sechs umgestaltet; verwandte Kleinterzen b–c–des+c–d–es.
II	206–209	VI	28–32 und 109–122	Wiederkehr der „Erlöseten des Herrn" in Satz Zwei wird auch in Satz Sechs vorausgeahnt („Siehe, ich sage euch ein Geheimnis" und „Dann wird erfüllet werden das Wort").
III	2–8	VI	3–7	Ähnliche Intervallik: a–f–g–a und a–c'–d' in Satz Zwei bzw. d'–f'–g' und h–c'–d' in Satz Sechs.
III	35	VI	84	Gemeinsamer expressiver oberer Terzschleifer b–c'–d'–b in Satz Drei bzw. es"–f'–g"–es" in Satz Fünf.
III	173	VI	208	Ähnlicher Beginn der beiden Schlussfugen: d–fis–g in Satz Drei bzw. dessen Umkehrung c"–h'–g' in Satz Sechs.

In den nachfolgenden Vokal- und Instrumentalzyklen der späteren 1860er- und frühen 1870er-Jahre bevorzugte Brahms etwas lockerer gefügte Gesamtstrukturen, so z.B. in den *Liebeslieder-Walzern* op. 52 von 1868/69: dort kann man von formgebender harmonischer Organisation sprechen, da die Grundmodulationen zwischen den diatonischeren Sphären A-Dur–E-Dur (Nr. 1–2, 5–6 und 9) und dunkleren B-Dur–F-Dur (Nr. 3–4), c-Moll–As-Dur (Nr. 7–8) und c-Moll–Es-Dur–As-Dur–Es-Dur–As-Dur–Des-/Cis-Dur

(Nr. 11–18) pendeln. Dabei wird das Wiedererreichen der jeweiligen Tonebene oft durch Kleinsekundmotive unterstrichen, so in Nr. 5 (e"–dis"–e"-Motiv im Sopran), 7 und 16 (as"–g"–as"-Gedanke ebenfalls im Sopran) und Nr 10. Daneben finden sich auch mehr lyrisch gestimmte, aufwärts strebende Großsekunden als meditative Ruhepole, so in Nr. 13 und 15 (es"–f') bzw. 18 (b'–c"). Eine analoge zyklische Gesamtstruktur herrschte ursprünglich im Vokalzyklus op. 59 (1873), da die verwandten Lieder Nr. 3 *Regenlied* und Nr. 4 *Nachklang* (beides Vertonungen von Klaus-Groth-Gedichten) zuvor die Anfangs- bzw. Schlussgesänge des Zyklus bildeten.[1]

Dieser recht freien zyklischen Formgebung begegnen wir in den 1870er-Jahren auch zunehmend in Brahms' Orchesterwerken, angefangen mit den *Haydn-Variationen* op. 56a (ebenfalls 1873 entstanden). Hier wird der Haupt-Refrain durch den *Choral St. Antoni* repräsentiert, der außer am Anfang (Takt 1–29) und am Ende (Takt 446–471) auch leicht verändert in der dritten Variation (Takt 88–145) auftritt. Als koloristischen Kontrast hierzu bringt Brahms eine Moll-Metamorphose desselben Themas in den Variationen 4 und 8 (Takt 146–205 und 322–360), das leicht geändert auch in der Final-Passacaglia (Takt 426–440) auftritt. Diese plastischen Formsymmetrien bindet der Komponist in eine umfassende symphonische Gesamtarchitektur. So ähneln die Variationen 1–3 (Takt 30–145) dem Haupt- bzw. Sonatensatz eines größeren Instrumentalwerkes, Variation 4 dagegen einem (darauf folgenden) langsamen Satz. Die Variationen 5–7 (Takt 206–321) wiederum enthalten Charakteristika von Scherzo- und Menuettsätzen, und Variation 8 endlich (Takt 322–360) dient als Überleitung zum Finale (Takt 361–471).

In den ersten beiden Symphonien (1876/77) kehrt Brahms zur zyklischen Gesamtstruktur der 1860er-Werke zurück, nur dass jetzt die Grundideen intervallisch-chromatisch (man denkt an Richard Wagners *Tristan*-Vorspiel von 1857) und zunehmend linear-kontrapunktisch (mit Umkehrungen und Spiegelungen) durchwoben sind. Ein Paradebeispiel liefert das Hauptthema der 1. Symphonie c-Moll op. 68, welches auch die Anfänge des zweiten und vierten Satzes maßgeblich prägt:

---

[1] Vgl. Inge van Rij, *Brahms' Song Collections*, Cambridge 2006, S. 56. – Übrigens finden sich in Brahms' Vokalzyklen oft verwandte Liederpaare, so in op. 14 Nr. 1 und 2 und op. 19 Nr. 2 und 3.

Notenbeispiel 5: Zyklische Chromatik-Gerüste mit Gegenstimmen in der 1. Symphonie op. 68

Erster Satz, Allegro, Bläser Takt 38–40

Zweiter Satz, Andante sostenuto, Streicher Takt. 4–6

Vierter Satz, Adagio, tutti Takt 1–3

Die chromatischen Aufstiege in den Durchführungen dieser drei Sätze sind ebenso als natürliche lineare Auswirkungen des chromatischen Grundgedankens aufzufassen (vgl. erster Satz, Takt 189–321, um H-Dur–cis fundiert; zweiter Satz, Takt 49–53 auf ges–g–as–a–ais basierend; vierter Satz, Takt 368–389 um es–e–f–fis–g–a–b–h–c–cis–d gruppiert).

Auch in der 2. Symphonie D-Dur op. 73 (1877) bestimmen analoge chromatische Kleinsekundschritte die linearen Achsen und die musikalischen Höhepunkte des Werkes, angefangen mit dem Motiv d–cis–d der tiefen Streicher im ersten Satz, Takt 1:

Notenbeispiel 6: Zyklische Quarten- und Kleinsekundformationen in der 2. Symphonie op. 73

Erster Satz, Allegro non troppo, Streicher Takt 1–10
Vierter Satz, Allegro con spirito, Streicher Takt 1–4

Dritter Satz, Allegretto grazioso, quasi Andantino, 1. Oboe Takt 1–2 und 3–5

Letzterer Gedanke kehrt zyklisch auch im vierten (Final-)Satz wieder (Takt 1 und 78, lyrisches Seitenthema) sowie in einer Umkehrungsgestalt im dritten (Scherzo-)Satz (Takt 1f., vgl. wieder NB 6). Aber auch die kontrapunktischen Höhepunkte der einzelnen Durchführungen beziehen sich auf die genannten Halbtonschritte, so die g-Moll/Fis-Dur-Konflikte im ersten Satz, Takt 224–249 oder die geheimnisvollen Kleinsekundintervalle um e–f–e und B–A–B im zweiten Satz, Takt 55–57 und 60–62. Ähnliches gilt für den gleitenden Fis-Dur–G-Dur-Übergang im dritten Satz, Takt 192–208, der wie im ersten Satz als Mediante Fis-Dur zur Subdominante G-Dur in D-Dur aufzufassen ist.

Ebenso betont Brahms die kontrapunktische Verbindung dieser Kleinsekunden mit den darauffolgenden Quarten zu Tritonus-Gebilden (vgl. erster Satz, Takt 1f. und 9f. tiefe Streicher), indem er sie zu Beginn aller Sätze wiederkehren lässt. Dies gilt besonders für den balladesken Ton des zweiten Satzes (Violoncello Takt 1), dessen Hauptthema die Anfangsquarte fis'–cis' mit der kadenzartigen Kleinsekunde um cis'–his verbindet. Oft bewirken die genannten Quarten mit den chromatischen Leittönen der Kleinsekunden auch regelrechte Modulationen, indem die Quarten in Quint-Umkehrungen verwandelt werden, so in der Durchführung des ersten Satzes, dessen pendelnder Quintenzirkel um A-Dur/F-Dur–B-Dur–g-Moll–c-Moll–g-Moll–d-Moll–A-Dur–e-Moll/Fis-Dur–H-Dur–G-Dur–A-Dur–D-Dur stark an den ersten Satz aus Ludwig van Beethovens 9. Symphonie (1824) erinnert.[2] Um das gesamte Werk logisch-konsequent abzuschließen, wiederholt Brahms im Finale (T. 166–244) fast wörtlich die Modulationsfolge um Fis-Dur/H-Dur–A-Dur–G-Dur–C-Dur–G-Dur–A-Dur–D-Dur als Überleitungseffekt zur Reprise. Auf diese Weise errichtet er größere architektonische Gebäude auf dem Fundament einer in sich geschlossenen intervallischen Hierarchie.

Sind also Brahms' 1. und 2. Symphonie in intervallisch-chromatischer Hinsicht miteinander verbunden, so gilt dies auch für die 3. Symphonie F-Dur op. 90 (1883) und die 4. Symphonie e-Moll op. 98 (vollendet 1885).

---

[2] Vgl. Nors S. Josephson, „Zirkelartige Progressionen in symphonischen Durchführungen der Klassik und Romantik", in: *Die Musikforschung 34* (1981), S. 292–300, insbes. 295.

In beiden herrscht ein Grundgegensatz zwischen Moll- und Durklängen (mit Kleinterzen bzw. Großterzen), die auch hier durch lineare Kleinsekunden miteinander verbunden werden.

Notenbeispiel 7: Zyklische Kleinterzen in der 3. Symphonie op. 90

Erster Satz, Allegro con brio, 3. Horn, Takt 1–3

Dritter Satz, Poco Allegretto, Violoncello Takt 1–2

Zweiter Satz, Andante, Klarinette und Oboe Takt 40–50

Vierter Satz, Allegro, 1. Oboe Takt 280–295

Wie aus NB 7 ersichtlich, durchzieht eine fundamentale Kleinterz die gesamte 3. Symphonie, erkenntlich besonders zu Beginn des ersten Satzes (f–as–f, eine Variante zu Brahms' bekannter Devise „frei aber froh" im Gegensatz zu der seines Freundes Joseph Joachim „frei aber einsam") und dem intermezzoartigen dritten Satz (c'–es'). Aber auch der balladeske Gesang inmitten des zweiten Satzes (T. 40–50) und am Schluss des vierten Satzes (T. 280–295) verwendet mit seinen Terzgerüsten um a'–c" und d"–f" unverkennbare Varianten desselben Terzgerüstes. Besonders eindrucksvoll erscheint hier, wie Brahms die chromatisch-modalen Begleitharmonien aus dem zweiten Satz am Ende des vierten Satzes diatonisch aufhellt und sie allmählich in die Tonika F-Dur auflöst. Dass dies in einem langsamen Prozess vonstattengeht, wird besonders in den Takten 288–295 des vierten Satzes sichtbar, da die Takte 289–290 die D-Dur(!)-Klänge aus den Takten

40–45 des zweiten Satzes wieder aufleben lassen und zudem die Bläserkantilene im vierten Satz, Takt 292–295 ein melodisches Echo vom zweiten Satz, Takt 46–50 in sich birgt. Diese Symbiose wird noch unterstrichen durch die Wiederkehr der Harmonien g-Moll–F-Dur aus dem ersten Satz (Takt 201–204) im vierten Satz (Takt 292–295).

Notenbeispiel 8: Zyklische chromatische Kleinsekunden in der 3. Symphonie op. 90

Erster Satz, Allegro con brio, 2. Violinen Takt 7

Zweiter Satz, Andante, 1. Klarinette Takt 1

Dritter Satz, Poco Allegretto, 1. Klarinette und 2. Flöte Takt 53–56

Vierter Satz, Allegro, Violinen und 1. Fagott Takt 1–4

Als chromatischer Gegensatz zum Kleinterzgerüst (NB 7) bringt Brahms sodann mehrere zyklische chromatische Kleinsekunden um h–c–des, die wiederum das gesamte Werk durchziehen (NB 8). Hier wird der zentrale Leitton h meistens in das nachfolgende c (als Quinte von F-Dur bzw. Grundton von C-Dur im zweiten Satz, als Terz von As-Dur im dritten Satz oder als Quinte von f-Moll im vierten Satz) aufgelöst, kann aber auch – linear betrachtet (wie im dritten und vierten Satz) – in modale Regionen wie As-Dur oder Des-Dur weitergeführt werden. Hierdurch ergeben sich wiederum Parallelen zum Kleinterzgerüst in NB 7, da dort zu Beginn des ersten und dritten Satzes die modalen Bereiche von f-Moll und c-Moll betont werden. Außerdem bleibt nicht zu verkennen, dass der wichtige Zielpunkt des in NB 8 bereits als Dominant-Ersatz Des-Dur/Cis-Dur (eine herabgestufte Untermediante von F-Dur) im ersten Satz, Takt 23–29, 44f. und 77f. fungiert. Letzterer Zielpunkt bildet zusammen mit den bedeutenden modalen Kadenzen auf Es-Dur und Ges-Dur in Takt 101–122 (Übergang zur Reprise) sogar eine regelrechte modale Hierarchie. Ähnliches gilt für die langsame Einleitung zum Finale Takt 19–28, die die c-Moll-Dominantvariante der f-Moll-Tonika als Polarität zu den modalen As-Dur/Des-Dur-Bereichen aufstellt. Erst ganz am Ende des vierten Satzes (T. 297–309) werden diese Des-Dur/As-Dur-Bereiche der Anfänge des ersten und vierten Satzes kontrapunktisch vereint und mittels der sphärischen F-Dur-Klänge aus dem ersten Satz (vgl. dort die heroischen Takte 3–4) diatonisch vollends aufgelöst:

Notenbeispiel 9: Coda des vierten Satzes der 3. Symphonie op. 90

Auch in Brahms' 4. Symphonie spielen Halbton-Schwankungen zwischen der Tonika e-Moll und dem helleren E-Dur eine gewichtige Rolle. Auflösungstendenzen in die Dur-Variante treten vor allem im phrygisch gestimmten langsamen zweiten Satz häufig zutage, so in den Takten 4–33, 64–73, 88–102 und 112–118. Aber auch die Takte 105–127 des Passacaglia-Schlusssatzes stehen im diatonischen E-Dur und bilden hierdurch einen helleren, hoffnungsvolleren Kontrast zur e-Moll-Tragik des Finales. Außerdem ist das in C-Dur stehende Scherzo mit seiner Durterz e Teil dieser Dur-Moll-Polarität, wie ja auch die häufigen As-Dur/gis-Moll-Kadenzen des ersten Satzes (so in Takt 164–166 in As-Dur, 217–219 in gis-Moll) enharmonisch gesehen die Durterz gis(as) von E-Dur betonen. Freilich sind die g-Moll- bzw. G-Dur-Akzente in diesem Kopfsatz stärker, so vor allem in den Takten 157–160, 184–188 und 255–258, und bilden zusammen mit den ihnen verwandten C-Dur-Kadenzen in Takt 188–195, 249–251 und 259 gewichtige modale Zielpunkte der Tonika e-Moll, nämlich Mediante und Untermediante.

Ähnliche Terzpassagen bestimmen auch das eigentliche Hauptthema des ersten Satzes in Takt 1–26 (vgl. NB 11), das der gesamten Tonartenstruktur von Johann Sebastian Bachs *Johannes-Passion* (1724) nachgebildet erscheint (NB 10). Brahms erweitert die zyklische Rückkehr dieses Terzthemas im Finale (NB 12), Takt 177–180, 217–222, 233–236 und 241–245 und erreicht dadurch eine höhenpunktartige Apotheose (NB 11).

Notenbeispiel 10: Terz- und Quintspiralen in Bachs *Johannes-Passion* BWV 245

Notenbeispiel 11: Terz- und Quintspiralen in Brahms' 4. Symphonie op. 98

Erster Satz, Allegro non troppo, Takt 1–28

Notenbeispiel 12: Terz- und Quintspiralen im vierten Satz aus dem Beginn des ersten Satzes der 4. Symphonie (vgl. NB 11)

Vierter Satz, Allegro energico e passionato, Flöten Takt 177–180

Vierter Satz, Bläser Takt 217–222

Vierter Satz, Violinen Takt 233–236

Vierter Satz, Violinen II Takt 241–245

Ein ebenso heroisches, terzdurchtränktes Nebenthema aus dem ersten Satz (Takt 53–57 und 297–301) erlebt übrigens auch eine spätere Reprise im dritten (Scherzo-)Satz, Takt 51–55 und 246–282 (dort am Ende einer farbenprächtigen Tutti-Neuorchestrierung):

Notenbeispiel 13: Heroisch-ritterliches Motiv aus der 4. Symphonie op. 98

Erster Satz, Allegro non troppo, Oboe–Violinen I T. 297–301

Dritter Satz, Scherzo. Allegro giocoso, Violinen I T. 51–55

Wie eben vermerkt, sind auch die eigentliche Tonart des Scherzosatzes C-Dur sowie die häufigen c- und d-Phrygischen Farbtöne des zweiten (langsamen) Satzes als harmonische Nachwirkung der Terzspiralen h–g–e–c aus dem Hauptthema des ersten Satzes zu interpretieren. Auf diese Weise erreicht Brahms schließlich in seiner 4. Symphonie eine eindrucksvolle Synthese von Intervall-, Harmonie- und Motivtechniken, die bereits auf die Zweite Wiener Schule von Arnold Schönberg hinweisen; man erinnere sich nur an das ähnliche, terzbetonte Hauptthema (vgl. NB 11) von Alban Bergs Violinkonzert (1935).

Zwei Werke der sogenannten Thuner-See-Sommerzeiten (1886–88) führen diese intervallische Strenge fort, nämlich das Doppelkonzert a-Moll op. 102 (1887) und die Violinsonate d-Moll op. 108 (1886–88):

Notenbeispiel 14: Intervallische Zellen im Doppelkonzert op. 102 (vgl. NB 11)

Wie aus obigem Beispiel ersichtlich, verwendet das Doppelkonzert vorwiegend Quartenstrukturen wie e''–d''–h' (Beginn des ersten Satzes) oder a–d' und e'–a' (zweiter Satz), die aber zunehmend in Quintformationen (h'–e' oder g'–d'') im weiteren Verlauf des ersten Satzes oder a'–e' (Anfang des Finales) verwandelt werden. Da hierbei Kleinsekunden als melodische Bindeglieder eingesetzt werden, ergeben sich öfters Tritonus-Gebilde wie das letzte Beispiel aus dem ersten Satz (as'–d') oder das Hauptthema des Finales. Ebenso bevorzugt Brahms in den letzten zwei Sätzen Doppelquart-Gerüste wie a–d' und e'–a' oder e''/d''–a' und e'–a'. Auch in der d-Moll-Violinsonate wird ein Doppelquart-Gerüst um d''–b'–a'+a'–f–e' im ersten, zweiten und vierten Satz derart konsequent eingesetzt, dass sogar das lyrische Seitenthema im ersten Satz, Takt 48–66 und die ungemein statisch wirkende Durchführung im ersten Satz, Takt 84–129 (vgl. insbesondere die Violin-Einsätze in Takt 84–86 und 96–98 auf a' bzw. e") davon zutiefst geprägt sind. Hier kann man in der Tat von einer protoseriellen Quartenreihentechnik in phrygischer Farbtönung sprechen. Ist dieses Fundament in den Ecksätzen Eins und Vier mit dem jeweiligen Hauptthema verknüpft, so gestaltet es im langsamen Satz die höhepunktartigen Kadenzen in Takt 21–24 und 53–56 sowie die elegischen Kadenztöne der Coda um cis'–d'–fis' (T. 68):

Notenbeispiel 15: Doppelquart-Gerüst mit phrygischer Tönung in der Violinsonate op. 108

Auch hier (vgl. Doppelkonzert) werden die Quarten mit begleitenden Kleinsekunden im ersten Satz elegisch permutiert, welche die oben erwähnten Quintformationen des Doppelkonzerts geradezu heraufbeschwören:

Notenbeispiel 16: Intervallische Permutationen der Quarten (jetzt Quinten!) und Kleinsekunden aus NB 15 in der Violinsonate op. 108, Erster Satz, Allegro, Takt 250–253

Brahms' letzte Werke der 1890er-Jahre führen diese strengen, vereinheitlichenden Formtendenzen des vorigen Jahrzehnts noch intensiver fort, freilich unter Einbeziehung mancher klassisch-zyklischen Gestaltungen der 1860er- und 1870er-Jahre. Gleich das einleitende Kammermusikwerk dieser Gruppe, das Klarinettentrio a-Moll op. 114 (1891) stellt bereits im ersten (Allegro-) Satz zwei wichtige Gesangs- bzw. Kadenzthemen auf, die sodann zu den Hauptthemen des zweiten und vierten Satzes umgestaltet bzw. erweitert werden:

Notenbeispiel 17: Kantable Themen aus dem ersten und zweiten Satz des Klarinettentrios op. 114

Erster Satz, Allegro, Violoncello Takt 43–45

Zweiter Satz Adagio, Klarinette Takt 1

Notenbeispiel 18: Schlussthema der Exposition aus dem ersten Satz und Hauptthema des vierten Satzes im Klarinettentrio

Erster Satz, Allegro, Klavier Takt 67–71

Vierter Satz, Allegro, Violoncello Takt 1–5

Beide können zudem auf die einleitenden sechs Takte des ersten Satzes mit seinen pendelnden und imitierenden Dreiklangspassagen zurückgeführt werden. Im weiteren Verlauf dieser hochkonzentrierten Komposition gewinnen zunehmend statisch-wiegende Klarinettenfiguren die Oberhand, von denen die der letzten beiden Sätzen besonders eng verwandt sind:

Notenbeispiel 19: Statisch-wiegende Klarinettenfiguren im Klarinettentrio

Erster Satz, Adagio, Takt 11–12

Dritter Satz, Andantino grazioso, Takt 113–117, Vierter Satz, Allegro, Takt 21–25

Wie in der Violinsonate op. 108 verwendet Brahms also wiederum sich statisch wiederholende rhythmische und harmonische Floskeln als Höhepunkteffekte, die bereits auf das frühe 20. Jahrhundert weisen. Sie werden übrigens auch durch die fast monotone harmonische Gesamtarchitektur

unterstrichen, die fortwährend die modalen Trabanten fis-Moll (erster Satz Takt 91f.; zweiter Satz Takt 11f.; dritter Satz Takt 49–94) und D-Dur (erster Satz Takt 107–117; Tonika des zweiten Satzes; dritter Satz Trio Takt 113–168; vierter Satz Takt 97–108) betonen.

Im gleichzeitig entstandenen Klarinettenquintett h-Moll op. 115 können sämtliche Haupt- und Nebengedanken ebenfalls auf den ersten Satz zurückgeführt werden, und zwar auf den zweiteiligen Hauptthemenkomplex der 1. Violine in Takt 1–4. Gleich die einleitenden Terzsequenzen um g"–e" und e"–cis" kehren als kadenzierender Mittelteil in der Klarinettenstimme des zweiten Satzes wieder (Takt 52f.), und die gleichen girlandenartigen Melodiefloskeln bestimmen auch die Schlusspassagen des Finalsatzes (Takt 163–222), was dem Werk eine eindrucksvolle zyklische Umrahmung gibt, besonders weil sich die Schlusskadenz des vierten Satzes (Takt 214–222) direkt auf die des ersten Satzes bezieht:

Notenbeispiel 20: Hauptthemenkomplex vom Anfang des ersten Satzes im Klarinettenquintett op. 115

Erster Satz, Allegro, 1. Violine Takt 1–4

Zweiter Satz, Più lento, Klarinette Takt 52

Vierter Satz, Con moto, Klarinette Takt 163–169 und 1. Violine Takt 193–196

Hier hat sich Brahms noch eine leise Reminiszenz an die Coda des ersten Satzes aus Franz Schuberts „Unvollendeter" Symphonie h-Moll D 759 von 1822 (Takt 364–368) erlaubt, und zwar im letzten forte-Aufbäumen von Brahms' Finale (Takt 221).

Noch reicher ergeben sich die zahlreichen Metamorphosen des zweiten Schlussteils des Hauptthemenkomplexes aus NB 20:

Notenbeispiel 21: Schlussabschnitt des Hauptthemenkomplexes aus NB 20

Erster Satz, Allegro, 1. Violine Takt 3–4, Dritter Satz, Andantino, Klarinette Takt 1–2, Vierter Satz, Con moto, 1. Violine Takt 1–3

Vierter Satz, Klarinette Takt 129–130 und Bratsche Takt 161–163

Dazu im direkten Vergleich Beethovens Streichquartett F-Dur op. 135:

Dritter Satz, Lento assai, cantante e tranquillo, 1. Violine Takt 3–4

Die symmetrische Anordnung der Kleinsekunden d"–cis" und ais'–h' erinnert im Übrigen stark an den zweiten Satz von Beethovens Streichquartett cis-Moll op. 131 (1826), und wie Beethoven im vierten und sechsten Satz mit den Permutationen um a'–gis'–d"–cis" bzw. gis'–fisis'–ais'–h' verwendet auch Brahms im dritten und vierten Satz poetische Variationen dieses Grundgedankens. Dies gilt gleichfalls für die intermezzoartige Kantilene der Soloklarinette im dritten Satz (Takt 1f.) deren melodischer Umriss um d"–cis"–h'–a'–fis' noch die ursprünglichen lyrischen Konturen des ersten Satzes erkennen lässt, und die leicht geändert in der vierten Variation des Schlusssatzes (Takt 129–160) wiederkehrt.

Insgesamt sind aber die Metamorphosen dieses fundamentalen Motivs im Finale der Urgestalt des ersten Satzes wesentlich näher geraten. Dies gilt besonders für das Anfangsthema des Finales in der 1. Violine Takt 1–4 und die fünfte Bratschen-Variation (Takt 161–192, vgl. nochmals NB 21). Auch hier begegnen wir also Brahms' strukturellem Bestreben, das Quintett am Ende zyklisch abzurunden.[3] Dass wiederum ein spätes Streichquartett Beet-

---

[3] Dieser zyklische Prozess – wobei im Verlauf der Schlussvariationen des Finales das Anfangsthema des I. Satzes immer klarer zutage tritt – erinnert entfernt an den

hovens (hier Opus 135, dritter Satz) den Anstoß zu Variation Fünf gab, verleiht dem elegischen Schluss von Brahms' Meisterwerk im Verein mit dem erwähnten Zitat aus Schuberts „Unvollendeter" den Charakter eines großzyklischen, musikhistorischen Rückblicks auf das gesamte 19. Jahrhundert aus höherer Perspektive.

Auch in den darauffolgenden Klavierwerken op. 116 und 117 (1892) sowie op. 118 und 119 (1893) verwendet Brahms intervallisch-zyklische Ideen, so die herabsteigenden Terzkaskaden in den Capricci op. 116 Nr. 1, 3 und 7, von denen Nr. 1 und 7 in d-Moll, Nr. 3 in g-Moll stehen. Ähnlich basieren die Klavierstücke op. 118 Nr. 4 und 6 auf einem Dies-irae-ähnlichen Intervallschema mit Kleinterz und Kleinsekunde:

Notenbeispiel 22: Wiederkehrende zyklische Intervallschemata in den Klavierstücken op. 116 und op. 118

Septim- und Terzketten in den Capriccii op. 116 Nr. 1, 3 und 7 (vgl. auch das Intermezzo op. 119 Nr. 1)

Dies-irae-ähnliche Figuren in op. 118 Nr. 4 und 6

Dass Brahms übrigens mit derartigen absteigenden Terzkaskaden noch in seinen späteren Werken beschäftigt war, zeigt die quasi-zyklische Wiederkehr der fallenden Bassfigur d–B–G–Es–,B–,G aus *Ich wandte mich* (Nr. 2 der *Vier ernsten Gesänge* op. 121 von 1896) in Nr. 3 *O Tod, o Tod, wie bitter bist du* (Anfangsvokallinie h–g–e–c–cis'–e').[4]

Schlusssatz von Brahms' Streichquartett B-Dur op. 67, nur dass in diesem Werk die Ecksätze I und IV nicht miteinander verwandt erscheinen.

[4] Etliche früher entstandene Lieder von Brahms weisen ebenfalls fallende Terzketten auf: a) *So stehn wir* op. 32 Nr. 6: h–g–e–c'
b) *Die Spröde* op. 58 Nr. 3: h"–g"–e"–c"–a'
c) *Im Garten* op. 70 Nr. 1: e"–c"–a'–fis'–dis'–c'–a
d) *Abendregen* op. 70 Nr. 4: cis"–ais'–fis"–d"–h'

An dieser Stelle sei auch auf zwei bedeutende Studien über zyklisch-intervallische und protoserielle Tendenzen in der späten Klaviermusik von Brahms hingewiesen: Detlef Kraus, „Brahms' op. 116: das Unikum der sieben Fantasien", in: *Brahms-Studien 8* (1990), S. 49–60 (über ein mögliches Zitat des tschechischen Volksliedes *Ach není tu není* im gesamten Opus 116) und John Rink, „Opposition and integration in the piano

Ähnliche Terzspiralen prägen auch die tonale Gesamtarchitektur der *49 Deutschen Volkslieder* WoO 33 aus dem Jahre 1894. Wie John MacAuslan nachgewiesen hat,[5] pendelt das gesamte Werk zwischen zwei Terzformationen um C-Dur–G-Dur–h-Moll–G-Dur–E-Dur/e-Moll (Nr. 1–13, 19–26, 30–33, 39–42) und a-Moll–F-Dur/f-Moll–d-Moll (Nr. 14–18, 27–29, 34–38, 40, 43–49). Zudem basieren die Volksliedkonturen in den a-Moll- bzw. G-Dur-Stücken auf einer gemeisamen Dreiklangsmotivik um e–a–c' (a-Moll) bzw. d–g–a–h(–d'–e') (G-Dur). Dagegen verwenden die tonal schwächeren h-Moll-Nummern 4, 12 und 23 eine Quartengrundlage um fis–h(–ais). Die Art, wie Brahms gegen Ende des Werkes zunehmend modalere Nebenzentren wie das B-Dur in Nr. 25 (Kleinterz über G-Dur), das es-Moll in Nr. 28 (Moll-Submediante von G-Dur) oder die zwei fis-Moll-Stücke Nr. 35 und 37 (Variantparallele von a-Moll) einsetzt, erinnert entfernt an die *Liebeslieder-Walzer* op. 52 aus dem Jahre 1869.

Zusammenfassend können wir feststellen, dass Brahms' zyklisch-intervallische Strukturen sich hauptsächlich in drei Werkgruppen konzentrieren. Die erste Abteilung besteht aus drei Kompositionen der 1860er Jahre, nämlich dem Klavierquintett op. 34 (1864), dem Horntrio (1865) und dem *Deutschen Requiem* (1868). Hier besticht das Klavierquintett durch eine freie Handhabung klassischer Variationenformen, obwohl bereits in diesem zentralen Übergangswerk die ausgedehnten Metamorphosen der chromatischen Kleinterzen aus dem Anfangshauptthema des ersten Satzes beachtliche Ausmaße haben, besonders im langsamen Satz und in der höchst expressiven Einleitung zum Finale. Im Horntrio bevorzugt Brahms dagegen intervallische Kontraste zwischen naturhaften Quint-/Quartkonstellationen und melodisch-chromatischen Kleinsekunden, die schließlich im dritten und vierten Satz eine befreiende Synthese erfahren. Diese Art von angedeuteter Gesamtbogenform wird im *Deutschen Requiem* noch konsequenter für die Gesamtstruktur des ganzen Werkes eingesetzt, wobei sich Brahms hier womöglich etliche Bogenformen bei romantischen Komponisten wie Weber oder Berlioz zum Vorbild nahm.

In einigen Werken der Jahre 1869 bis 1873 (so die *Liebeslieder-Walzer* und die *Haydn-Variationen* op. 56a) wendet sich Brahms freieren zyklischen Formen zu, wobei auch die harmonisch-tonale Gestaltung eine größere Rolle spielt,

---

music", in: *The Cambridge Companion to Brahms* (1999), S. 79–97, insbes. S. 94–97 über op. 118 Nr. 6 als stilistischer Vorbote zu Schönbergs seriellen Techniken.

[5] John MacAuslan, „The Artist in Love in Brahms' Life and in his ‚German Folksongs'", in: *Music and Letters 88:I* (2007), S. 78–106, insbes. die Tabelle mit Tonartenbeziehungen auf S. 97.

stilistisch gewissermaßen die Vorstufe zu den intervallisch-kontrapunktisch gestimmten vier Symphonien der Jahre 1876–1885, die zusammen unsere zweite Abteilung bilden. Sind in der ersten Symphonie (1876) noch Beethoven'sche Schicksalsrhythmen und etwas an Wagner (*Tristan*-Vorspiel) gemahnende chromatische Urlinien vorherrschend, so stößt Brahms in seiner zweiten und dritten Symphonie (1877 bzw. 1883) zu einem persönlicheren Stil vor, in dem die grundlegenden zyklischen Ideen gleich zu Beginn vorgestellt werden und das gesamte Werk prägen, inklusive der tonalen Organisation der Ecksätze. Diese Art von vereinheitlichender Konzentration wird sodann in der vierten Symphonie (1885) nach dem Vorbild gewisser Kompositionen Bachs (tonale Terzgestaltung der *Johannes-Passion*) noch zielstrebiger weitergeführt, indem Brahms streng gegliederte Terzketten aufstellt, die am Ende dies Finales und auch im langsamen Satz wiederkehren. Hier kann man bereits von einem protoseriellen Stil sprechen, wie er uns auch in der 1888 vollendeten d-Moll-Violinsonate entgegenleuchtet. Die in dieser Sonate dominierenden Quartenschichten mit phrygischem Einschlag erinnern auch an die ausgedehnte Verwendung von Quarten, Quinten und Tritonus-Gebilden im Doppelkonzert von 1887. Allen diesen Werken gemeinsam ist eine ungemein flexible Handhabung von freimodalen Strukturen, die wiederum an die dritte Symphonie erinnern und im Verein mit Brahms' linear und protoseriell geprägten Intervallschemata sowie seinen martialischen Ostinatorhythmen schon auf den frühen Igor Strawinsky und auf Béla Bartók hinweisen.

Die letzte Gruppe von Brahms' zyklisch-intervallischen Meisterwerken muss in den Kompositionen der Jahre 1891 bis 1893 gesehen werden. Bereits das Klarinettentrio und das Klarinettenquintett (1891) führen die protoseriellen Tendenzen der vorangehenden Werke noch einen Schritt weiter, indem die ganze Komposition bereits im Kopfsatz klar vorgezeichnet ist. Von diesen beiden Werken mag man das Quintett womöglich als noch zukunftsweisender bezeichnen, da die ersten vier Takte des ersten Satzes zwei gegensätzliche Schichten andeuten, die in den folgenden Sätzen aufeinanderprallen und erst im Finale-Variationensatz allmählich ausgeglichen werden. Ähnliches gilt für die späten Klavierstücke op. 116 und 118, deren wiederkehrende zyklische Intervallstrukturen mit kontrastierenden lyrischen Stücken abwechseln (wie in op. 116 Nr. 2, 4 und 6 oder op. 118 Nr. 2 und 5 mit gegensätzlichem Quartenmotiv). Aber auch die *Deutschen Volkslieder* aus dem Jahre 1894 verwenden analoge gegensätzliche Kontrasteffekte zwischen den beiden tonalen Ebenen um C-Dur–E-Dur–G-Dur und d-Moll–F-Dur/f-Moll–fis-Moll–a-Moll, die aber hier durch eine gemeinsame Dreiklangsmotivik gemildert und schließlich ausgeglichen werden.

Aus historischer Sicht erscheinen Brahms' ungemein flexible und variable Strukturen als einzigartige kreative Formgestaltungen im 19. Jahrhundert. Dies gilt besonders für die poetischen motivischen Metamorphosen seiner Grundideen, deren harmonisch-modale Satzbereicherung und seine Symbiose gegensätzlicher Intervallschemata. Sucht man hier nach möglichen stilistischen Vorbildern, so könnte man höchstens den späten Mozart anführen, der seinerseits das Spätwerk Haydns und Beethovens entscheidend geprägt hat.[6] Auch vereinzelte Werke des von Brahms hochverehrten Robert Schumann, wie dessen Klavierzyklus *Carnaval* op. 9 (1834/35) und 2. Symphonie C-Dur op. 61 (1845/46) können als „vorbrahms'sche" Gesamtzyklen bezeichnet werden, da ihre Schlusssätze die umfassende motivisch-harmonische Einheit des gesamten Werkes bekräftigen. An dieser Stelle sollte auch Dvořáks 9. Symphonie e-Moll op. 95 „Aus der Neuen Welt" (1893) gebührende Erwähnung finden, denn die ausgedehnten Terzverwandtschaften dieser zyklischen Komposition erinnern besonders stark an Brahms' zwei letzte Symphonien, die Dvořák sehr gut gekannt hat.[7] Eine letzte Nachahmung von Brahms' sinfonischen zyklischen Strukturen findet sich auch womöglich in Anton Bruckners fast vollendetem Finale zu seiner 9. Symphonie (1887–1896),[8] das im Gegensatz zu Bruckners früheren Symphonie-Finalsätzen fast das gesamte Material der ersten drei Sätze noch einmal vorüberziehen lässt und zyklisch-intervallisch angleicht:

Tabelle 2: Zyklische Wiederholungen aus den früheren Sätzen von Bruckners 9. Symphonie

Finale-Takte	frühere Sätze	Bemerkungen
109	I 97	lyrisches Nebenthema (Sexte)
146–147	I 18–19, III 1–2	punktierte Kleinnone
171–177	III 33–36	Choralapotheose
205–210	I 90–93	phrygische Kadenz
219	I 161–162; III 235	Schlussgruppe mit leeren Quinten
257–258	I 277–278	Nebenthema mit pizz.-Begleitung
363–381+532–535	I 66–67+371; III 4–5	Auftaktfigur

---

[6] Nors S. Josephson, „Mozart, Haydn und Beethoven", in: *Bonner Beethoven-Studien 8* (2009). S. 43–76, insbes. 64–73.

[7] Nors S. Josephson, „Intervallic Structures in Dvořák's Symphony No. 9", in: *The Work of Antonín Dvořák*, Prag 2007, S. 217–223.

[8] Veröffentlicht von Nors S. Josephson in seiner Rekonstruktion des gesamten Finales, Stuttgart 2007.

Jüri Reinvere

Lebenskreuzungen
Wie Brahms' Musik die Menschen trifft

Abstract. In the following essay written by one composer about another, the Estonian-born poet and composer Jüri Reinvere examines what the music of Johannes Brahms means to him. As a child, he had discovered the language of fear, grief and comfort through *Ein Deutsches Requiem*. There had been a certain affinity between Reinvere's experiences in Estonia under the Soviet occupation and the sense of darkness in Brahms's early life in Hamburg. As a student of composition in Poland however, Reinvere rather surprisingly discovered elegance in Brahms's thematic invention and at the same time realised the necessity of developing oneself over and above the profound influence of one's own heritage. In a Finnish rectory and as an emerging composer, he began to understand the deep layers of humanity in Brahms's music with all its joy and misery, desperation and reconciliation. He realised how the music gained internal strength not from isolation, but from a bold life in which Brahms was surrounded by a great variety of people. On hearing the late choral prelude *Herzliebster Jesu* in a church in Liverpool, Reinvere was made aware how the very essence of music accepts human existence in all its grim beauty.

1981

Die kleine Stadt trägt einen kurzen deutschen Namen: Hapsal; Tschaikowsky saß dort einst als junger Mann auf einer Parkbank und hinterließ zur Freude von tausenden russischen Touristen Sehenswürdigkeiten, aber auf Estnisch heißt sie Haapsalu, Hain der Espen. Sie liegt an der Westküste Estlands – der Ort ist nichts Außergewöhnliches: eine sich räkelnde Stadt, schlammige Buchten, von Schilf gerahmt; eine Hauptstraße mit ein paar Kurven und hinterm letzten Bogen die Burgruinen. Durch die heiße, sommerliche Wärme dringt die Gegenwart des Meeres, die Präsenz der seichten Ostsee – spätabends spiegelt des Meeres Badewannenwasser Menschen in den Himmel und zeichnet neben die Schreie der Möwen lange Linien in der untergehenden Sonne. Der Bahnhof ist wie einem Filmsetting entsprungen: zaristische Schnürsenkel, grünes Holz, von Nagekäfern zerfressen, und

Bahnsteige, die nach dem Öl eines ganzen Jahrhunderts riechen. Die Station befindet sich am Rand der Innenstadt; dort, ein paar hundert Meter weiter, an der Hauptkreuzung, erheben sich Betonwürfel – in deren äußere Schale haben Architekten wie in einen Teig schmutzige Fenster gepiekst: drei Einkaufszentren, eine Sparkasse und eine Treppenreihe hinauf.

Aber keine dieser Treppen duftet, keine atmet – und kein Geist bringt sie zum Leben: Der Laden ist leer, die Kunststoff-Geländer sind abgerissen, in den Aufzug hat jemand gepinkelt. Eine wackelige Xanthippe, die all dies mit einem grauen Fummel reinigt, nein, den Lappen auf den Boden prügelt, ist schlecht gelaunt. In der Nähe liegt eine Basis der Roten Armee, gleich gegenüber vom schurkischen, niemals aufgebenden, U-Boot-spuckenden Schweden. Und der Flughafen knistert und blafft. Tagsüber fliegen die MIG-Flugzeuge direkt über der Stadt, mit der krummen Nase nach unten, als möchten sie darauf sabbern. Wenn sie fertig sind, werden in den Straßen die Touristen erscheinen: als Feen, in zarten, flatternden Kleidern; sie gehen zum schlammigen Strand, dann ins Kaufhaus und ins Kino, dort läuft eine Komödie von Mosfilm.

Aber dem Geist dieses Weltreichs entsprechend war es neben dem Kino, im Betonkaufhaus leer, ganz gnadenlos – Abteilungen, die keine Berechtigung hatten, leere Regale, Fischkonserven und links davon: ‚sonstige Waren' mit einer atemberaubenden, massiven Verkäuferin, deren ganzes Wesen ein einziger Aufruhr im Namen von Händels Locken war. Sie stand neben ihrer Freundin, mit der sie in rasendem Tempo tratschte, und versteckte hinter ihrem Rücken Brahms' *Deutsches Requiem*. Auf der Titelseite sah ich braune Gewölbe, ein paar Streifen Sonnensegel, alle in Kakaofarben, und in riesigen Buchstaben НЕМЕЦКИЙ РЕКВИЕМ. Брамс. Außerdem hatte die Verkäuferin noch eine Vase für 3 Rubel 45 Kopeken, und eine Plastiknudelrolle für 50 Kopeken. Es gab auch Postkarten mit Sofia Rotaru und Aschenbecher, auf denen КПСС (also KPdSU) eingraviert war.

Ich war hierhergekommen von der Insel Worms, mit einem kleinen Boot, für einen Tag. Meine Mutter hatte hier etwas zu tun. Worms lag an der Frontseite der Bucht von Haapsalu, eine Bootsfahrt entfernt, und war zumindest damals praktisch unbewohnt. Hier verliefen die Außengrenzen der UdSSR – die Dörfer, wo man ursprünglich Schwedisch gesprochen hatte, waren leer, es gab einen Kolchos auf der Insel und in jedem Dorf ein oder maximal zwei verbliebene Häuser. Der Rest war voll mit Hausruinen, deren Schornsteine noch standen, und mit früchteschwangeren Bäumen, Johannisbeerbüschen und tausenden Kreuzottern.

Also war ich – in Gummistiefeln, Jeansjacke, T-Shirt mit dem Logo der Olympischen Spiele von Moskau darauf und mit dem wenigen Taschengeld, das ich hatte – gekommen, fest entschlossen, die Platten zu kaufen.

Ich legte das Geld – den Rubel und die 45 Kopeken – auf den Tresen und fragte mit zarter Knabenstimme: „Kann ich bitte das Requiem haben?". Die Verkäuferin platzte heraus: „Kriegst du aber nicht. Ist nicht für dich." So war meine erste Erfahrung mit Brahms ein Kampf – ich musste mir einen Weg durch all diese Locken schnitzen, diese Körperteile, diese Kleidung, dieses frenetische Flüstern und all diese Vasen.

Aber es lohnte sich, die Schallplatten wurden mein – und ich war selig. Noch nie hatte ich diese Aufnahme gesehen, nicht einmal diesen Komponisten – weder auf Tallinns Rathausplatz, wo es den einzigen Schallplattenladen gab, noch hatte ich Brahms in den Plattenläden von Leningrads Newskij-Prospekt bemerkt. Und in Moskau gab es ihn auch nicht. Deutsche Musik war kein Teil der sowjetischen Liturgie, aber hier, in Haapsalus felsigem Kaufhaus, bewacht von der Urfrau, gab es ihn.

Dann – die Fahrt zurück auf die Insel. Gummistiefel quietschen auf dem Boot, die Hosen werden von den Wellen feucht. Die Platte ist in einer Plastiktüte geschützt, in meiner Umarmung, so dass sie nicht nass wird. Hafen. Heimfahrt, der Staub auf dem Weg wirbelt auf. Schlaf kommt in die Augen. Endlose Straße. Die holzige Stille des Hauses, knarrende Fußböden. Die Fensterscheiben.

Ein Knattern auf der Schallplatte, statische Elektrizität.

F-Orgelpunkt.

Hamburg.

***

Und es war eine große Angst, die dieser Orgelpunkt auslöste. Als wäre f ein riesig-riesiger Grund des Ozeans, und als gäbe es nichts: kein es, keinen B-Dur-Quartsextakkord, um dieses Gefühl zu lindern; sondern als würde der gesamte Boden wie eine einzige Masse ansteigen und alles, was lebendig ist, in seinem Schlund verschlingen. Alle Dörfer, Bäume, umgestürzten Mühlen und Mauern.

Die Angst hatte einen Kern – und man könnte ihn exakt benennen.

Am Abend rasselte das Radio, auf Estnisch, Kunstprogramme des ersten Kanals, der Klang dünkte tröstlich. Schumanns Briefe. Gogols Werk. Alles andere um diesen Klang herum erstarrte bereits in der Luft, zumindest schien es so. Bewusstsein einer blutleeren, kampflosen Wucht: Es hatte keine Worte, zumindest nicht für Kinder. Es hatte keine Sprache. Es hatte keine Möglichkeit, in Erscheinung zu treten außer als vage Furcht oder als Kunstexplosion – offiziell hat es nicht existiert.

Und diese Angst hatte einen Kern: Verlust. Verlust schon vor der Geburt – mehr und mehr russischsprachige Straßen, Radiostationen, die aus irgendeinem Eigenantrieb wieder mehr und mehr Russisch sprachen; und der Krieg in Afghanistan, der die Gerüchte umlaufen ließ, dass es für einen Esten ein Glück sei, auf dem Flughafen zu arbeiten, um die Zinksärge zu verladen. Das Kind sog alles ein: vage, ohne zu unterscheiden, die Angst, die aus den grauen Straßen kam oder die vom Schulleiter ausging, der damit drohte, die Schule in eine russischsprachige umzuwandeln. Oder die Tatsache, dass es eine Möglichkeit gab, aus all dem herauszukommen: die Altstadt von Tallinn mit ihren historischen Schichten und der Verheißung: Ein anderes Leben ist doch möglich! Oder die einsamen Inseln in der Ostsee: der Ruf der Unendlichkeit des Meeres, als wäre es voll von Sirenen, Sirenen der grauen Ostsee, die sicherlich auch graue Augen haben.

Und am Meeresgrund: der F-Orgelpunkt.

Und ein schon in die Kinder hineingehämmertes Verständnis von Trauer. Trauer, die auch nicht sprechen kann, aber irgendwo zwischen den Zeilen, zwischen den Erfahrungen verborgen ist: Natur, am wildesten. Worms. Grenzüberwachungsautos blasen über die Schotterpiste – sonst ist diese Insel nicht so eindrucksvoll militarisiert wie der Rest Westestlands. Natur, die atmet, Freiheit des Meeres, die frischen, windigen Abende, wenn die Luft zwischen den Leuchttürmen an der Ostsee hindurch weht.

Und oben auf – Erleichterung, dunkel, vage, chromatisch direkt hinunter: Die Sonne sinkt, die Sonne geht auf, der Geist der Jahrhunderte an den Tallinner Straßen, die alten Bäume, die den Stürmen hartnäckig widerstanden haben. Erinnerung, Schallplatten, Nachtradioprogramme, großzügige Kaufhausverkäuferinnen in Haapsalu; und die Lichter der nordseenahen Stadt an der Elbe, die in dem glatten, großen Wasser spielen. Niedrige, dichte Fasern von Wasser, auf der Oberseite Lichter: fest, schimmernd, Kirchtürme, Hotels, Alleen. Aber alles ist flach, alles atmet des Meeres Salz und Bitterkeit.

Ich, auf Worms, beim Hören, erkannte es sofort: die Stadt. Die Angst vor der Zukunft. Die Aussichtslosigkeit, die direkt von den Generationen verinnerlicht wird: dass man, bevor man lebt, schon verloren hat. Zumindest als Armer, zumindest als Angehöriger eines kleinen Volkes. Zumindest im Specksgang, bei steinigem, staubigem Geruch – irgendwo, wo nur ganz selten einmal Generationen ohne den gleichen Verlustgeschmack im Mund geboren worden.

∗∗∗

Und am Anfang war das Wasser. Es ist schwierig, sich vorzustellen, dass ein Komponist wachsen kann ohne die Anwesenheit von Wasser – vielleicht kann man deswegen in der Wüste theologisieren, aber nicht Musik schaffen. So steht am Anfang das Wasser, zugleich zermalmend und vereinend, unmäßig und gleichmäßig. Und nur dann entsteht die Melodie.

Und dann, als Erbe Schuberts, der Wechsel von Dur zu Moll, leicht, wie ein Zauber, und von Moll zu Dur; und der Orgelpunkt hat es bereits vorhergesagt: In der Tat, Dur und Moll sind das Gleiche, zwei Seiten derselben Einheit.

Und so am Anfang, unverstanden noch: herabströmende, chromatische, heiße, aber bereits gekühlte Masse; und – sonst für das Ende einer Brahms'schen Form typisch – irgendwo jenseits all dieser Zäsuren, Manschetten und Formteile: der erlösende, aber zunächst durch Bedrohung aufgeladene Orgelpunkt; herunterrutschende, reuige Melodiereste – dieser chromatische Abwärtsgang wie eine ganze Generation von Männern, die pfeifend ins Grab geht.

***

1991

In Moskau kocht es Richtung Putsch. Ich bin – in der Mitte all dieser Ereignisse – einen Sommer lang in Krakau. Die Weichsel fließt rasch durch die Stadt neben dem ‚heiligen' Wawel-Schloss, mehr oder weniger voll von Touristen. Birutė, bei der ich einmal in Vilnius wohnte, ruft mitten in der Nacht an und haucht atemlos ins Telefon: „Sagen Sie jedem, dass die uns angegriffen haben!". Panzer bewegen sich nachts in Richtung Vilniuser Fernsehturm, neben dem Birutė wohnt. Ich habe den ganzen Sommer in der Krakauer Wohnung verbracht. Sie liegt gleich außerhalb der Altstadtmauern. In der Wohnung finden sich Schallplatten, Bücher, umhüllt vom Schweigen unter hellem, theatralischem Sonnenlicht. Ich verbringe meine Tage, indem ich die Korrespondenz von Komponisten lese, die die ehemaligen Hausbesitzer dort zurückgelassen haben, Journaleinträge, die Papst-Clips aus den Zeitungen. Tagsüber gehe ich durch die Straßen wie über einen gewundenen Strand, ich finde keinen richtigen Kontakt zu dieser Stadt, ihre Nähe scheint unerreichbar zu sein.

Die italienische Regierung hat Krakau, der päpstlichen Stadt, als Geschenk die Fernsehsendungen von Rai Uno zugänglich gemacht, wo papageienbunt bekleidete Mädchen in „Tutti Frutti" auftreten. Ich treffe Menschen, die meistens mein Estentum sehen wollen, um es zu berühren und Federn davon auszureißen: Ich bin ein seltsames Wesen aus dem unbekannten Norden.

So bekomme ich Einladungen. Die Häuser der Aristokratie. Die Häuser der Universitätsmenschen. Die Häuser der Studenten. Die Tische, das Tafelsilber, die Karpfen in der Badewanne, die auf ihre Umsetzung warten;

Gelee an langen, ovalen Platten. Menschen, Menschen, Schatten rund um Esstische, mit Weißwein gerahmte Tische, beleuchtete Tische, dunkle Tische – es kann sein, dass ich auf einer Eckbank mit Szymborska saß und zwei Päckchen Zigaretten wegschlotete; es kann sein, dass sie irgendjemand anderes war – all diese Schatten verbreiten sich in meinen Erinnerungen als endlose Schlangen von Adieus in Vestibülen. Schwere, sich drehende und wendende Treppenellipsen mit dicken, groben, luftleichten Dekorationen, Emailtürschilder, hundert Jahre alt. Doktor. Rechtsanwalt. „Mein Großvater, nicht ich."

Ich nicht – meine Erinnerung, nicht ich, sondern jemand anderes – dieser berühmte Mittelpunkt von allem. Aber es ist nicht Moskau, nicht Warschau, es ist Wien; in Krakau dreht sich alles um den Ruhm Wiens; in der ganzen Stadt flüstert man nur noch über Wien, als könnte man Wien wieder unten aus dem Regal nehmen, um es zu polieren und es auf den Ehrenplatz des ganzen Gehäuses zu stellen.

Die Kristalle auf diesen galizischen Tischen; ich lerne schnell. Ich lerne, wie man die Hände der Damen auf rechte Weise küsst, wie man siezen muss: in drei, vier, fünf verschiedenen Ebenen. In welcher Reihenfolge ich in den Raum sagen sollte, was ich zu sagen habe. Es geht schnell, aber dann, an einem Tag ist mein Akzent in der Sprache plötzlich weg, und die Menschen in den Zügen bemerken nicht mehr, dass ich kein Pole bin.

Nachts rollen die Klänge wie Perlen auf den Katzenkopfpflasterstraßen entlang, hinunter zum Ufer der Weichsel – und deren Echo, das Echo der berühmten Bögen von Tausenden Innenhofgewölben, schneidet nichts ab vom Einschwingvorgang des Urklangs.

***

Dann, eines Abends, nach dem Klirren der Teller, war ich wieder nach Hause gekommen und nahm Brahms' erste Violinsonate aus dem Regal.

Noch brennen die Kerzen in der Wohnung, noch glitzern die Glasfenster. Draußen herrscht Dunkelheit, die Zweige der Bäume wiegen sich, noch klingt der Fidelio-Ruf der „Deutschen Welle" in meinen Ohren, noch ist es Tag in der Mitte der Nacht, noch ist es zu früh, um ins Bett zu gehen.

Die enge Stimme der Lautsprecher: wieder ein leises Knistern (ganz Osteuropa wird nicht mit Singen, sondern mit Knistern befreit!). Von einem kurzen Sprungbrett aus springt die Violine in einem G-Dur-Dreiklang nach unten, als ob sie eine Feder wäre, bei den Olympischen Spielen. Dabei falle ich fast mit in den Sessel, nicht zuletzt wegen all dieser Getränke, die beim Abendessen serviert worden waren. Ach, wie unerreichbar, wie leicht ist dieses Thema in seiner Vollkommenheit! Wie perfekt schwebt es, genau hier, genau hinein in diese Zeit!

Bevor ich das Tallinner Musikgymnasium mit dem Abitur abschloss, hatte ich Fieber – wirklich drei Arten von Fieber: das Orgel-Fieber, das Szymanowski-Fieber und das Fieber alt-estnischer, geistlicher Volkslieder. Meine Gedanken waren wie nordische Holzfiguren: steife, raue, unfertige Klanggewinde, die sich eher wie eine Schlange in den eigenen Schwanz bissen als dass sie auf dem Weg nach irgendwo gewesen wären.

Und hier, in Brahms' Sonate, nichts Vergleichbares. Weit weg ist der erfrorene Geist des Winter-Dunkels. Wenn man Sätze wie Kristall schleifen, Musik wie einen Stil betrachten wollte, dann ist dieses Thema eine Inkarnation der Vollkommenheit und schöner als alle Gemälde Venedigs.

Und zur gleichen Zeit konnte ich nicht umhin zu denken, dass diese Tonfolge, landend in einem Fangnetz aus G-Dur-Akkorden, von jemandem, vielleicht Brahms' Muse, hätte belastet werden können. Aber das ist nicht geschehen – die Violine dreht sich in ruhiger Bahn rund um die Klavierakkorde, eher in Selbstvertrauen als in Sehnsucht. Was ist die Essenz dieses Themas? Und was definiert dessen Perfektion? Das Thema selbst oder sein ganzes Umfeld?

Die Helligkeit des Themas ist unverkennbar seine größte Tugend, aber nicht die Phantasie sorgt für die Intensität der Ausstrahlung, sondern die Eleganz. Nicht Perfektion, Formbarkeit, nicht Passagenleichtigkeit, nicht Unvorhersagbarkeit, sondern Eleganz. Aber es gibt kein Kapitel in der Palestrina-Lehre über Eleganz, es gibt keine Kurse in der Akademie darüber – und das alles, wo man das Wort „Eleganz" so wenig in Verbindung mit Brahms bringen würde! Sogar Beethoven und Ravel genügen dieser Art von Eleganz-Ideal nur selten. Gewiss, Perfektion kann jeder erreichen, aber selten ist durch dieses Erreichen etwas gewonnen; für die Eleganz des Themas braucht man eine elegante Denkweise, und für die elegante Denkweise ist ein eleganter Lebensstil erforderlich – zumindest in der Seele und bei der Ernährung: Der beste Weg, um ein Komponist zu werden, ist nach dem Kontrapunkt gleich die Gastronomie.

Nein, man muss verstehen, was nicht elegant ist, bevor man diese Kunst lernt. Man muss zu seiner Herkunft – wie auch immer – Abstand gewinnen und durch das Erwachsenwerden seinen Blick weiten. Und wenn zu dem G-Dur-Thema alles gehört, was es umgibt, dann ist auch Brahms nicht nur der arme Junge aus dem Gängeviertel im grauwolkigen Gewirr Hamburgs, sondern ebenso ein feiner Wiener Herr, der zu seiner Umgebung perfekte Liaisons pflegt.

Hier ist, in ein und derselben Nacht, zwischen einer Violinsonate und lauter Kristallvasen entschieden, dass ich noch viel lernen muss; und bevor ich lernen kann, muss ich erst einmal vergessen.

***

Im Herbst wird in einer kleinen schlesischen Stadt – der Zusammenbruch der Sowjetunion beginnt bereits, aber ich bin immer noch bei Brahms – auf einem Festival das Klavierquintett in f-Moll gespielt.

In einem holzigen, kleinen Raum verstärkt sich jeder Bogenstrich, die Nähe wird kratzig, und dieses Werk, das ich persönlich sowieso als schwierig empfinde und auf dem ein starker Innendruck des Komponisten lastet, dringt mir direkt in die Haut.

Bei der ersten Symphonie – die, wie ich denke, in sich selbst problematisch ist (das liegt nicht an Brahms, sondern an Beethoven), verstehe ich Brahms' Druck gut. Und ich verstehe die große Erleichterung, die aus jeder Note der zweiten Symphonie strahlt – jedoch glaube ich nicht, dass sie von einem glücklichen Mensch geschrieben wurde.

Sind die Menschen denn jemals glücklich gewesen – auf dem Weg durch die romantische Waldung, wo doch jeder Busch die Wanderer bis aufs Blut gekratzt und zum Schreien gebracht hat? Das Seitenthema im letzten Teil des Quintetts ist innerhalb des Werks nichts Außergewöhnliches, aber es kämpft auch nicht umsonst. „Das gesamte Quintett ist nur für diesen Moment geschrieben worden", denke ich, aber ich habe keine Beweise dafür, ich habe nur meine eigene Intuition.

Die Idee einer Erlösung, die Menschen spenden können, inmitten einer Parade von Verlusten und Stürmen, war zu Brahms' Zeit so schockierend wie alles andere – die Manifestation der Unendlichkeit des Menschen, statt jener Gottes; und alle Philosophen und Wissenschaftler mögen diese Idee seither, weil man mit ihr so gut die Vergänglichkeit der Zeit unterstreichen kann. Erstaunlich, ja: Dem Flüchtigen wird romantisch weniger Bedeutungswert zugemessen, als der Festigkeit des Ganzen, obwohl die Form sich nur in diesen Fluchtpunkten manifestieren kann, in diesen Kondensationen, deren Meisterschaft Brahms von Beethoven geerbt hat. Aber es ist wie bei allen guten Komponisten: Auch stehlen können muss man elegant.

Der Strand, an den dieser Moment gespült wurde, ist absolut grauenhaft: Einige Nachlässe verstorbener Basisakkorde, das ganze Werk durchaus schwankend zwischen f-Moll und Des-Dur, vage, ziellos, verloren auf den Pfaden, als wäre die Musik ein Jo-Jo-Spiel und nicht der Schatz der wahren Gläubigen.

Und wenn es etwas Erhebendes gibt in diesen Bauplänen, so ist es nur die Fähigkeit, Fluchtpunkte zu komponieren, oder genauer: Es ist nicht schwer, diese Nullpunkte zu schreiben, so etwas kann jeder. Die Kunst beginnt damit, wie das Zentrum erreicht wird und wie man von dort weg fließt.

***

1994

Das Pfarrhaus verfügt über große Fenster wie in Japan, und in den Fenstern drei große Apfelbäume. Im Frühling blühen sie wie wahnsinnig, und im Winter sitzen darauf unter dem dicken Schnee leuchtend rot die Gimpel. Die Landstraße Lahti-Tampere verläuft in der Nähe, sie heult leicht; dieses südfinnische Dorf schläft den ganzen Winter über einen ruhigen, samtigen Schlaf.

Insgesamt wohnen im Pfarrhaus vier. Die Gastgeber sind beide Pastoren. Sie haben einen Sohn, und dann werde ich dort leben – ich arbeite als Organist, in der Stadt dreißig Kilometer entfernt. Täglich fließen durch das Pfarrhaus Dutzende von Menschen. Zunächst gibt es mehrere Freunde bei dem Sohn. Alle haben Familien, und die Familien haben Probleme, zumindest oft. Dann gibt es noch all die anderen. Das Dorf hat kaum soziale Dienste, eine Bar, und sogar die steht an der Ecke der Pfarrhausgasse. Die Stammgäste kommen ab und zu ins Pfarrhaus, um nüchtern zu werden.

All dieses finnische Leben fließt durchs Haus. Jene, die heiraten wollen. Verlassene. Kinder von Alkoholikern. Alkoholisierte Kinder. Jene, die andere verlassen wollen. Jene mit einem Hirntumor. Jene, die sterben wollen. Die Armen, die glücklich sind. Die Armen, die unglücklich sind. Reiche, glücklich und unglücklich.

Und ein richtiger Komponist werde ich nicht an der Sibelius-Akademie. Alles, was für mich ein Komponist zu werden heißt, wird in der Mitte dieses nie endenden Flusses finnischer Landwirte entstehen.

Aber ich hätte es nicht geschafft ohne die Anwesenheit des „Selig sind" in meinem Kopf, ich hätte es nicht ohne die Werke der Versöhnung verstanden, nicht ohne die Zweifel zwischen f-Moll und Des-Dur. Ich konnte es nicht verstehen ohne die Erscheinung der Alster, ich konnte es nicht verstehen ohne die Rote Armee, die das Dorf meiner Großmutter überfallen hatte, und ich konnte es nicht verstehen, ohne dass meine Großmutter zehn Jahre später einen Mann aus eben dieser Division heiratete.

So nenne ich selbst die Jahre im Pfarrhaus meine Brahms-Jahre. Um zu komponieren, muss ich etwas von den Menschen verstehen, und um etwas von den Menschen zu verstehen, muss ich in ihrer Mitte leben – und genauso kann man Musik nicht durch Komponieren verstehen, sondern nur durch das Leben.

Wenn ein Komponist überhaupt je in der Lage war, Menschen zu verstehen, so ist es – vermute ich – Brahms gewesen. Aber er versteht sie nicht durch Anstrengung, er versteht sie dank seiner Herkunft und dank den Städten, in denen er gewohnt hat, und dank seiner Arbeit, die ihn hineinführt direkt in die Mitte der Menschen.

Als Teil meiner Arbeit muss ich den Kirchenchor begleiten. Ich begleite auch einen Chor für Unterhaltungsmusik, aber der ist viel ruhiger. Manchmal reist der Kirchenchor. Die Tourneen sind rasend und übertreffen die Reisen des Unterhaltungschores ohne Zweifel. Nach dem Konzert sehe ich mehrere Sänger nicht mehr; und die gläubigste Frau im Kirchenchor, vierzig Jahre älter als ich, die jeden Sonntag zu Fuß zum Abendmahl durch meine Orgel geht, kommt in Spanien im Hotel in den Aufzug zu mir – pudelnackt.

Ich muss etwas komponieren. Ein Festival hat ein Werk bei mir bestellt, und ich habe schnell gewählt: die Besetzung von zwei Streichquartetten mit Soloklavier. Offenbar habe ich den starken Willen, mein Vorbild zu schlagen – und von Anfang an ist mir auch klar, dass das letzte Klaviersolo sich rund um den Ton f drehen wird. Aber all dies geschieht unbewusst, von mir selbst aus habe ich natürlich nichts kopiert.

Ich ziehe mich zurück an einen finnischen See und lande innerlich, wie leider oft, in einer Sackgasse. Das kirchliche Kurszentrum ist leer, eine riesige Kantine steht verlassen da mit tausenden von Tellern – es ist Winter, der See, auf den man einen herrlichen Blick hat, ist gefroren, ich wandere von Duschbad zu Duschbad, über den knackigen Schnee zur Sauna hinunter und wieder nach oben, und ich frage mich, was soll ich auf der Erde als nächstes tun.

Abends fahre ich nach Hause, niedergeschlagen. Im Fernsehen gibt es ein Eishockey-Spiel, und das Pfarrhaus ist bedrohlich voll von jungen Menschen, die sich rund um den Fernseher versammelt haben. Der Lärm ist unbeschreiblich, der Ort ist voll von Flaschen, runzeligen Teppichen und Hundehecheln.

Und dann ging ich zum Klavier, gleich neben dem Fernseher, und fing an zu komponieren. Menschen! In Pfarrhäusern und Pubs, in der Mitte der Stadt, in Hallen, auf Rathausplätzen und in Nebenstraßen – Menschen. Des Lebens Anfangs- und Endpunkte, Bahnhöfe, Kirchen und Beerdigungen, jenseits der Worte. Aber wie man in moralischen Zeiten etwas in den Puffs lernen konnte, so kann man in obszönen Zeiten etwas in den Pfarrhäusern lernen – also ein für alle Mal: Ohne die Häfen Hamburgs wäre Brahms nicht der, als den wir ihn kennen.

***

Es gibt vielleicht drei wirklich bemerkenswerte Komponisten in meinem Leben, aber die Bedeutung von Brahms ist die persönlichste.

Ein sehr guter Grund, in der Sibelius-Akademie zu bleiben, war die Satzlehre. Sechs Jahre saß ich mit meinem Professor, in privatem Unterricht, und komponierte schwitzend im Stil anderer Komponisten. Im dritten oder vierten Jahr habe ich auch Brahms' Händel-Variationen geschrieben.

Ich war in jenem Sommer in Stockholm und beeilte mich mit dem Schreiben. Ich habe so viel Terzrückungen aufwärts geübt, dass sie mir nach gewisser Zeit leichtfielen, und am Abend, beim Geschirrwaschen, versuchte ich, auch die Teller in Terzen aufwärts zu rücken.

Nach einer Woche Übung fängt meine Handschrift an, wie die von Brahms auszusehen. Ich hasse die Variationsform, aber um die Musik zu meistern, ist sie für den Komponisten am nützlichsten – und ein Großteil Musik besteht sowieso im Variieren, zumindest, wenn das Statistische Bundesamt eine Erhebung vornehmen würde.

In der Akademie habe ich eine Meinungsverschiedenheit mit meinem Professor – für mich ist der Orgelpunkt eine Äußerung von immenser Intensität, für ihn eine totale Abnahme der Intensität und eine musikalische Ereignislosigkeit. Aber einen Orgelpunkt bei Brahms zu backen, geht leicht, er entsteht spontan; die Erzählung, der Rahmen – durch die harmonischen und rhythmischen Sequenzen von Illusionen bis zur Mündung in den Orgelpunkt – sind für diese Musik sehr natürlich.

Das Endergebnis solcher Begegnungen mit meinem Professor war, natürlich, eine musikalische Bestialität. Ich bin mir voll und ganz der Nebenwirkungen bewusst, die das Aufwachsen eines Komponisten nach sich zieht, aber ich lasse mich nicht leicht entmutigen, wenn schon grundsätzlich nicht, dann erst recht nicht der unbeantworteten Fragen wegen – glücklicherweise stellt die Musik mehr Fragen, als sie in ihrer eigenen Zeit beantworten kann.

In der Orchestrationsklasse orchestriere ich Brahms' Klaviermusik; ich weiß nicht mehr, welche. In einem anderen Kurs wurde Brahms' Orchestrationstechnik als „plump" bezeichnet und ich war interessiert, was der Orchestrationslehrer dazu sagen würde.

Mein Lehrer kommt aus Russland, aber wir reden miteinander Finnisch. Er hob die Schultern und fragte: „Wer denkt so?" – und setzte sofort nach: „Aber Brahms ist doch kein Franzose. Er kommt aus Hamburg, von Schinken und Bier. Natürlich ist er so genau so kräftig in seiner Orchestrierung."

Dann sah er mich an und fügte plötzlich hinzu:

„Nun sage ich euch das einzig wirklich Wichtige: Verstecke nie dein wahres Selbst."

***

Wir, die Komponisten, sind die weltweit besten Hochstapler! Unsere Betrugswirksamkeit schlägt sie alle, die Kurtisanen, Päpste und Politiker. Es ist leicht zu glauben, dass wir in unseren Werken eine Auswahl des Feinsten getroffen haben, während wir doch nur eine große Menge unserer Unfähigkeiten verstecken und alles eilig ausbessern mit einem Zauberstab, dessen Verwendung sogar uns selbst unklar ist. Denn wie bei Frankenstein erwacht die Musik bei uns auf dem Tisch zum Leben und beginnt ihre eigenen Bedürfnisse zu präsentieren – und letztlich besteht auch ein größerer Teil unserer Arbeit im Erschaffen dieses regelrechten Monsters, mit riesigen Zähnen und wunderschönem Brüllen auf dem Desktop.

Aber bevor wir die Öffentlichkeit, die Gesellschaft und alle anderen kidnappen können, zwingt der Lehrer uns, all die alten Wege zu nutzen, um die Musik zu zähmen, mit dem Cantus firmus oder mit Beethovens Form; und ich lernte schnell, dass dies nicht genug ist. Zumindest nicht seit Beethoven. Und von dort beginnt eine Reise zu jenen Feldern, auf denen jeder Komponist allein ist.

Allerdings brauche ich wirklich mehrere Jahre, bevor ich aus der Musik von Brahms die versteckten Materialien heraushören kann: Choräle, die Hintergrundthemen, die nie direkt offenbar sind, die aber – dem höchsten Verständnis nach – wirkungsvoll die Werke zusammenhalten. Und vielleicht helfen mir meine Jahre als Organist dabei.

Und genau darin, dass wir innerlich etwas hören, was eigentlich nicht zu hören ist, weil es verborgen bleibt, liegt das Wunder. Denn es wäre wirklich unangebracht, sogar eine Katastrophe, wenn sich der Hintergrund des Themas, sein geheimer Sinn, irgendwo anders als in einem Traum eröffnet hätte.

***

Ich konnte nicht in meiner Radio-Oper die flüsternden Stimmen des „Selig sind" auslassen, konnte ich? Ich hätte aus meinem Gottesdienst die Höhepunkte verbannt und durch verdünnte, selbstgebrannte Seligpreisungen ersetzt. Wie Brahms, der nicht ohne Bibel seine Menschen selig preisen kann, kann auch ich meinen armen Opernpersonen nicht Gnade zusprechen ohne den Verweis auf Brahms, zumindest aus Liebe zu meinen Personen.

Die Radiooper hatte einen vielversprechenden Titel *Auf der anderen Seite*. Und, ohne längere Einführungen, hatte ich sie gedacht als meine Reflexion über *Ein deutsches Requiem*. Aber ich bemerkte, dass es nahezu unmöglich war, mit meinen Brocken ein Spiegelbild zu diesem Block zu schaffen, denn auch ohne allzu starken Willen berührt das *Deutsche Requiem* etwas jenseits aller Inseln in der Ostsee und jenseits aller Finnen auf ihren Sterbebetten: Es ist wie des Malers Hand, die mit einem Strich den Kern des Menschlichen trifft, ohne ihn tatsächlich gezeigt zu haben.

Zumindest auf diese Weise kann man jetzt, nach mehr als hundert Jahren, darüber denken. Wenn ein Komponist etwas von Brahms lernen kann – und lehren kann er einen fast alles –, so ist es vor allem, dass die Erfahrung eines mutigen Lebens nötig ist, um durch Musik deutlich zu reden, um im Kontrapunkt vollkommen zu werden – so, wie aus Palestrinas Musik deutlich seine reiche Frau herauszuhören ist – und dass es möglich ist zu reden, ohne darüber zu reden. Für einen Komponisten ist es besser, viel besser, sich auf die Musik selbst zu konzentrieren und den Geist sich um den ganzen Rest kümmern zu lassen: um die Existenz oder das Leben von Menschen und Monstern. Der Komponist hat ja gegenüber seinen geschwätzigeren Kunstverwandten den Vorteil, dass er mit seinen eigenen Mitteln schweigen kann und durch die Oberfläche den Eindruck zu erwecken vermag, dass er dem Publikum den Anteil gibt, den es will.

Doch wie bei Palestrina glaube ich, auch bei Brahms etwas heraushören zu können. Ich denke: seine Mutter. Wo Beethoven tatsächlich diesen unglaublichen, zu keiner Vergebung bereiten Kampf durch alles Mögliche, durch alle Widrigkeiten hindurch auszutragen scheint, unempfänglich für Versöhnung, sondern nur für die Herrlichkeit Gottes, wenn auch in der Distanz, so kann man bei Brahms … Barmherzigkeit hören. Eine Barmherzigkeit, die niemals erklärt wird, aber immer erscheint. Wie Beethovens Herrlichkeit von oben herabkommt, so erwächst Brahms' Barmherzigkeit aus dem Nirgendwo. Unverdient. Aus dem wahren Wesen der Wärme. Und hier ist es so wie bei Armut und Geld: Wir finden nicht heraus, wie diese Sprache zu gebrauchen sei, ohne eine Erfahrung davon zu haben.

Es ist jedoch viel mehr – fast wie auf der Hochsee im Ozean; es ist viel mehr als das, was der Komponist im Studium lernen kann; etwas, wofür keine Kurse ausgeschrieben werden und wenn doch, dann vielleicht nur in Bordellen oder Gebetshäusern. Und das Dogma dessen, was hier zu lernen wäre, ist so viel weniger starr, als es möglich ist, es vor der Übernahme zu prüfen.

***

2011

Der Zug war früher angekommen als geplant, und wir waren in einer Liverpooler Kirche verloren; nichts und niemand, keine Seele. Staubige Bankreihen, Bücher in Boxen, kostenlos zum Mitnehmen, eine komplette Antithese zum nahegelegenen Bahnhof – doch auch hier Ein- und Ausstieg sorgfältig definiert und anonym.

Die Stille war fast mit Händen zu greifen – und zudem viel klarer inmitten dieser spärlichen Stimmen als in einem völligen Vakuum. Von einer CD wird durch sehr schlechte Kirchenlautsprecher *Herzliebster Jesu* abgespielt, aus Brahms' Opus 122. Die Musik springt, manchmal vorwärts, manchmal rückwärts, als spielte der Organist aus geschredderten Noten.

Das Licht in der Kirche ist traurig und schön. Wenn es ein Spiegel wäre, so fiele es direkt herein. Wenn es Erinnerung wäre, dann ließe es einen die Existenz außerhalb unserer selbst vorausahnen. Einige Stimmen hinter dem Fenster, leise Schreie von Kindern, zwei junge Mädchen mit unmöglich prolligem Liverpooler Scouse-Akzent.

Ich hatte schon gedacht: Wenn man eine Zusammenfassung von Brahms' Werk finden müsste, dann vielleicht in diesem Choralvorspiel; doch hier – in einer Merseyside-Kirche, außerhalb ihres Kontexts, innerlich erhoben durch einen überanimierten Zustand, eher fern der Aufmerksamkeit als in der Mitte großer Menschenmassen und all ihrer Blitzlichter – begreift man diese Musik noch klarer, wie wenn man Hamburg durch Liverpool definiert, Wien durch Krakau, aus einem anderen Winkel.

Das Metalllautsprecherknarren, die schwere Gegenwart der Geschichte des Wassers: Choralmelismen oben, Sehnsucht nach Versöhnung – aber der Grund verrutscht terzweise nach unten, den ganzen Weg entlang, bis er irgendwo verlorengeht, wo das Abwasser läuft, den ganzen Weg am Hügel hinunter, zwischen den Fracht-Containern. Die Straßen sind unfassbar übersät: Chinesische Zeichen, Armeefaltblätter, einige Prostituierte direkt hinter der Kirchenecke – bereit, anzugreifen oder zu begnadigen, als ob dies das Gleiche wäre.

Aber das ist nicht das Wesen der Musik: So wie der Geist, kann die Musik nicht ohne Luft existieren. Als Bewegung braucht eine Reise Wasser oder Luft. Das Easyjet-Flugzeug parkt direkt neben dem großen eisernen Containerstapel, der Flughafen ist ruhig. Hier und da Papier auf dem Boden, ein Mann mit seinem Koffer, beide kurz vor dem Platzen, ein paar Schalter.

Oder ich sah es in einem Traum, noch bevor es hier geschah. Der Moment ist kurz und tückisch: eine absteigende, chromatische Klangreihe, eine niedrige, sehr niedrige Sexte – durch fallende Terzen tiefer, immer tiefer, hinab in die Arme des Hades.

Und so, wie das schwindende Gedächtnis ein Ort des freien Wahns ist, nach der letzten absteigenden Modulation: Sicherheitskontrollen, Schatten an Flughafenglasfenstern mit Blick auf das Wasser, dann die Restaurants, G-Dur und die Harmonie zwischen Menschen, die Hamburger in ihren Händen halten.

Und über dem Mersey-Fluss, am Horizont: die Ölfässer, alle voller Öl, aus denen – in die untergehende Sonne hinein – dicker, massiger Rauch dampft.

MICHAEL STRUCK

Wie soll man Johannes Brahms' 5. *Ungarischen Tanz* spielen?
Ein ‚unbekanntes' Schreiben des Komponisten[1]

Johannes Brahms' *Ungarischer Tanz Nr. 5* in fis-Moll ist zweifellos eines der populärsten Stücke, vielleicht sogar das bekannteste der 21 Nummern umfassenden Sammlung. Zahllose Wiedergaben künden von dieser Beliebtheit – von Live-Aufführungen über Studioaufnahmen bis hin zur quantitativ und qualitativ geradezu erschreckenden Präsenz auf YouTube. Zum gesicherten Wissen der Brahms-Biographik gehört außerdem, dass die etwa Anfang März 1869[2] im Verlag N. Simrock (Berlin) im Druck erschienene Sammlung mit den ersten zehn Tänzen in der Fassung für Klavier zu vier Händen zusammen mit dem etwa gleichzeitig bei J. Rieter-Biedermann publizierten *Deutschen Requiem* dem 35-jährigen Komponisten zum nationalen und internationalen Durchbruch verhalf. Dass der 5. *Ungarische Tanz* nicht nur im vierhändigen und im später veröffentlichten zweihändigen Klaviersatz in der musikalischen Öffentlichkeit präsent ist, sondern insbesondere in (fremden) Bearbeitungen für Violine mit Klavier oder Orchester, für Cello und Klavier sowie in reinen Orchester- oder Salonorchesterfassungen und diversen anderen Versionen, ist bezeichnend für sein Interpretations- und Rezeptionspanorama.

---

[1] Dieser Beitrag erschien zunächst in englischer Version: Michael Struck, "How to Play Brahms's Hungarian Dance No. 5? An 'Unknown' Postcard from Brahms", in: *The American Brahms Society Newsletter* XXIX, No. 2 (Fall 2011), S. 1–4. Der *American Brahms Society* sei für die Erlaubnis zum Abdruck der deutschen Fassung herzlich gedankt.

[2] Siehe *Johannes Brahms: Neue Ausgabe sämtlicher Werke*, hrsg. von der Johannes Brahms Gesamtausgabe e. V., Editionsleitung Kiel, in Verbindung mit der Gesellschaft der Musikfreunde in Wien, Serie III: *Klavierwerke*, Bd. 7: *Klavierwerke ohne Opuszahl*, hrsg. von Camilla Cai, München (G. Henle) 2007, S. XVII, 177; eine leicht abweichende Datierung („Februar 1869") findet sich bei Margit L. McCorkle, *Johannes Brahms. Thematisch-bibliographisches Werkverzeichnis*, München 1984, S. 499, 501.

Dennoch stoßen wir in diesem Stück auf eine kaum je öffentlich diskutierte oder gar eindeutig entschiedene Frage, deren historisch-spieltechnisch „authentische" Beantwortung der vorliegende Beitrag anbietet. Der Schlüssel dazu ist ein kurzes Schreiben des Komponisten, das zwar seit etwa einem Jahrhundert öffentlich zugänglich ist, doch bisher gewissermaßen ‚lebendig begraben' war.

* * *

Notenbeispiel 1a
Erstausgabe der Ungarischen Tänze, Nr. 5, Mittelteil Vivace, T. 49–76:
a.: Secondo (links)

Die besagte Frage betrifft den Fis-Dur-Mittelteil Vivace (siehe Notenbeispiele 1a/b): In den Takten 51, 54, 57, 60–62, 65–66, 69–70 und 73–74 stellen die durch Bögen verbundenen Zweiergruppen repetierter Achtelnoten bzw. Achtelklänge im oberen System der Primo-Partie die Interpreten – ob sie es nun erkennen oder nicht – vor ein Problem.[3] Die meisten Klavierspieler und Orchestermusiker verstehen – und verstanden traditionell –

---

[3] Die gleiche Schreibweise findet sich in Brahms' Autograph der vierhändigen Fassung (The Morgan Library, New York City) sowie in ähnlicher Gestalt in der Fassung für Klavier zu zwei Händen.

die Bögen als Haltebögen und spielen daher die beiden verbundenen Achtelnoten als Viertelnoten: Bei zahllosen Aufführungen und Aufnahmen des Stückes in Brahms' vier- oder zweihändiger Fassung sowie in den erwähnten Fremdbearbeitungen wird derart verfahren. Gerade in den Violin-, Orchester- und Ensemblefassungen mit Streichern werden dabei – im Gegensatz zum Spiel auf dem Klavier – die durch Überbindung generierten

Notenbeispiel 1b
Erstausgabe der Ungarischen Tänze, Nr. 5, Mittelteil Vivace, T. 49–76:
b.: Primo (rechts)

Viertelnoten effektvoll crescendiert. Meist geschieht dies in sehr langsamem Tempo, bei dem Brahms' agogische Anweisung poco rit. - - - zu einem molto ritenuto, ja subito Adagio mutiert. Natürlich stellt sich bei einer solchen Wiedergabe die Frage, warum Brahms überhaupt eine so komplizierte Notation mit Achtelnoten plus Bögen gewählt hat, wenn er Viertelnoten hören wollte.

Andere Spieler ignorieren die Bögen dagegen – vielleicht als ‚Minderheiten-Votum' bei der Beantwortung der eben gestellten Frage nach dem ‚Warum' von Brahms' komplizierter Notation – und lassen mehr oder weniger staccatoartige, repetierte Achtelnoten hören.[4] In diesem Fall wäre allerdings zu fragen, warum Brahms sich die Mühe machte, vierundzwanzigmal Bögen für die paarweise auftretenden Achtelnoten bzw. Achtelnoten-Klänge zu schreiben, wenn Musiker derart unbefangen darüber hinwegspielen.

Aufschlussreich im Hinblick auf das angesprochene Aufführungsproblem ist aber auch die Mischung aus Viertelakkorden in den Takten 51, 54, 57, 60 und sanften Achtel-Repetitionen in den Takten 61–62, 65–66, 69–70, 73–74, die in Arthur Nikischs historischer Einspielung seiner Bearbeitung von Brahms' zweihändiger Fassung zu hören ist.[5]

Natürlich gibt es textkritisch sensible Musiker und Wissenschaftler, die sich nicht mit den beschriebenen Radikal- oder Mischlösungen abfinden, sondern in Diskussionen ein subtileres Deutungsmodell anbieten. Sie verweisen in der Regel auf die zwischen den beiden Systemen der Primo-Partie platzierten kurzen Crescendogabeln ($<$) und schreiben diesen eine ‚suggestive' Funktion zu: Demzufolge sollen die $<$-Anweisungen signalisieren, dass die nachschlagenden arpeggierten Akkorde der linken Hand und die entsprechenden Nachschläge der Secondo-Partie durch kurze Crescendo-Dosierungen auch für die durch Haltebögen zu Viertelnoten verschmolzenen Achtel ein Quasi-Crescendo suggerieren. Dieser gewünschte Effekt werde durch die ungewöhnliche Notation unterstrichen. (Freilich könnte man einwenden, dass Brahms einen solchen Effekt vielleicht doch einfacher und eindeutiger durch die gleichsam ‚paradoxe' Notation mit realen Viertelnoten plus $<$ bis hin zu den nachschlagenden Achtelnoten hätte er-zielen können.)

Bemerkenswerterweise verzichten einschlägige ältere und neuere ‚praktische' Notenausgaben der *Ungarischen Tänze* an dieser Stelle in der Regel auf spezielle Aufführungshinweise. Sie teilen in den betreffenden Takten keine oder höchstens solche Fingersätze mit, die darauf schließen lassen, dass die verbundenen Achtel als Viertelnoten zu spielen seien.[6]

---

[4] Siehe beispielsweise die Einspielung *Brahms (arr. Piatti): 21 Hungarian Dances; Franz Schmidt: 3 Fantasy Pieces (after Hungarian National Melodies)*, Nancy Green (cello), Frederick Moyer (piano), London (Biddulph Recordings LAW 010) 1994, Track 5.

[5] *Johannes Brahms auf Welte-Mignon gespielt (Volume 1). Sonderausgabe für Augustinermuseum Freiburg*, o. O. (Tacet 990) 2006, Track 14.

[6] Konsultiert wurden folgende Ausgaben: *Johannes Brahms: Ungarische Tänze 1 bis 21 für Klavier zu vier Händen*, nach Eigenschriften und den Handexemplaren des Komponisten hrsg. und mit Fingersatz versehen von Walter Georgii, München (G. Henle) 1955/1983; *Johannes Brahms: Ungarische Tänze, vierhändige Fassung*, nach den Quellen hrsg. von Ernst Herttrich, Fingersätze und Hinweise zur Interpretation von Peter Roggenkamp, Wien (Wiener Urtext Edition) 2002; *Johannes Brahms: Ungarische Tänze für Klavier*

Eine Lösung des Problems wäre also nur von einer Aussage des Komponisten oder zumindest eines seiner ‚authentischen' Interpreten zu erwarten. Und tatsächlich gibt es eine im Hinblick auf die ‚Authentizität' optimale Lösung. Denn Brahms selbst hat sich zur Wiedergabe der betreffenden Takte schriftlich dezidiert geäußert, was in der Brahms-Forschung bisher unbeachtet geblieben zu sein scheint. Der Anlass zu seinem kurzen Schreiben muss eine – heute verschollene – Anfrage des Berliner Musikschriftstellers, Musikforschers und Kritikers Wilhelm Tappert (1830–1907) nach der gewünschten Ausführung der betreffenden Takte gewesen sein. Daraufhin antwortete Brahms, der sich im Mai 1874 einige Wochen lang in Bonn aufhielt,[7] auf einer am 14. Mai 1874 dort abgestempelten Postkarte. Diese befindet sich im Archiv der Gesellschaft der Musikfreunde in Wien, wurde aber bereits 1912 in W.[olfgang] A.[lexander] Thomas-San-Gallis Brahms-Biographie im Faksimile mitgeteilt.[8]

Dass das Schreiben fast ein Jahrhundert lang unbeachtet blieb, hatte wohl zwei Gründe: Ein gewisses Verständnishindernis dürfte bereits gewesen sein, dass in Thomas-San-Gallis Buch nur das Faksimile von Brahms' Postkarte wiedergegeben wurde, ohne dass deren Text im Verlauf der Biographie transkribiert oder näher erörtert wurde. Vor allem aber sorgte die irreführende Kommentierung des Faksimiles dafür, dass der bedeutsame Informationsgehalt des Schreibens gewissermaßen ‚lebendig begraben' war. Denn Thomas-San-Galli gab an, Brahms' Postkarte beziehe sich „vermutlich auf die Klavierausgabe der Haydnvariationen."[9] Zwar hatte er richtig erkannt, dass das Schreiben sich auf eine Klavierkomposition bezog, doch ist im Notentext der Ende 1873 – also in relativ engem zeitlichem Zusammenhang mit der Postkarte vom Mai 1874 – publizierten *Variationen über ein Thema von Joseph Haydn für zwei Pianoforte* op. 56b keinerlei Tonfolge zu entdecken, die auch nur im Entferntesten zu dem Schreiben an Tappert passen würde.

Demgegenüber ist kaum zu bezweifeln, dass sich die Postkarte auf den Vivace-Mittelteil des 5. *Ungarischen Tanzes* bezieht:[10]

---

zu vier Händen, hrsg. von Gábor Kováts, Quellenausgabe und Kommentare von Katalin Szerző, Budapest (Editio Musica Budapest) 1990.
[7] Siehe Renate und Kurt Hofmann, *Johannes Brahms. Zeittafel zu Leben und Werk* (*Publikationen des Instituts für österreichische Musikdokumentation*, Bd. 8) Tutzing 1983, S. 118.
[8] W.[olfgang] A.[lexander] Thomas-San-Galli, *Johannes Brahms. Mit vielen Abbildungen/Notenbeispielen und Faksimiles*, München 1912, zwischen S. 160/161.
[9] Ebd.
[10] Dass ein anderes Brahms'sches Werk für oder mit Klavier gemeint sein könnte, ist angesichts der Kombination der erwähnten Spiel- und Notationscharakteristika unwahrscheinlich.

„Geehrtester Herr; Allerdings wünsche ich an der fragl.[ichen] Stelle das zweite Achtel <u>angeschlagen</u> u.[nd] meine[,] daß mit gutem Anschlag die beabsichtigte Wirkung u. die vorgeschriebene Bezeichnung (<) hervorzubringen ist. Durch die Art[,] wie ich den Bogen setzte[,] glaubte ich m.[eine] Absicht deutlich zu machen – Alles ähnlich etwa wie in der letzten *As-dur-Sonate* v[on] *Beethoven*[.]
  Verzeihen Sie die Eile u.[nd] Kürze!
           Mit vorzüglicher Hochachtung
                   sehr ergeben
                       J. <u>Brahms</u>."[11]

Brahms' Erwähnung des anzuschlagenden „zweiten Achtels", des „Bogens", der Crescendo-Bezeichnung < und des „guten Anschlages", der zum Erzielen der beabsichtigten Wirkung notwendig sei – all das passt lückenlos zum Vivace-Teil des 5. *Ungarischen Tanzes*. Gleiches gilt für den Hinweis auf Ludwig van Beethovens „letzte *As-dur-Sonate*", also auf die Klaviersonate Nr. 31 As-Dur op. 110. Denn deren 3. Satz (*Adagio ma non troppo*) enthält im rezitativisch frei mensurierten Takt 5 ähnliche Repetitionen (Note a"), für deren ‚sprechende' Wiedergabe Beethoven den Fingersatz *4–3* forderte (siehe Notenbeispiel 2).

Notenbeispiel 2
Ludwig van Beethoven, Sonate Nr. 31 As-Dur op. 110, 3. Satz, T. 5
mit Beethovens originalem Fingersatz

Somit ist eindeutig klargestellt, wie Brahms die durch Bögen verbundenen Zweiergruppen repetierter Achtelnoten in den Takten 51, 54, 57, 60–62, 65–66, 69–70 und 73–74 des Vivace-Mittelteils aus seinem 5. *Ungarischen Tanz* gespielt wissen wollte: Nach der ersten, vergleichsweise unbetonten Anfangsnote (bzw. dem entsprechenden Anfangsklang) soll die zweite im crescendierenden Legatissimo angeschlagen werden. Die Bögen sind also keine Haltebögen, sondern Legatissimo-Bögen. Zusammen mit der ebenfalls in Zweiergruppen crescendierenden Secondo-Partie und einem gut dosierten Gebrauch des Haltepedals (den Brahms nicht ausdrücklich vor-

---

[11] Siehe Fußnote 8.

schrieb) sollen auf dem Klavier ‚ungarisch'-freie Streich- oder Gesangseffekte[12] sowie entsprechend spannungs- und wirkungsvolle Bewegungen der Musizierenden evoziert werden. Das erfordert von denjenigen, die die Primo-Partie spielen, in der Tat einen „guten Anschlag" mit gut eingeübter Legato-Crescendo-Koordination und vom Secondo eine adäquate klangliche Unterstützung. Bei den einstimmigen Repetitionen der Takte 54, 60–62 und 65 sollten Primo-Spieler auch den erwähnten „Beethoven-Fingersatz" 4–3 ausprobieren,[13] zumindest aber dessen fast automatisch ‚richtige' Klangwirkung anstreben.

Aufschlussreich ist in dieser Beziehung eine Information aus einer 1990 erschienenen Budapester Ausgabe der *Ungarischen Tänze*.[14] Auch diese gibt zwar keinerlei Hinweise zur Ausführung der Achtelgruppen, nennt aber etliche zeitgenössische ungarische Drucke mit Tänzen und Liedern, die Brahms in seinen *Ungarischen Tänzen* verwendete. In einer 1858 von Ignác Bognár herausgegebenen Liedersammlung[15] sind zwar die Melodietakte, die den Takten 51, 54, 57 und 60 des 5. *Ungarischen Tanzes* entsprechen, nur mit einfachen Viertelnoten ohne dynamische Angaben notiert, doch bilden alle weiteren Takte (entsprechend T. 61–62, 65–66, 69–70, 73–74 des 5. *Ungarischen Tanzes*) Zweiergruppen repetierter Achtelnoten mit Bogen und einem Akzent auf der zweiten Achtelnote unter dem Bogenende:

Genau diese Ausführungsweise hat Brahms durch seine eigene Notation wiederzugeben versucht und zusätzlich auf die Takte 51, 54, 57, 60 des Vivace-Teils übertragen.

Vielleicht wäre es sogar praktischer gewesen, wenn er zur Verdeutlichung seiner Absicht die eben erwähnte Notationsart mit Akzent auf der zweiten Achtelnote verwendet hätte. Doch offenbar war ihm die Missverständlichkeit – oder sagen wir besser: die Missverstehbarkeit – der von ihm gewählten Notation nicht bewusst. Denn auch in der 1881 bei N. Simrock erschienenen neu gestochenen zweiten Ausgabe, die nunmehr alle 21 vierhändigen *Ungarischen Tänze* in einem Heft vereinigte, präzisierte oder modifizierte er seine Notation nicht, obwohl Tapperts Anfrage ihn hätte nach-

---

12 Siehe den Hinweis auf eine entsprechende Liedersammlung in Anmerkung 15.
13 Den gleichen Fingersatz forderte Beethoven in der Klavierpartie des Scherzos aus der Sonate Nr. 3 für Klavier und Violoncello A-Dur op. 69 für die übergebundenen Noten der rechten Hand in den Takten 0/1 ff.
14 Siehe die letzte in Anmerkung 6 genannte Ausgabe.
15 Ignác Bognár, *50 eredeti nép- és magyar dal* [50 originale Volks- und ungarische Lieder], Pest 1858; zitiert nach: *Brahms, Ungarische Tänze*, Budapest 1990 (siehe Anmerkung 6), S. V (Kommentare zu Faksimilia 6 und 10), S. XVII (Faksimile 10).

denklich machen können. Doch war dem Komponisten wohl der Crescendoeffekt, der sich im Zusammenwirken von Achtelrepetitionen der Melodie, Arpeggioakkorden der Begleitung, ⟨-Anweisungen und Pedalgebrauch realisieren ließ, wichtiger als die punktuelle Akzentuierung, die das Anschlagen der zweiten Achtelnote verbindlich gefordert hätte. Und so klärt uns erst das bisher unbeachtete Schreiben an Wilhelm Tappert darüber auf, wie Johannes Brahms den Mittelteil seines 5. *Ungarischen Tanzes* gespielt wissen wollte: mit legatissimo repetierten, crescendierenden Achtelnoten ,alla Zingarese'.[16]

---

[16] Als erste Notenausgabe weist folgende Neuauflage der Henle-Ausgabe (vgl. Fußnote 6) im Nachwort auf die geklärte Ausführung hin: *Johannes Brahms: Ungarische Tänze für Klavier zu vier Händen*, hrsg. und Fingersatz von Walter Georgii, Nachwort von Michael Struck, München (G. Henle) 1955/1983, Neuauflage („N") 2013, Nachwort S. 88.

Niklas Schmidt

Brahmsiade Hamburg 2013
Johannes Brahms zwischen Tradition und Aufbruch

Abstract. Johannes Brahms has always played a pivotal role in my artistic life. His piano trios were always an integral part of my Trio Fontenay's repertoire when it came to planning concert programmes and recordings. His two cello sonatas have been constant companions and both through concert performances and teaching cello and chamber music to students, I have developed a particular love for them. To honour Brahms in Hamburg, his native city, I organized a series of six concerts in 2013 entitled *Brahmsiade* which featured his entire chamber music for strings. By also including works by other composers in these concerts, one was able to appraise Brahms's position both in relation to musical tradition and also to his contemporaries and to perceive how his crucial place in musical history is assured for generations to come.

Haydn's six "Tost" quartets op. 64 along with Mozart's string quintet KV 516 were the main representation of the classical tradition which had such a powerful influence on Brahms. Tchaikovsky's sextet *Souvenir de Florence* and Dvorak's string sextet op. 48 represented his contemporaries, whereas Schönberg's "Verklärte Nacht" and Korngold's youthful string sextet op. 10 provided premonitions of future developments. In the course of these six *Brahmsiade* chamber concerts in Hamburg in 2013, a musical mosaic was able to be created with Johannes Brahms at its heart and shining brightly as one of the greatest chamber music composers of all time.

Johannes Brahms hat in meinem künstlerischen Leben immer eine herausragende Rolle gespielt: Für meine erste Schallplattenaufnahme spielte ich die F-Dur-Sonate op. 99 ein, in den Konzertprogrammen und der Diskographie meines Trios Fontenay gehörten die Klaviertrios zum festen Repertoirebestand für Konzert und Platteneinspielung, und die beiden Cellosonaten sind mir als ständige Begleiter meiner Auftritte vor Publikum wie auch in der pädagogischen Arbeit mit meinen Studierenden besonders ans Herz gewachsen.

Nach jahrelangen Erfahrungen als Veranstalter der Kammermusikreihe „Kammerkonzerte im Mozartsaal" wuchs in mir der Plan, Johannes Brahms in seiner Vaterstadt Hamburg mit einer speziellen Konzertreihe zu ehren – sie fand vom 20. bis zum 29. April 2013 unter dem Namen *Brahmsiade* statt: In sechs Kammermusikabenden wurden die Kompositionen von Brahms für Streicherensembles vom Quartett bis zum Sextett gemeinsam mit älteren und neueren Werken für diese Besetzungen aufgeführt; Brahms diente gewissermaßen als Aussichtspunkt für Blicke in seine Vergangenheit und in die Zeit nach ihm. Für diese Konzerte konnte ich meine Freunde des Auryn Quartetts und die Bratschistin Nobuko Imai gewinnen, ich selbst trat als Cellist bei den Sextetten in Erscheinung.

„So macht man das, bei Bach, bei Mozart und bei mir!", mit diesen Worten soll Brahms einem jungen Komponistenkollegen die Korrektur einer Fuge zurückgegeben haben. An Selbstbewusstsein mangelte es ihm nicht, und das nicht ohne Grund, hat er sich doch nie auf den Lorbeeren seines Ruhms ausgeruht. Erste Anerkennung fand der junge Brahms, als er, eben 20-jährig, sich im September 1853 auf Empfehlung des Geigers Joseph Joachim dem Ehepaar Schumann präsentiert hatte und begeistert empfangen worden war. „Das ist der, der kommen musste!" schrieb Schumann dem Freund Joachim wenige Tage nach diesem Besuch und pries den jungen Hamburger in einem Artikel in der *Neuen Zeitschrift für Musik* als einen „Berufenen".

Bei aller Aufbruchstimmung, die Schumanns überschwänglicher Willkommensgruß nahelegt, bedeutete Tradition für Brahms indessen nicht etwas, wovon es sich durch einen Akt der Emanzipation zu befreien gälte, er empfand sie vielmehr als verpflichtende Bürde: „Du hast keinen Begriff davon, wie es unsereinem zu Mute ist, wenn er immer einen Riesen hinter sich marschieren hört." So beschrieb Brahms in einem Brief an den Dirigenten Hermann Levi die Last, die er mit dem Erbe Ludwig van Beethovens auf seinen Schultern spürte.

In der Kammermusik, und hier besonders bei der Komposition von Streichquartetten, waren es die Modelle der Wiener Klassik, denen sich Brahms verpflichtet fühlte und die ihn zu rigoroser selbstkritischer Haltung anspornten, die nichts Zweitklassiges zulässt. Schon in jungen Jahren soll Brahms über zwanzig Quartette geschrieben und wieder vernichtet haben. 1865 erwähnt der befreundete Geiger Joseph Joachim erstmals jenes Quartett in c-moll, das Brahms 1873 nach eigener Aussage „zum zweiten Mal" komponiert und dem Freund Theodor Billroth mit folgenden Worten angekündigte hatte: „Ich bin im Begriff, nicht die ersten, aber zum ersten

Male Streichquartette herauszugeben." Damit erfüllte er Fritz Simrock, der ihn schon 1869 um die Komposition von Streichquartetten bat, einen lang gehegten Wunsch, wie ein beschwichtigender Brief des Komponisten an den Berliner Musikverleger zeigt: „Leider muss ich im übrigen immer noch um Geduld bitten", schreibt Brahms und spielt auf Mozart an, der seine sechs Haydn-Quartette als „Frucht einer langen und mühevollen Arbeit" bezeichnet hatte: „Übrigens hat Mozart sich gar besonders bemüht, sechs schöne Quartette zu schreiben, so wollen wir uns recht anstrengen, um ein und das andere passabel zu machen. Ausbleiben sollen sie Ihnen nicht. Aber wäre ich heute Verleger, ich ließe das Drängen."

Die Rückbeziehung auf klassische Vorbilder machte Brahms allerdings keinesfalls zum historisierenden Komponisten. Arnold Schönberg bekannte in seinem Essay „Brahms, der Fortschrittliche": „Es ist der Zweck dieses Aufsatzes zu beweisen, dass Brahms, der Klassizist, der Akademische, ein großer Neuerer, ja tatsächlich ein großer Fortschrittler im Bereich der musikalischen Sprache war."

Diese These Arnold Schönbergs wollte die *Brahmsiade Hamburg* mit der Aufführung der gesamten Kammermusik von Johannes Brahms für Streicherensemble für Quartett, Quintett und Sextett im Kontext von Vergangenheit, Gegenwart und Zukunft mit klingenden Beweisen untermauern.

Brahms' Einstieg in die Komposition von Kammermusik für Streicherensembles lässt nichts von schmerzhaften Schöpfungsprozessen ahnen: Die ersten Werke reiner Streicherkammermusik aus seiner Feder waren die beiden Streichsextette B-Dur op. 18 (komponiert 1858–60) und G-Dur op. 36 (1864–65). Die Besetzung war ungewöhnlich. Entgegen anfänglicher Zweifel der Verleger wurden beide Werke indessen schnell populär, und ihr Verkaufserfolg verhalf Brahms – neben dem *Deutschen Requiem* und den *Ungarischen Tänzen* – zum Durchbruch als Komponist.

Das Streichsextett op. 18 wurde wenige Monate nach seiner Fertigstellung uraufgeführt. „Das Ganze fließt edel und wohltuend auf der Höhe der ersten Empfindung hin", charakterisierte der Freund Joseph Joachim das Stück. Voll jugendlichen Elans wirkt es ein wenig wie ein geglücktes Ausweichmanöver vor den Kämpfen mit der Form des Streichquartetts und der Symphonie, die den allzeit selbstkritischen Komponisten seinerzeit noch an der Veröffentlichung von Werken dieser Gattungen hinderten. Dabei schlägt es allerdings schon symphonische Töne an, als wolle der junge Komponist orchestrale Wirkungen des Streicherensembles erproben. Das zweite Streichsextett op. 36 besticht durch seine kammermusikalische Finesse. Doch ist es auch nicht frei von melancholischen Akzenten, ist die

Tonfolge a-g-a-h-e im ersten Satz doch ein musikalischer Abschiedsgruß an Agathe von Siebold, mit der Brahms ein kurzes Liebesglück verbunden hatte.

1873 konnte der Verleger Simrock endlich die langersehnten ersten beiden Streichquartette von Brahms als op. 51 publizieren. „[...] ich gebe mir alle Mühe und hoffe immer, mir soll ein Großes und fürchterlich Schweres einfallen – und immer geraten sie klein und erbärmlich", schrieb Johannes Brahms Simrock während seines sich jahrelang hinziehenden Ringens um die Komposition von Streichquartetten. Das fertige Werk in c-Moll, das erste der beiden Quartette, zeigt den reichen Lohn seiner Mühen – Schönberg stellte es 1933 anlässlich Brahms' 100. Geburtstag ins Zentrum seines Vortrags „Brahms, der Fortschrittliche". Wenn auch nicht sicher belegt ist, welches der beiden Werke Brahms zuerst fertig stellte, spricht doch der weniger angespannte, befreitere Grundton des Quartetts in a-Moll nach dem Brahmsforscher Hans Gál dafür, dass seine Einordnung als später geborener Zwilling des op. 51 korrekt ist. „Es ist nicht schwer, zu komponieren, aber es ist fabelhaft schwer, die überflüssigen Noten unter den Tisch fallen zu lassen", hatte Brahms seinem Freund Theodor Billroth, einem bedeutenden Chirurgen, der ebenfalls ein ausgezeichneter Amateurmusiker war, während der Arbeit geklagt. Billroth wurden die Quartette op. 51 auch gewidmet – Brahms sprach humorvoll von einer „Zangengeburt", für die ein Arzt dringend erforderlich gewesen sei.

Das Bonmot von der „Zangengeburt" scheint allgemein bekannt geworden zu sein, denn als Brahms zwei Jahre später sein drittes Streichquartett B-Dur op. 67 wiederum einem Arzt widmete, diesmal Dr. Ulrich Engelmann in Utrecht, beruhigte er den Empfänger der Dedikation: „Es handelt sich um keine Zangengeburt mehr; sondern nur ums Dabeistehn." Waren beim Opus 51 noch Beethoven und Schubert die verpflichtenden Vorbilder bei der Komposition gewesen, so standen beim dritten Streichquartett Haydn und Mozart Pate, es ist das ‚klassischste' unter seinen Streichquartetten. „Von Brahms habe ich gelernt: Vieles von dem, was mir durch Mozart unbewusst zugeflogen war." Diese Äußerung Arnold Schönbergs kann bei Brahms' drittem Streichquartett op. 67 als besonders zutreffend gelten, nimmt es doch mit einem Zitat aus dem sogenannten „Jagdquartett" KV 458 auch ausdrücklich auf Mozart Bezug.

Angesichts der tiefen Verwurzelung von Brahms in der Tradition schien in den Programmen der *Brahmsiade* ein Rückverweis auf Joseph Haydn angebracht, der zu Recht als ‚Erfinder' des Streichquartetts, der Königsdisziplin der Kammermusik, gelten darf: Seine 1790 geschriebenen und dem Wiener Kaufmann Johann Tost gewidmeten sechs Streichquartette op. 64 zogen sich wie ein roter Faden durch alle sechs Konzerte der Reihe.

Die beiden Streichquintette von Brahms gehören dem Spätwerk an; sie sind in Bad Ischl entstanden und spiegeln die idyllische Atmosphäre der Alpenlandschaft des von Brahms geliebten Kurortes. Schon in jungen Jahren hatte Brahms sich vergeblich mit einem Streichquintett abgemüht – schließlich hat es als Klavierquintett f-Moll op. 34 eine ‚meisterhafte' Form erhalten. 1882 schrieb er das Streichquintett F-Dur op. 88: Nichts lässt angesichts des Charmes dieses kammermusikalischen Meisterwerks darauf schließen, dass dem Stück in jüngeren Jahren ein misslungener Versuch vorausgegangen war. Brahms selbst nannte sein Opus 88 liebevoll „ein Frühlingsprodukt". Auch das 1890 entstandene Streichquintett G-Dur op. 111 beflügelt von Anfang an ein heiterer Geist. Diskret ist übrigens, besonders im ungezwungenen dritten Satz, auch der Geist eines anderen Kurgastes zugegen, der sich ebenfalls alljährlich in Bad Ischl aufhielt und mit dem Brahms freundschaftlichen Umgang pflegte: Johann Strauß. Brahms notierte in Ischl einmal das Thema des Donauwalzers auf einen Fächer und setzte die Worte „Leider nicht von mir!" darunter.

Neben den Tost-Quartetten von Joseph Haydn, die sich gewissermaßen als Rückgrat der Tradition durch alle sechs Abende zogen, galt der Rückblick auch Mozart: Sein Streichquintett g-Moll KV 516, am 16. Mai 1787 vollendet, gehört zu seinen tiefgründigsten Kammermusikwerken. Die Tonart g-Moll, stets bedeutungsvoll bei Mozart, signalisiert hier eine das Werk durchziehende Atmosphäre von Trauer und Verzweiflung. Biographische Deutungen wie die Verarbeitung des nahen Todes seines Vaters (28. Mai) werden dem freien kompositorischen Gestaltungswillen Mozarts zwar nicht gerecht, doch ist das Stück zweifellos eng mit Mozarts zunehmender Auseinandersetzung mit der Thematik des Todes verbunden.

Seitenblicke wurden im Programm der *Brahmsiade* auf die Zeitgenossen Peter Iljitsch Tschaikowsky und Antonín Dvořák gerichtet: 1890 hielt sich Tschaikowsky für einige Monate in Florenz auf, um *Pique Dame* zu komponieren. Die Arbeit schritt ungewöhnlich schnell voran, im Laufe von nur 44 Tagen war die Oper fertig. Im Laufe dieser Zeit war dem Komponisten eine elegische Melodie eingefallen, die dem Streichsextett op. 70 seinen Namen *Souvenir de Florence* gegeben hat. Die Komposition des Stückes fand allerdings nach der Rückkehr aus Italien in der russischen Heimat statt. 1878 ist das Entstehungsjahr von Antonín Dvořáks Streichsextett op 48.

Das Stück dokumentiert deutlich die Hinwendung des ursprünglich der Wagnerpartei zugehörigen Dvořák zu Brahms, der seit 1875 Mentor und Freund des tschechischen Komponisten wurde; überdies klingen auch die Volkstänze Böhmens immer wieder in dieser mitreißenden Komposition an.

Die Ausblicke der Kammermusikreihe auf die musikalische Welt nach Johannes Brahms galten Arnold Schönberg, dem musikalischen Revolutionär und unermüdlichen Verteidiger des Brahms'schen Erbes, und Erich Wolfgang Korngold, der in Brahms' Todesjahr 1897 geboren wurde. Schönbergs Streichsextett *Verklärte Nacht* entstand 1899 innerhalb von nur drei Wochen. Ein gleichnamiges Gedicht von Richard Dehmel und die erwachende Liebe zu seiner späteren Frau Mathilde, der Schwester seines Lehrers Alexander von Zemlinsky, sind die Inspirationsquellen für diese Komposition, deren spätromantische Atmosphäre von der Strenge der Zwölftonmusik noch weit entfernt ist. Erich Wolfgang Korngold war ein musikalisches Wunderkind – schon als Elfjähriger erregte er mit seiner ersten Komposition Aufsehen. Im Sommer 1914 – kurz vor dem Ausbruch des Ersten Weltkriegs – schrieb er mit 17 Jahren sein Streichsextett op. 10. Zwar treten die beiden Streichsextette von Brahms deutlich als Vorbilder zutage, doch fand der jugendliche Komponist in diesem 1917 uraufgeführten besten Kammermusikwerk aus seiner Feder durchaus zu einem sehr persönlichen Idiom.

In sechs herrlichen Kammermusikabenden wurde die *Brahmsiade* 2013 zu einem musikalischen Mosaik, und in ihrem Zentrum strahlte Johannes Brahms, der die Kammermusik mit seinen Meisterwerken unermesslich bereichert hat.

Eine abschließende Bemerkung sei mir als ausübendem Musiker erlaubt: Mit seinen einzigartig schönen Cellosonaten und den tiefgründigen Kompositionen für Kammermusikensembles hat Johannes Brahms vollkommene Musik hinterlassen, die von außerordentlicher menschlicher Wärme geprägt ist. Ihm verdanke ich von den Anfängen meiner musikalischen Laufbahn an bis zum heutigen Tag Augenblicke tiefen Glücks.

NORBERT MEURS

Die schöne Magelone von Johannes Brahms
Anmerkungen zur Schallplatten- und Aufführungsgeschichte eines problematischen Zyklus

Abstract. 20th century performances and recordings of Brahms's sole and challenging song cycle *Die schöne Magelone* are in the main linked to one name: Dietrich Fischer-Dieskau. From the fifties to the nineties he championed the work not only in numerous concerts, but also in different recordings which are still seen today as exemplary interpretations. Nevertheless, it can not yet be claimed that the work has been accepted as a fundamental part of lieder repertoire. The problems here start with the way it was conceived: Based on the lyrics of Tieck's novel, but without actually being a narration, Brahms not only stipulated that each lied should stand alone, but went as far as to reject the idea of performing the lieder as a cycle at all. His friends however, such as the singers Amalie Joachim or Julius Stockhausen, ignored his wish by not only performing the lieder as a cycle, but by also relating them to Tieck's novel. The attraction of this form of contextualization has grown steadily with the song recital being said to be in crisis, and hence many of Fischer-Dieskau's successors continued to make use of this format, using either a slightly modernized version of the novel or even a theatrical adaption.

> „Professor Arthur Kusterer, der später [...] das Opernstudio der Komischen Oper in Berlin leitete, fragte in das Auditorium hinein, ob denn auch Johannes Brahms einen Zyklus geschrieben habe. Er bekam aus dem Munde eines schmalen, hochgewachsenen Studenten in Wehrmachtsuniform die Antwort, ja, er kenne die ‚Schöne Magelone'." Ob er etwas daraus singen könne? Ja, und ob: „der junge Mann singt Lied um Lied, und allen wurde, ‚sie wussten nicht, wie'".[1]

Eine Anekdote aus den letzten Kriegsjahren, die von dem „jungen Mann" – es handelt sich um niemand anders als Dietrich Fischer-Dieskau – später bestätigt wurde. Allerdings mit einer Korrektur. Denn ursprünglich wurde

---
[1] Hans A. Neunzig, *Dietrich Fischer-Dieskau*, Stuttgart 1995, S. 39.

die Anekdote auf Schuberts *Winterreise*[2] bezogen. Das schien näher zu liegen. Mit ihr hatte Fischer-Dieskau 1942 debütiert und 1947 seine erste Rundfunkaufnahme beim RIAS bestritten. Mit ihr wurde er zeitlebens am meisten identifiziert, für viele galt er als ihr Interpret schlechthin. Freilich war sie wie Schumanns *Dichterliebe* immer Allgemeingut der Sänger. Anders verhält es sich dagegen mit Brahms' *Die schöne Magelone* op. 33: dem ebenso faszinierenden wie schwierigen Zyklus, der immer ein Schattendasein im Repertoire fristete, vermutlich allein schon deswegen, weil er an die Interpreten höchste, vor allem auch höchste physische Anforderungen stellt. Umso erstaunlicher also, dass der noch nicht zwanzigjährige Fischer-Dieskau den Zyklus, der bei den Studenten offenbar nicht als bekannt vorausgesetzt wurde, kannte, ja mehr noch, dass er in der Lage war, ihn auch gleich vorzutragen. Das passt zu dem enzyklopädischen Eifer, den er bald an den Tag legen sollte, um noch die entlegensten Bereiche des Lieds zu erforschen. Es dürfte aber auch einen ganz einfachen Grund dafür geben, dass ihm Brahms' Zyklus schon so früh ein Begriff war: Durch seine Lehrer Georg Walter und Hermann Weissenborn[3] war er ein Enkelschüler des Sängers, dem die *Schöne Magelone* gewidmet ist: Julius Stockhausen. Der überragende Bariton war für Brahms bekanntlich einer der wichtigsten Sänger gewesen. Für ihn waren viele seiner Lieder gedacht. Häufig hatte er mit ihm konzertiert, hatte mit ihm auch erstmals Schumanns *Dichterliebe* als Zyklus im Konzert aufgeführt. Fischer-Dieskau war sich dieser Tradition sehr bewusst.

Von Anfang an und wie kein anderer hat er sich für Brahms' *Schöne Magelone* eingesetzt. Ja, vermutlich war er es, der sie einem breiteren Publikum überhaupt erst nahe gebracht hat. Ute Behrendt listet in ihrem Verzeichnis seiner Konzerte[4] zwischen 1955 und 1992 allein 28 Aufführungen auf: in Berlin, Paris, Wien, London, New York, Tokio, Salzburg, Aldeburgh u.a. – ohne Anspruch auf Vollständigkeit. 1964 ging Fischer-Dieskau mit der *Schönen Magelon*e sogar auf Konzertreisen – nach Amsterdam, Hamburg, Bielefeld, Duisburg, Köln und Berlin. Häufig hat er seine Begleiter gewechselt, nicht nur aus pragmatisch-terminlichen Gründen, sondern ganz bewusst: um sich immer wieder neu auf das Werk einlassen zu müssen. Die Liste reicht von Hertha Klust, Günther Weißenborn, Karl Engel und Gerald Moore über Jörg Demus, Swjatoslaw Richter und Daniel Barenboim bis zu Hartmut Höll und Gerhard Oppitz.

---

[2] Ebd., S. 291.
[3] Beide waren Schüler von Raimund von Zur Mühlen.
[4] Ute Behrendt, Internet-Kalendarium Dietrich Fischer-Dieskau, <http://www.alternobis.de/fdkalender>.

Fischer-Dieskaus außerordentlicher Einsatz hat sich besonders auch diskographisch niedergeschlagen. Es gibt zahlreiche Aufnahmen mit ihm – Produktionen wie Konzertmitschnitte. Beginnend 1952 mit einer Studioaufnahme für den Kölner WDR mit Hermann Reutter am Klavier, die den damals 27-Jährigen bereits im schönsten Vollbesitz seiner stimmlichen Mittel zeigt. Sie war vermutlich die überhaupt erste Gesamteinspielung des Zyklus. Zuvor scheint es allein Aufnahmen einzelner Lieder gegeben zu haben (was zum Teil natürlich auch an der begrenzten Länge einer Schellack-Plattenseite lag.) So enthält eine Anthologie der EMI mit Brahms-Aufnahmen aus der 1. Hälfte des 20. Jahrhunderts[5] nur ein einziges *Magelonen*-Lied: *Ruhe, Süßliebchen*, 1929 gesungen von der Altistin Sigrid Onegin[6] . Selbst die enzyklopädisch angelegten Liedaufnahmen, die der Pianist Michael Raucheisen Anfang der 1940er-Jahre für den Reichs-Rundfunk Berlin verantwortete, umfassten nicht den gesamten Zyklus, was mit der bereits verwendeten Tonband-Technik kein Problem mehr gewesen wäre, sondern lediglich sechs Lieder. Diese wurden zudem von unterschiedlichen Sängern gesungen, vor allem nach der Maßgabe, wem was am besten lag.[7] 1957 folgte Fischer-Dieskaus erste Schallplattenproduktion mit Jörg Demus für die Deutsche Grammophon, 1970 eine weitere mit Swjatoslaw Richter für EMI. Beide Aufnahmen besitzen nach wie vor Referenzstatus. 1978/79 war Daniel Barenboim Fischer-Dieskaus Klavier-Partner innerhalb der Brahms-Gesamtaufnahme der DG zum 150. Geburtstag des Komponisten. Außerdem gibt es etliche Live-Mitschnitte, so aus Salzburg (1964 mit Moore, 1970 mit Swjatoslaw Richter, beide auf Orfeo), und aus Aldeburgh (1965, ebenfalls mit Richter, BBC-Legends).[8]

Allein schon dieser kursorische Überblick zeigt, wie sehr die Schallplatten- und Aufführungsgeschichte des Zyklus mit dem Namen Fischer-Dieskau verbunden ist.

---

[5] U.a. mit zwei Sängern, die noch mit Brahms zusammengearbeitet hatten – Gustav Walter und Karl Sistermanns. EMI HLM 1547041.
[6] Auch Kathleen Ferrier hatte das Lied im Repertoire und sang es 1952 für den Rundfunk. Vgl. <http://enc.tfode.com/Kathleen_Ferrier_discography>.
[7] So sang die Altistin Lore Fischer *Sind es Schmerzen, sind es Freuden*, der Bariton Hans Hotter *Ruhe, Süßliebchen* und *Treue Liebe dauert lange*, die Altistin Emmi Leisner *Wie schnell verschwindet so Licht als Glanz* und die Sopranistin Maria Müller *Muss es eine Trennung geben* sowie *Sulima* (Johannes Brahms, Lieder in dokumentarischen Aufnahmen, Acanta 40.23 524).
[8] Auch dies ohne Anspruch auf Vollständigkeit.

RÜCKBLICK

Dass Brahms' *Die schöne Magelone* nie einen festen, neben den großen Zyklen von Schubert und Schumann gleichberechtigten Platz im Repertoire eingenommen hat, hat Gründe, die auf die Konzeption wie auf die Entstehungsgeschichte zurückweisen. Auslöser für den Zyklus war offenbar die Zusammenarbeit mit Julius Stockhausen gewesen, mit dem Brahms mehrere Liederzyklen aufführte, so Beethovens *An die ferne Geliebte*, Schuberts *Die schöne Müllerin* und Schumanns *Dichterliebe*. 1861 schrieb er die ersten vier Lieder, im Jahr darauf die Nummern 5, 6 und 13, die restlichen acht schließlich verstreut bis 1869. Peter Jost nimmt an, dass sich Brahms' Anfangsimpetus mit der Zeit etwas verflüchtigte.[9] Dafür spricht nicht nur der lange Entstehungszeitraum von acht Jahren, sondern auch die Art der Veröffentlichung: 1864 bot Brahms die ersten sechs Nummern dem Verlag Breitkopf & Härtel an. Der lehnte jedoch wegen zu hoher Honorarforderungen und des angeblich zu schweren Klavierparts ab. So erschienen die Lieder bei Rieter-Biedermann: 1864 zwei Hefte mit den ersten sechs Nummern, 1868 drei weitere mit den Nummern 7 bis 15 – wobei Brahms zwischendurch sogar erwog, einzelne *Magelone*-Lieder zusammen mit Vertonungen anderer Dichter zu veröffentlichen, damit also die Idee eines Zyklus ganz aufzugeben.

Offenbar waren ihm Zweifel an seiner ursprünglichen Konzeption gekommen. Denn bei Tiecks *Magelone* handelt es sich durchaus um einen anderen Fall als etwa bei Wilhelm Müllers *Schöner Müllerin*. Müller schreibt Gedichte, die er zwar mit einem Vorwort und einem Epilog versieht, die aber auch ohne diese Umrahmung verständlich sind und einen Handlungszusammenhang spiegeln. Bei Tieck steht dagegen die Erzählung im Vordergrund, die auf einem alten Volksmärchen basiert und offenbar schon zu Brahms' Zeit kaum mehr zum allgemeinen Bildungsgut zählte.[10] Zur Erinnerung: Auf seiner ersten Reise in die Welt verliebt sich der junge Graf Peter aus der Provence in Magelone, die Tochter des Königs von Neapel. Da sie von ihrem Vater schon einem anderen Bewerber versprochen ist, fliehen die beiden und werden aufgrund unglücklicher Umstände getrennt. Peter gerät in türkische Sklaverei; er kann zwar fliehen, findet seine Geliebte aber erst nach jahrelanger Irrfahrt wieder.

---

[9] Peter Jost, „Brahms und die romantische Ironie. Zu den ‚Romanzen aus L. Tieck's Magelone' op. 33", in: *Archiv für Musikwissenschaft* 47 (1990), S. 41ff.

[10] Vgl. Elmar Budde, „Fünfzehn Romanzen aus Ludwig Tiecks Magelone" für eine Singstimme mit Klavier, op. 33, in: *Johannes Brahms. Interpretationen seiner Werke*, hrsg. von Claus Bockmaier und Siegfried Mauser, Laaber 2013, S. 220.

Eine wundersame Geschichte – trotz mancher Anfechtungen – standhafter und zum Ende belohnter Liebe. In sie sind die von Brahms vertonten Gedichte in lockerer Folge eingestreut. Dabei nehmen die Lieder wechselnde Perspektiven ein, werden den verschiedenen Personen in den Mund gelegt: das erste einem fahrenden Sänger, das zweite wie auch die meisten folgenden Peter; ein Lied erhält Magelone, ein weiteres die Sultanstochter Sulima. Eben darin liegt die Besonderheit des Zyklus. Weder gibt es da ein einziges lyrisches Ich noch ergibt sich aus der Liedfolge eine Art Geschichte. Die Lieder haben vielmehr oft einen situationsbezogenen, szenischen Charakter und setzen die Kenntnis der Erzählung voraus.

Peter Jost vertritt die These, dass sich Brahms im Verlauf der Komposition immer weniger mit Tiecks Version der *Magelone* identifiziert hat, vor allem mit dessen Tendenz, dem alten Volksmärchen mit romantischer Ironie zu begegnen, beispielsweise Zweifel an der Charakterstärke des Helden Peter aufkommen zu lassen: „Sowohl en gros als auch en détail distanzierte" sich Brahms „seinerseits von Tiecks Distanzierungsstil mittels der romantischen Ironie".[11]

Brahms mag sich der Probleme erst im Lauf der Zeit recht bewusst geworden sein. Dies würde seine Tendenz erklären, den zyklischen Charakter des Werks herunterzuspielen. Unmissverständlich setzte er die vertonten Gedichte von der verbindenden Erzählung ab und sprach sich strikt gegen eine zyklische Aufführung aus. Allerdings stellte sich letztere Frage unter dem Aspekt der zeitgenössischen Aufführungspraxis ohnehin kaum: Lieder galten in den 1860er-Jahren in erster Linie noch als unbestrittene Domäne der Hausmusik, bestimmt für einen „Kreis gleichgestimmter Verehrer".[12] Reine Liederabende und erst recht zyklische Aufführungen im Konzert waren noch absolute Ausnahmen. Insofern konnte es den Musizierenden wie den Hörern überlassen bleiben, dem Zusammenhang einzelner Lieder auf die Spur zu kommen, nicht anders als auch im Fall der Schubert- oder Schumann-Zyklen. Dementsprechend gelangten in Konzerten, an denen Brahms selbst beteiligt war, etwa mit Julius Stockhausen oder Georg Henschel, nur einzelne Nummern der *Schönen Magelone* zur Aufführung. Doch die Zeiten änderten sich. 1875 bemerkte die Musikschriftstellerin La Mara in einem Brahms-Portrait: „Wollten sich unsere Sänger erst entschließen, den Schatz, der im Ganzen niedergelegt ward, zu heben, so würde der Moment gewiss auch nicht mehr fern sein, wo man in der Magelone die

---

[11] Jost, „Brahms und die romantische Ironie", S. 57.
[12] Vgl. Beatrix Borchard, „Öffentliche Intimität? Konzertgesang in der zweiten Hälfte des 19. Jahrhunderts", in: *Musikbezogene Genderforschung, Liedersingen, Studien zur Aufführungsgeschichte des Liedes,* hrsg. von Katharina Hottmann, Hildesheim, Zürich, New York 2012, S. 109–126 (= Jahrbuch Musik und Gender, Bd. 6), das Zitat S. 111.

ebenbürtige Gefährtin des Beethoven'schen Liederkreises, der Schubert'schen Müllerlieder und Winterreise erkennen wird."[13] Mit dieser Prognose sollte sie Recht behalten. In den 1880er- und 90er-Jahren mehrten sich nicht nur die ‚Liederkonzerte' allgemein, sondern im Besonderen auch die Aufführungen von Zyklen. Der Brahms-Freund und Kritiker Eduard Hanslick sprach in diesem Zusammenhang von einer „falschen, mißverständlichen Mode". Weder die *Magelone* noch die entsprechenden Schumann'schen Liederwerke zeigten eine „epische oder dramatische Entwicklung", seien daher auch keine „Cyklen im Sinne nothwendigen Zusammenhangs".[14]

Diese Ansicht freilich wurde nicht einmal mehr im engeren Brahms-Kreis einhellig geteilt. Der Widmungsträger Julius Stockhausen führte selbstverständlich auch den ganzen *Magelone*-Zyklus auf, manchmal sogar mit verteilten Rollen, wobei er auf Tiecks Text zurückgriff: Als er die Lieder 1889 mit seiner Gesangsklasse in Frankfurt einstudierte, schrieb er: „Ich glaube, die Compositionen werden durch die Worte verständlicher, weil das allgemeine Publikum heut zu Tage gar zu gerne Programme zur Musik liest."[15] Ähnlich sah es Amalie Joachim, deren Tochter Josepha zu den Liedern einen verbindenden Text sprach, worüber Brahms sich sehr abfällig geäußert haben soll.[16] Andererseits hat er Max Friedlaender gegenüber eingeräumt, „er würde bei einer neuen Ausgabe einige Worte aus der Dichtung gern hinzufügen, um den Sänger und den Spieler in die Stimmung zu versetzen, aus der heraus er selbst die Lieder komponiert hatte".[17] Zwei Jahre nach seinem Tod kam bei Rieter-Biedermann eine entsprechende Ausgabe von Otto Schloke heraus: allerdings nicht nur mit einer „verbindenden Dichtung", sondern außerdem in eine „Art Liederspiel mit mehreren Personen" umgewandelt, wobei Magelone nach Ansicht von Max Kalbeck „Lieder in den Mund" gelegt werden, „die nicht für sie passen."[18]

Kein Zweifel: Die Praxis hatte sich über Brahms hinweggesetzt. Dabei hatte er wie gesagt diese Entwicklung indirekt selbst durch Konzert-

---

[13] La Mara, „Johannes Brahms", in: *Musikalische Studienköpfe aus der jüngstvergangenen Gegenwart*, Leipzig 1875, S. 270f. (zit. nach Jost, S. 28).
[14] Eduard Hanslick, *Aus dem Tagebuch eines Musikers*, Berlin 1892, S. 355f.
[15] *Johannes Brahms im Briefwechsel mit Julius Stockhausen*, hrsg. von Renate Hofmann, (= Briefwechsel, Neue Folge Bd. 18), Tutzing 1993, S. 165.
[16] Max Kalbeck, *Johannes Brahms*, Bd. 1, Berlin 1921, S. 428f.
[17] Max Friedlaender, Brahms' Lieder. Einführung in seine Gesänge für eine und zwei Stimmen, Berlin/Leipzig 1922, S. 31.
[18] Max Kalbeck, *Johannes Brahms*, S. 428.

Aufführungen der Beethoven-, Schubert- und Schumann-Zyklen[19] mit angestoßen. Zu schweigen davon, dass er mit seinen *Magelone*-Romanzen den Bereich der ‚Hausmusik' weit hinter sich ließ. Mit dem von ihm ansonsten propagierten Ideal des Volkslieds haben diese durchwegs durchkomponierten Gesänge so gut wie nichts mehr zu tun.[20] Ihre Ansprüche an den Sänger und vor allem den Pianisten suchen in der Liedliteratur ihresgleichen, was ja auch schon der Verlag Breitkopf & Härtel festgestellt hatte. Nicht ohne Grund sprach Philipp Spitta von „sinfonischen Gesängen".[21]

Fragen für den Interpreten

Max Kalbeck hat überzeugend dargelegt, wie widersprüchlich Brahms' Haltung war. „Dass es ihm zu Zeiten ärgerlich war, mit der Tieckschen Magelone nicht reinen Tisch zu machen, das Tafeltuch zwischen der Erzählung und seinen Romanzen nicht glatt entzwei schneiden zu können, ist gewiss, beweist aber nichts gegen die Annahme, es habe ihm ein ideales Gerüst der Handlung vorgeschwebt, als er (1861) die ersten Hefte komponierte. Je lebhafter Andere das Bedürfnis empfanden, die in ihrer Abhängigkeit bedingten Gesänge an jenes anzulehnen, desto heftiger protestierte er dagegen."[22] Etwa gegenüber seinem Verleger Rieter-Biedermann, dem er schrieb: „meine Musik hat nun einmal nichts mit dem Phantasus[23] und der Liebesgeschichte von Peter zu tun." Er habe „allein die Worte", sprich: Liedverse, „in Musik gesetzt".[24] Letztlich bestand er auf der Autonomie des Musikalischen bzw. der musikalischen Lyrik.

Ein komplexer Fall also, der für den Interpreten verschiedenste Fragen aufwirft: Handelt es sich nun um eine Sammlung von Einzelliedern oder um einen Zyklus? Soll man letzteren in den Zusammenhang der „wundersamen Liebesgeschichte" stellen oder nicht? Und welchen Text wählt man dann – den originalen, vielleicht etwas gerafften der Tieck'schen Erzählung oder eine eigene Zusammenfassung? Und schließlich: Wie steht es mit einer Verteilung der verschiedenen Rollen auf mehrere Sänger?

---

[19] Im Fall der *Dichterliebe* schob Brahms bezeichnenderweise als instrumentales Intermezzo zwei Phantasien aus den *Kreisleriana* ein. Vgl. Kalbeck, S. 424.
[20] Elisabeth Schmierer, *Geschichte des Liedes*, Laaber 2007, S. 139ff.
[21] Philipp Spitta, „Johannes Brahms", in: *Zur Musik. Sechzehn Aufsätze*, Berlin 1892, S. 403.
[22] Kalbeck, *Johannes Brahms*, S. 429.
[23] Tieck veröffentlichte seine Erzählung 1812 noch einmal in seinem *Phantasus*: einer „Sammlung von Märchen, Erzählungen, Schauspielen und Novellen".
[24] Kalbeck, *Johannes Brahms*, S. 429.

Fischer-Dieskau hat im Lauf der Zeit einige dieser Möglichkeiten umgesetzt. Es gibt von ihm sowohl einzelne Lied-[25] wie auch Gesamtaufnahmen, darunter eine mit einer von ihm selbst gesprochenen gekürzten Version des Tieck'schen Textes. In frühen Jahren arbeitete er aber auch mit Sprechern zusammen, so mit dem Schauspieler Wilhelm Borchert 1955 in Berlin oder mit dem Musikschriftsteller Claude Rostand[26] 1957 in Besançon. In seinem Brahms-Buch plädiert Fischer-Dieskau dafür, die Romanzen „in den Zusammenhang der Erzählung" zu stellen, die allerdings deutlich gekürzt werden sollte, um die Relation zwischen Musik und Wort und vor allem „die musikalische Bezogenheit der Lieder aufeinander" zu wahren. In seinen eigenen Aufführungen hätten ihm meist „gedruckte kurze Notizen zum Inhalt zwischen den Gesängen" genügt, die es erlaubten, „die Musik in ihrer ganzen Schönheit ohne ‚Wartezeiten' zu genießen".[27] In einer Fernseh-Aufzeichnung für den SWF von 1988 trennte er schließlich Erzählung und Lieder ganz: gab also zunächst den Inhalt von Tiecks Novelle wieder, im Anschluss daran folgten Brahms' Romanzen. Mehr und mehr also versuchte er, Brahms' Anspruch auf Autonomie der musikalischen Lyrik einzulösen, ohne den literarischen Kontext ganz zu unterschlagen. Oder in seiner Formulierung: „Balladesk und ritterlich steht der Komponist als selbständiger Erzähler für sich."[28]

Chancen in liedfernen Zeiten

Offenkundig hat Fischer-Dieskau mit seinem Beispiel ‚Schule' gemacht. Seit den 1980er-Jahren haben sich verstärkt auch andere Sänger mit Brahms' Zyklus auf Schallplatten auseinandergesetzt, auch wenn Aufführungen immer noch vergleichsweise seltene Ereignisse sind.[29] So erschienen Aufnahmen von Peter Schreier,[30] Hermann Prey,[31] Andreas Schmidt,[32] Wolfgang Holzmair,[33] Jorma Hynninen,[34] Brigitte Fassbaender,[35] Walton

---

[25] So als Zugabe eines Berliner Brahms-Abends mit Tamás Vásáry am 15.9.1972: „So willst du des Armen dich gnädig erbarmen".
[26] Rostand hatte gerade eine Brahms-Biographie vorgelegt: *Brahms*, Paris 1954/55.
[27] Dietrich Fischer-Dieskau, *Johannes Brahms. Leben und Lieder*, Berlin 2006, S. 173.
[28] Ebd.
[29] Vgl. die Einschätzung von Elmar Budde, „Fünfzehn Romanzen aus Ludwig Tiecks Magelone", S. 226.
[30] Mit Wolfgang Heinz und Peter Rösel 1981 auf Eterna (heute auf Berlin Classics).
[31] Mit Annette Prey (Rezitation) und Helmut Deutsch (Klavier) 1983 auf Orfeo.
[32] Mit Jörg Demus 1989 auf DG sowie mit Helmut Deutsch 2000 auf CPO.
[33] Mit Will Quadflieg und Gerard Wyss 1990 auf Tudor.

Grönroos,[36] Hans Peter Blochwitz,[37] Albert Zetzsche,[38] Armin Ude,[39] Christoph Prégardien,[40] Michael Volle,[41] Peter Anders jr.,[42] Roman Trekel,[43] Konrad Jarnot[44] oder Dominik Wörner[45]. Nachdem das Schallplatten-Repertoire in Sachen *Magelone* jahrzehntelang von Fischer-Dieskau beherrscht worden ist, hat sich das Spektrum also erheblich geweitet – nicht zuletzt durch Fischer-Dieskaus Schüler wie Andreas Schmidt, Roman Trekel oder Konrad Jarnot. Die Aufnahmen mit Bariton überwiegen deutlich – der Stimmlage, die dem Zyklus durch den Widmungsträger Julius Stockhausen ja auch einkomponiert ist. Doch das Spektrum weitet sich: Tenöre sind ebenso vertreten wie ein Mezzosopran. Erstaunlich ist, wie sich die Versionen mit Erzähler durchzusetzen scheinen. Dies entspricht paradoxerweise durchaus dem Trend in einer Zeit der Abgesänge auf den Liederabend an sich. Die traditionellen Liedreihen werden seit Jahren deutlich weniger, bei den Veranstaltern und CD-Produzenten gelten Liedprogramme als Gift für die Kasse, so manche Sänger finanzieren ihre Produktionen mittlerweile weitgehend selbst.[46] Der klassische Bildungskanon, der früheren Generationen den Bezug zur Lyrik garantierte, existiert nicht mehr – und damit eine wesentliche Basis für den Zugang zum Lied. Unter solchen Voraussetzungen ist jeder Liederabend in Gefahr, zu einer musealen Veranstaltung zu verkommen. Daher der Versuch, Lieder wie Exponate im Museum in einen Kontext zu stellen, um auch dem uninformierten Hörer einen Zugang zu eröffnen. Großer Beliebtheit erfreuen sich bei Sängern in letzter Zeit thematische Programme. Und vor allem: Liederzyklen. Stellen die doch von vornherein einen Kontext durch die zugrundeliegende ‚Geschichte' her. Dies gilt nicht nur für Schuberts *Winterreise*, sondern auch

---

[34] Mit Ralf Gothoni 1991 auf Ondine.
[35] In Personalunion als Sängerin und Erzählerin - mit Elisabeth Leonskaja 1994 auf Teldec.
[36] Mit Ralf Gothoni 1994 auf Bis.
[37] Mit Cornelia Froboess und Eric Schneider 1995 auf Berlin Classics.
[38] Mit Wolfgang Wappler 1992 auf Metrix Tonstudio und Musikverlag.
[39] Mit Ellen Schaller und Rolf Schinzel 1998 im Verlag Flörsheim-Dalsheim Dieter Schmitt.
[40] Mit Senta Berger und Andreas Staier 2000 auf Teldec.
[41] Mit Dietlinde Turban und Charles Spencer 2000 auf Freiburger Musikforum sowie 2010 auf Ars Musici.
[42] Mit Marie-Luise Marjan und Thomas Grubmüller 2002 auf Gebhardt.
[43] Mit Bruno Ganz und Oliver Pohl 2003 auf Oehms Classics.
[44] Mit Inge Borkh und Carl-Heinz Marz 2007 auf Orfeo.
[45] Mit Masato Suzuki 2010 auf Ars.
[46] So z.B. die Sopranistin Christiane Karg. Vgl. Christine Lemke-Matwey: Pragmatismus in Mattsilber, in: *DIE ZEIT*, 4.10.2012, Nr. 41.

für Brahms' *Schöne Magelone* – wenn Tiecks Erzählung denn mit einbezogen wird.

Auf die Kehrseite dieser Praxis hat Jan Brachmann anlässlich einer Berliner Aufführung mit der Mezzosopranistin Doris Soffel und dem Erzähler Hans-Jürgen Schatz hingewiesen. Er fühlte sich durch dessen „kunstfertige Drolligkeit" glatt in die „Kindermärchenstunde von Radio DDR 1" versetzt und bemerkte weiter: „Brahms' Liederzyklus indessen wird Musik für erwachsene Menschen, indem er auf den Kontext der Geschichte verzichtet. Erst dadurch gerät die Identität des oder der Singenden in jene Schwebe, die das eigentliche Wagnis romantischer Denk- und Lebensformen ausmacht. Wer ‚Die schöne Magelone' singt, muss Mann und Frau in einem sein, Sänger, Peter, Magelone, Sulima, Liebender, Geliebte [...]. Es entsteht eine bewusste Unschärfe der Geschlechtsidentität, sogar der sexuellen Orientierung des singenden Subjekts [...]. Der Märchenerzähler treibt daher die existenzielle Unruhe aus dem Werk, die durch Brahms' Wegsprengung der Geschichte dort hineingeraten ist."[47] Im Ergebnis ist das ein Plädoyer für die Autonomie der musikalischen Lyrik, unabhängig davon, ob man die These vom bewussten Spiel mit der Unschärfe der Geschlechtsidentität teilt oder eher Roland Barthes zustimmt, dass das lyrische Subjekt im romantischen Lied grundsätzlich eingeschlechtlich gedacht ist.[48] Übrigens dürfte es, was die Geschlechtsidentität des jeweiligen lyrischen Subjekts in der *Magelone* angeht, keinen Unterschied ausmachen, ob das Märchen nun von einem Sprecher vorgetragen oder – wie Brahms es sich offenbar vorstellte – vom Hörer dazu gedacht wird.

Wie auch immer, die Kontextualisierung des Zyklus scheint kaum aufzuhalten zu sein. Besonderen Erfolg hatte Martin Walser, der für das Lied-Duo Christian Gerhaher und Gerold Huber eine eigene, sehr eng am Original ausgerichtete Version verfasste. Wie Dieter Borchmeyer erläutert, tastet Walser „die Handlung nur behutsam an und läßt den Tieck'schen Originaltext wie ein Palimpsest durch seine eigene Sprache hindurchschimmern. So entsteht ein literarisch-musikalisches Stimmengeflecht, in dem sich spätmittelalterlicher Volksbuchton, frühromantische Poetisierung, musikalische Szenik des 19. Jahrhunderts und moderne erzählerische Ironie polyphon überlagern."[49] Wie in einer Frankfurter Aufführung zu erleben, gelingt es Walser vortrefflich, jeden Eindruck einer „Kindermärchenstun-

---

[47] Jan Brachmann, *Berliner Zeitung*, 15.12.2004.
[48] Vgl. dazu Beatrix Borchard, *Stimme und Geige. Amalie und Joseph Joachim*, Wien u.a. 2005, S. 441.
[49] Dieter Borchmeyer, *Lied und Lyrik. Die Liebesgeschichte der schönen Magelone – von Ludwig Tieck, Johannes Brahms und Martin Walser*, <http://www.liedundlyrik.de/archiv/2011/pdf/dieter-borchmeyer.pdf>

de" zu konterkarieren, indem er dem Pfad der ja schon bei Tieck angelegten Ironie folgt und sie für ein heutiges Publikum ‚zurichtet'. Kein Wunder, dass sein Text auch bereits die Vorlage für eine Theatralisierung abgegeben hat: im Februar 2013 am Prinz-Regent-Theater Bochum, das zudem auf eine Bearbeitung des Klavierparts für Streich- und Bläserquintett von Heribert Breuer zurückgriff.[50]

Die Rezeption hat sich somit weit von Brahms' wenn auch widersprüchlichen Intentionen entfernt: durch zyklische Aufführungen, die sich spätestens durch den bahnbrechenden Einsatz von Dietrich Fischer-Dieskau durchgesetzt haben, ebenso wie durch die verschiedenen Versuche der Kontextualisierung. Und fast scheint es, dass Brahms selbst schon die Möglichkeit einer Theatralisierung geahnt hat. Als Max Kalbeck bei der Diskussion eines Opernstoffes zu bedenken gab, der erste Akt drohe ins Lyrische zu verlaufen wie die *Magelone*-Gesänge, soll Brahms erwidert haben: „Sind die nicht auch eine Art von Theater?"[51]

---

[50] Der Kritiker Andreas Meyer war von der Version wenig überzeugt: „Hier trifft Romantik auf leicht ungläubige Postmoderne und es sind Brahms' stürmische, bewegende Lieder, die nicht in den Rahmen der Inszenierung passen wollen." Vgl. <http://theaterpur.net/theater/musiktheater/2013/02/bochum-magelone.html>.
[51] Kalbeck, *Johannes Brahms,* Bd. 1, S. 429.

CD-Rezensionen

Idee des Kreisens

Von der Idee eines Schaffenskreises, der sich planvoll schließt und damit dem eigenen Tun durch eine beziehungsreiche Form Sinn verleiht, war Johannes Brahms gegen Ende seines Lebens mehr und mehr fasziniert. Am anspruchsvollsten ist diese Idee im Klarinettenquintett h-Moll op. 115 umgesetzt: Hier greift der Schlusssatz den Anfang des Kopfsatzes auf und schließt die Großform zum Zyklus. Zugleich ist dieser Zirkelschluss durch einen Prozess entwickelnder Variation konstruktiv hergeleitet, der besonders am Übergang vom dritten zum vierten Satz und in den Variationen des vierten Satzes hörend zu erfahren ist.

    Das Tokyo String Quartet hat großen Sinn für diese Symbolik bewiesen, indem es Brahms' Klarinettenquintett für seine letzte CD-Aufnahme ausgewählt hat. Am 6. Juli 2013 löste sich das Ensemble nach vierundvierzig Jahren mit einem Konzert in der Western Michigan University auf. Im November 2011 hatte das Streichquartett zusammen mit dem Pianisten Jon Nakamatsu und dem Klarinettisten Jon Manasse Brahms' Klavierquintett f-Moll op. 34 und das Klarinettenquintett aufgenommen und damit seine CD-Karriere beendet. Bemerkenswert an dieser Einspielung ist – neben einem mürben, hoch individualisierten Streicherklang – der Verzicht auf ein strenges Einheitstempo, an dessen Stelle ein gliedernder Wechsel von belebter und beruhigter Zeitgestaltung tritt – auch dort, wo Brahms dies nicht vorschreibt. Dahinter steht ein dramatisches, erzählerisches Verständnis von Musik, das die Großform als Architektur verschiedener psychischer Erregungsgrade begreift. Clara Schumann hatte das Klavierquintett ja auch als große, tragische Geschichte empfunden. Im Klarinettenquintett ist die Idee des Kreisens ganz achtsam bis ins winzigste Detail verfolgt: das An- und Abschwellen der Dynamik innerhalb der Kreisfiguren des Hauptthemas im ersten Satz. Hier hat ein Ensemble mit Sorgfalt und Einfühlungsvermögen Brahms' Denken der eigenen Schaffensbiographie anverwandelt – und damit Abschied genommen.

Jan Brachmann

Johannes Brahms: Klavierquintett op. 34, Klarinettenquintett op. 115. Jon Nakamatsu (Klavier), Jon Manasse (Klarinette), Tokyo String Quartet. Harmonia Mundi (HMU 807558). Erscheinungsdatum: 16.11.2012.

FÜLLE DER FARBEN

„Ich habe mich der edlen Beschäftigung hingegeben, mein unsterbliches Werk auch für vierhändige Seelen genießbar zu machen. Jetzt kann's nicht untergehen." Brahms als Ironiker: eine Klavierbearbeitung zur Sicherung des eigenen Ruhms! Gemeint ist das *Deutsche Requiem*, dessen Fassung für Klavier zu vier Händen die Brüder Hans-Peter und Volker Stenzl aufgenommen haben – nicht auf dem modernen Konzertflügel, sondern an einem Streicher-Instrument aus dem Jahr 1880, dem so genannten „Brahms-Flügel", der heute im Museum von Mürzzuschlag steht.

Die Stenzl-Brüder finden natürliche Tempi, die dem jeweiligen Charakter der Sätze angemessen sind, auch in den freundlich gestimmten Abschnitten. Leuchtend die Melodietöne in den oberen Klangregionen, herrlich die klangreichen Mittelstimmen, warmtönend der Bass. Wo die heutigen Flügel stählernen Glanz ausstrahlen, besitzt dieses Instrument eine Fülle an Ausdrucksfarben. Einzig beim Pedalgebrauch hätte man sich stellenweise mehr Sparsamkeit von den beiden Pianisten gewünscht.

Brahms ging es bei seiner Bearbeitung nicht um ein für den Hausgebrauch vereinfachtes Arrangement, vielmehr zielte er – vor allem mit Blick auf die eingearbeiteten Chorstimmen – auf eine möglichst vollständige Klavier-Partitur mit eigenem Kunst-Anspruch. Das wird in dieser Einspielung hörbar: Das Spiel der Stenzl-Brüder klingt differenziert, ausgewogen und bleibt frei von Übertreibungen. Nach der Einspielung mit Silke-Thora Matthies und Christian Köhn (Naxos) sowie den Produktionen mit Klavier und Chor – durch den WDR Rundfunkchor unter Rupert Huber (Neos) und mit accentus unter Laurence Equilbey (naïve) ist die jüngere Klavier-Diskographie dieses Werkes um eine nicht zuletzt wegen der Wahl des Flügels atmosphärisch dichte Einspielung reicher.

Damit die einzelnen Sätze (in dieser rein instrumentalen Version) nicht abstrakt bleiben, liest der Schauspieler Stefan Fleming die von Brahms vertonten Texte zwischen den einzelnen Tracks.

Christoph Vratz

Johannes Brahms: *Ein Deutsches Requiem* op. 45. Hans-Peter und Volker Stenzl (Klavier), Stefan Fleming (Sprecher). Ars musici (CD 233483). Erscheinungsdatum: 25.1.2013.

Mit feiner Skalierung

Brahms' Kammermusik zu interpretieren bedeutet stets das rechte Maß zu finden, die rechte Beziehung der einzelnen Stimmen zueinander und gleichzeitig die Dramaturgie eines Werkes nicht aus den Augen zu verlieren. In diesem Sinne lässt sich die vorliegende Einspielung von Brahms' a-Moll-Streichquartett op. 51 Nr. 2 und dem Klarinettenquintett op. 115 als ‚maßvoll' bezeichnen. Denn gemessen wird bei der Interpretation der Klarinettistin Sharon Kam und des Jerusalem Quartet stets mit feiner Skalierung.

Kam gilt als sehr feinsinnige Sängerin und Kammermusikerin auf ihrem Instrument. Eine gute Voraussetzung also für das Klarinettenquintett, das Johannes Brahms im Jahr 1891 bei seinem Sommeraufenthalt in Bad Ischl vollendet hatte. Ganz selbstverständlich fügt sich Kam schon im Kopfsatz des Quintetts in den ausgewogen modellierten und transparenten Klang des Streichquartetts ein. Mal versteht sie sich und ihr Instrument als dezenten Farbtupfer, mal steigt sie organisch aus dem Streicherklang empor, setzt zu einer ausdrucksvollen Kantilene an, um dann wieder fast unmerklich im polyphonen Satzgeflecht unterzutauchen. Gemeinsam gestalteten die Musiker einen stets pulsierenden musikalischen Organismus. Der Klang dieses Spätwerks ist angenehm durchsichtig und mit einer dezent herbstlich-melancholischen Note verfeinert.

Ähnlich vollmundig gelingt dem Jerusalem Quartet auch die Interpretation des Streichquartetts a-Moll op. 51 Nr. 2 von Brahms. Die Vollendung der Form und des Ausdrucks ist hier quasi ‚Programm' – wenn man diesen heiklen Begriff bei Brahms einmal mit gebotener Vorsicht verwenden darf. Auch in diesem Werk spielt niemand die sprichwörtliche ‚Erste Geige'. Impulse wandern gleichmäßig durch die einzelnen Stimmen, nichts wirkt forciert und zu stark akzentuiert. Geradezu kongenial zelebrieren die vier Musiker den Wandel, die permanente Metamorphose der Themen und Motive: mal mit subtil-heiterer klanglicher Eleganz wie im „Quasi minuetto" überschriebenen dritten Satz, mal im sanft wiegenden, mit einer leichten Prise Humor gewürzten Gestus des Kopfsatzes. Eine sehr leidenschaftliche Aufnahme, deren Reiz vor allem in der feinsinnig abgestuften Klangbalance der Interpreten liegt.

Jan Ritterstaedt

Johannes Brahms: Klarinettenquintett op. 115, Streichquartett Nr. 2 op. 51 Nr. 2. Jerusalem Quartet, Sharon Kam (Klarinette). Harmonia Mundi (HMC 902152), Erscheinungsdatum: 17.5.2013.

Hinreißende Debüt-CD

Beim Premio Paolo Borciani in Reggio Emilia – dem vielleicht wichtigsten Streichquartettwettbewerb der Welt – sorgte das Schumann Quartett im Sommer 2011 für Furore und gehörte zu den größten Entdeckungen. Das Ensemble berührte die Juroren und das internationale Fachpublikum dort unter anderem mit einer hinreißenden Interpretation des Brahms-Quartetts op. 51 Nr. 1 in c-Moll. Kein Wunder, dass die jungen Streicher dieses Stück auch für das Programm ihrer Debüt-CD ausgewählt haben.

Die Aufnahme bestätigt den hervorragenden Eindruck vom Wettbewerb. Das Quartett, bestehend aus drei Brüdern der japanisch-deutsch-rumänischen Familie Schumann und der japanischen Bratscherin Ayako Goto, spielt nicht bloß technisch makellos und klangschön, sondern beeindruckt vor allem durch seine gestalterische Reife. Das vielschichtige motivische Beziehungsgeflecht, mit dem Brahms alle vier Sätze verknüpft, ist transparent ausgeleuchtet; die musikalischen Charaktere sind plastisch und mit einer großen Palette an Farben modelliert. Sie reicht vom bissigen Zugriff im Kopfsatz bis zur lyrischen Poesie der Romanze. Erik Schumann – der ja nebenbei auch noch ein Solist von Weltklasseformat ist – betört in diesem herrlichen Adagio mit einem Gesang, wie er beseelter und inniger nicht sein könnte. Eine ganz starke Darbietung des ersten Brahms-Quartetts, die jedem Vergleich stand hält.

Auch in den beiden anderen Werken der Debüt-CD belegt das Ensemble – das mittlerweile den renommierten Wettbewerb in Bordeaux gewonnen hat und mit der finnischen Bratscherin Liisa Randalu spielt – sein vorzügliches Niveau. Im heiklen dritten Quartett von Bartók vereinen die Schumanns rhythmisches Feuer und Präzision und verwandeln den komplexen Notentext in eine pulsierende Klangsprache. In Beethovens op. 18 Nr. 2 schlagen die vier Streicher dagegen einen anderen, klassischen und entsprechend schlankeren Ton an und versprühen mitunter auch jene spritzige Leichtigkeit, die man von jungen Interpreten erwarten würde. Aber das ist eben nur eine von vielen Facetten des herausragenden Ensembles.

Marcus Stäbler

Johannes Brahms: Streichquartett op. 51 Nr. 1, Béla Bartók: Streichquartett Nr. 3, Ludwig van Beethoven: Streichquartett op. 18 Nr. 2. Schumann Quartett. ARS 38128. Erscheinungsdatum: 1.4.2013.

Neue Klangwelt

Fragt man nach Besonderheiten in der Kompositionsweise von Johannes Brahms, wird in der Regel auf die häufige Verwendung von Triolen (Konfliktrhythmen) und die das Taktgefüge destabilisierenden Hemiolen (etwa die Aufteilung von zwei Dreivierteltakten in drei Zweivierteltakte) hingewiesen. Dann folgt gelegentlich noch eine Bemerkung zur voll klingenden tieferen Mittellage mit ihren Verdopplungen von Terzen und Sexten. Dieser ‚satte' sogenannte Brahmsklang ist inzwischen zu einem Klischee geworden. Und nicht genug, zahlreiche Interpeten glauben, sie dienten Brahms, indem sie weitere Klangwolken auftürmen.

Dank einer neuen CD des Pianisten Hardy Rittner erhalten wir nun Einblick in die Brahms'sche Klangwelt, wie sie vor 150 Jahren Realität war. Besonders in den Klavierstücken op. 76 haben wir derartiges bisher nicht gehört. Leuchtend klare Klänge im Diskant, eine durchsichtige Mittellage sowie eine schlanke, beinahe masselose Baritonlage. Dort suchen wir vergeblich nach dem ‚Brahmsklang'. Rittner spielt die Aufnahmen (dieses ist Vol. 4 der Gesamtaufnahme) auf historischen Intrumenten, die Brahms einst bevorzugte: Instrumente von Ignaz Bösendorfer (1846), Johann Baptist Streicher (1856 und 1868). Wenn die Klangspektren, denen wir hier begegnen, authentisch sind – und daran kann kein Zweifel bestehen –, müssen wir umdenken. Dann hat Brahms die untere Mittellage des Klaviers deswegen so satt bedient, damit überhaupt genug Klangfülle erreicht werden konnte. Für unsere modernen Instrumente bedeutet das, dass die betreffende Lage eher zu ‚verschlanken' ist, anstatt sie noch weiter aufzublähen.

Das Reizvolle an dieser CD ist nun, dass wir einem neuen Brahms begegnen, der, mit grandioser pianistischer (und aufnahmeseitiger) Technik dargeboten, in die Nachbarschaft der eleganten Brillanz Liszts gerät. Keine Sorge, liebe Brahmsfreunde, dazwischen ist noch reichlich Luft! Ich persönlich habe lange nicht soviel über Brahms gelernt wie durch dieses op. 76. Doch nun muss leider noch ein Wermutstropfen angesprochen werden: Dass nun ausgerechnet die weniger geglückten Rhapsodien an den Anfang der CD gestellt wurden, ist mir unverständlich. Vieles erklingt atemlos und überstürzt; die Struktur steht auf schwankendem Boden. Auch wurde teilweise falsch oder gar nicht phrasiert. Das ist schade, tut aber der großartigen Gesamtleistung des Pianisten kein Abbruch. Diese CD ist ein Muss!

Cord Garben

Johannes Brahms: Klavierwerke Vol. 4 (Scherzo op. 4, Walzer op. 39, Klavierstücke op. 76, Rhapsodien op. 79). Hardy Rittner auf historischen Flügeln. Dabringhaus und Grimm (MDG 904 1810-6) Erscheinungsdatum: 30.8.2013.

Johannes Behr, Katrin Eich, Michael Struck

Neues aus der Kieler Forschungsstelle der Neuen Brahms-Ausgabe

Neue Bände – Jubiläen

Seit dem Bericht über die Arbeit der Kieler Brahms-Forschungsstelle in Band 16 der *Brahms-Studien* (2011) sind bis August 2013 sieben weitere Bände der *Neuen Ausgabe sämtlicher Werke* von Johannes Brahms im Münchner G. Henle Verlag erschienen, die an dieser Stelle vorgestellt werden sollen. Dabei konnte die *Johannes Brahms Gesamtausgabe* (*JBG*) mit den beiden im August 2013 publizierten Bänden gleich zwei kleine Jubiläen feiern: zum einen den Abschluss der Symphonien-Edition, zum anderen das Erscheinen des 20. Gesamtausgaben-Bandes.

Mit der Ausgabe der 4. Symphonie in der Orchesterfassung sowie den beiden Bänden mit Brahms' vierhändigen Arrangements der 3. und 4. Symphonie ist die Edition der Symphonien im Rahmen der *JBG* jetzt abgeschlossen. Sie umfasst insgesamt sieben zwischen 1996 und 2013 erschienene Bände: Vier davon enthalten die orchestralen Hauptfassungen der Symphonien 1–4, die übrigen drei die sechs vierhändigen Arrangements für ein und/oder zwei Klaviere. Herausgeber ist in allen Fällen der englische Brahms-Experte Robert Pascall (Nottingham) – im Falle der 2. Symphonie zusammen mit Michael Struck, der die übrigen Bände als Redakteur der Kieler Forschungsstelle betreute.

In seiner Edition der 4. Symphonie in der orchestralen Hauptfassung (2011) resümiert Pascall die Hinweise der Brahms-Literatur auf Verbindungen des passacagliaartigen Finalsatzes mit dem Passacaglia- bzw. Chaconnethema aus Johann Sebastian Bachs Kantate Nr. 150[1] und behan-

---

[1] Peter Petersens jüngst geäußerte Skepsis gegenüber Siegfried Ochs' Mitteilung ist Teil seines Versuches nachzuweisen, dass Ludwig van Beethovens 32 Variationen c-Moll für Klavier WoO 80 das Modell für das Finale aus Brahms' 4. Symphonie gewesen seien. Doch indem sie den Wahrheitsgehalt von Ochs' Aussage lediglich pauschal in Zweifel zieht, kann sie Pascalls Überlegungen kaum tangieren. Siehe Peter Petersen,

delt dann, wie in den Bänden der *JBG* üblich, intensiv Entstehung, Aufführungsgeschichte, frühe Rezeption und Publikation des Werkes. Pascall kann den Zeitraum präzisieren, in dem die von Brahms im Partiturautograph am Ende des 1. Satzes nachgetragenen Einleitungstakte gültig waren, erörtert die von Brahms für Joseph Joachim im Partiturautograph notierten, doch vor der Drucklegung wieder getilgten agogischen Anweisungen und rekonstruiert die Phasen des Korrekturprozesses während der Drucklegung. Ein Sonderproblem löst Pascalls neue Edition anders, als es Hans Gál 1926 in der alten Brahms-Gesamtausgabe tat: Einige handschriftliche Änderungen und Zusätze, die Brahms in seinem Handexemplar des Partitur-Erstdruckes notierte, bewertet Pascall als „situative", nur auf eine bestimmte Aufführung bezogene Änderungen, die nicht verallgemeinert, das heißt als „Fassungen letzter Hand" missverstanden werden dürfen. Außerdem weist er nach, dass nach Brahms' Tod einige harmonisch glättende Änderungen im Notentext späterer Auflagen vorgenommen wurden, die offenkundig nicht auf den Komponisten zurückgehen.

In diesem Band wie auch in der Edition der beiden von Brahms erstellten vierhändigen Arrangements für ein und für zwei Klaviere (2012) wurde auch das Datum richtiggestellt, an dem Brahms seinen Wiener Freunden und Bekannten die Symphonie zusammen mit Ignaz Brüll in der zweiklavierigen Fassung in Friedrich Ehrbars Klaviersalon erstmals vorspielte (nicht 8., sondern 14. Oktober 1885), ehe er nach Meiningen fuhr, um das Werk erstmals mit Orchester zu proben und zur Uraufführung zu bringen. In der Edition der Arrangements geht Pascall auch auf die Charakteristika und Unterschiede der beiden Arrangements ein, die nicht zuletzt darin begründet sind, dass im Satz für zwei Klaviere die hohen, mittleren und tiefen Register jeweils zweimal belegt werden können (beispielsweise mit Melodie und Begleitung oder unterschiedlichen Begleitschichten). Dagegen musste Brahms im vierhändigen Arrangement für ein Klavier auf diese Doppelbelegung verzichten und daher häufiger nach Lösungen suchen, die sich auf kreative Art weiter vom Orchestersatz entfernen.

Pascalls letzter, im August 2013 erschienener Symphonieband mit den Arrangements der 3. Symphonie enthält einerseits Brahms' vierhändiges Arrangement für zwei Klaviere, das im März oder April 1884 – das heißt knapp zwei Monate vor Orchesterpartitur und -stimmen – veröffentlicht wurde. Warum auch das Arrangement für ein Klavier zu vier Händen, das einige Monate später unter dem Namen von Robert Keller im Druck erschien, in den Band aufgenommen wurde, bedarf einer besonderen Be-

---

„Das Variationen-Finale aus Brahms' e-Moll-Sinfonie und die c-Moll-Chaconne von Beethoven (WoO 80)", in: *Archiv für Musikwissenschaft*, Bd. 70 (2013), H. 2, S. 105–118.

gründung: Robert Keller arbeitete für Brahms' Hauptverleger Fritz Simrock als sehr geschätzter Lektor und als Arrangeur. Da Brahms – anders als bei der 1. und 2. Symphonie – kein vierhändiges Arrangement für ein Klavier, sondern eines für zwei Klaviere geschaffen hatte, übernahm Keller jene durchaus schwierige Aufgabe, da die 3. Symphonie, wie er später an Brahms schrieb, „einer vierhändigen Bearbeitung für e i n Klavier sich sehr widerspenstig" zeigte.[2] Als Brahms Ende September 1884 das bereits gestochene, aber noch nicht publizierte Arrangement Kellers in einem Vorabzug zur Ansicht erhielt, erschien ihm dieses pianistisch und satztechnisch zu pedantisch und unpraktisch. So vereinbarte er mit Keller und Simrock, dass er das Arrangement nach seinem „Geschmack umschreiben"[3] werde. Seine nachhaltige Umarbeitung betraf – anders als in der Brahms-Literatur wiederholt behauptet wurde – alle vier Sätze, wobei der 1. und der 3. Satz besonders betroffen waren und von Brahms teilweise völlig neu notiert wurden. Anfang Dezember erschien das umgearbeitete Arrangement unter Kellers Namen im Druck. Zwar ist weder Kellers ursprüngliches Arrangement noch der von Brahms überarbeitete Vorabzug mit den neu notierten Teilen erhalten, doch zeigt Brahms' Briefwechsel mit Keller und Simrock eindeutig, dass das letztlich im Druck erschienene vierhändige Arrangement für ein Klavier im Prinzip zu Brahms' eigener Arbeit geworden war. Und so konnte und musste es trotz der Zuschreibung zu Keller in die *Neue Ausgabe sämtlicher Werke* von Johannes Brahms aufgenommen werden.

Zwei weitere Bände enthalten ebenfalls von Brahms stammende Klavierarrangements: Michael Musgraves Edition der Orchesterserenaden und -ouvertüren im Arrangement für ein Klavier zu vier Händen sowie Valerie Woodring Goertzens Edition der Arrangements von Werken anderer Komponisten für ein oder zwei Klaviere zu vier Händen (beide 2012). Dabei stellen die Arrangements der Serenaden op. 11 und op. 16 die frühesten derartigen Bearbeitungen eigener Werke dar. Insbesondere das Arrangement der ersten Serenade zeigt teilweise deutliche Abweichungen von der Orchesterfassung, wobei das Finale im Arrangement sogar sieben Takte kürzer ist. Dies hängt nicht zuletzt damit zusammen, dass Brahms die erhaltene Niederschrift des Arrangements wenige Wochen nach der Hamburger Aufführung der kammermusikalisch geprägten frühen Serenaden-Fassung (28. März 1859) anfertigte, das Werk jedoch ab Ende 1859 zu einer Fassung für großes Orchester umarbeitete, in der es Ende 1860 im Druck erschien. Das Arrangement der 2. Serenade fertigte er hingegen

---

[2] *The Brahms-Keller Correspondence*, hrsg. von George S. Bozarth in Zusammenarbeit mit Wiltrud Martin, Lincoln und London 1996, S. 78.
[3] Ebd., S. 75.

offenbar erst an, nachdem die Orchesterfassung weitgehend endgültig komponiert war. Im Anhang des Bandes wird im Übrigen ein erst seit Kurzem in der Staats- und Universitätsbibliothek Hamburg zugängliches autographes Blatt zur 1. Serenade mitgeteilt, das vermutlich für die genannte Hamburger Aufführung zur Korrektur der Streicherstimmen diente (siehe auch Bd. 16 der *Brahms-Studien*).

Der von Valerie W. Goertzen herausgegebene Band enthält fünf Arrangements fremder Werke für Tasteninstrument(e) zu vier Händen: die Bearbeitungen von Orchesterouvertüren Joseph Joachims zu Shakespeares *Hamlet* op. 4 für ein Klavier zu vier Händen, zu Herman Grimms *Demetrius* op. 6 und zu Shakespeares *Heinrich IV.* op. 7 jeweils für zwei Klaviere zu vier Händen (Anh. Ia Nr. 3–5), das Arrangement von Robert Schumanns Klavierquartett Es-Dur op. 47 für ein Klavier zu vier Händen (Anh. Ia Nr. 8) sowie die nur fragmentarisch erhaltene Bearbeitung der Ouvertüre zu Robert Griepenkerls *Maximilian Robespierre* op. 55 von Henry Litolff für Physharmonika und Klavier (Anh. III Nr. 9). Von den Bearbeitungen der drei Ouvertüren Joachims, die der junge Brahms zwischen 1853 und 1856 anfertigte, wurde nur die der *Heinrich IV.*-Ouvertüre 1902 bei Simrock veröffentlicht; die beiden anderen sind im vorliegenden Band der *JBG* erstmals gedruckt zugänglich. Das Arrangement von Schumanns Klavierquartett entstand um die Jahreswende 1854/55. Eine erste Ausgabe, die der Elberfelder Verlag Arnold 1860 vorbereitete, musste aus urheberrechtlichen Gründen zurückgezogen werden, ist aber immerhin in zwei Privatexemplaren erhalten geblieben. Erst 1887, nach Ablauf der Schutzfrist für Schumanns Werke, konnte die Bearbeitung bei Adolph Fürstner in Berlin erscheinen. Das Arrangement von Litolffs *Robespierre*-Ouvertüre für Klavier und Physharmonika (eine Art Harmonium mit der Möglichkeit dynamischer Abstufungen), das im Mai 1852 in Hamburg entstand, ist nur partiell in Gestalt der autographen Physharmonikastimme überliefert und wird im Anhang des Bandes erstmals veröffentlicht.

Zu berichten ist schließlich über zwei weitere Bände, die originale Werke für bzw. mit Klavier enthalten. Ende 2011 erschien der von Katrin Eich herausgegebene Band mit Brahms' Klavierstücken, der Werke aus fast der gesamten Schaffenszeit des Komponisten enthält. Den frühesten chronologischen Eckpunkt dieser Edition markiert das Scherzo op. 4, das Brahms als 18-Jähriger im Sommer 1851 in Hamburg komponierte und das zu den ersten von ihm veröffentlichten Werken gehört. Den Abschluss bilden die zwanzig Klavierstücke opp. 116–119, die Brahms 1892 und 1893, also wenige Jahre vor seinem Tod, publizierte. Ließen sich im Rahmen dieser Edition einerseits viele Detailfragen präzisieren oder klären (so stammt beispielsweise die erhaltene abschriftliche Stichvorlage der Balladen op. 10

vom Düsseldorfer Kopisten Peter Fuchs), konnten andererseits insbesondere im Fall der späten Klavierstücke einige bislang unbekannte Vorabzüge konsultiert werden. Für die Rekonstruktion der Publikationsgeschichte waren dabei Vorabzüge hilfreich, die Brahms' Verleger Simrock zur Sicherung des amerikanischen Urheberrechtes schon vor Abschluss der Drucklegung an die Library of Congress in Washington D. C. schicken ließ. Die in Brahms' Handexemplaren vorhandenen Eintragungen wurden differenziert bewertet, zumal oftmals nicht eindeutig zu klären ist, ob es sich um verbindliche oder eher „situative" Änderungen handelt (siehe oben die Ausführungen zur Edition der 4. Symphonie). Im Zweifelsfall wurde daher, vor allem bei den Klavierstücken op. 76, der Status der Erstausgabe beibehalten. Der Anhang dieses Bandes enthält darüber hinaus die Transkription und Diskussion einiger Skizzen zu den späten Klavierstücken, die sich in Brahms' Nachlass befinden (Archiv der Gesellschaft der Musikfreunde in Wien).

Mit der 2013 erschienenen Edition des 2. Klavierkonzerts op. 83, herausgegeben von Johannes Behr, liegen innerhalb der *JBG* nun drei der insgesamt vier Brahms-Konzerte in Partitur vor. (Vom Violinkonzert op. 77 und vom Doppelkonzert op. 102 sind auch die vom Komponisten selbst erstellten Klavierauszüge bereits erschienen; der Klavierauszug des 2. Klavierkonzerts wird im Jahr 2014 folgen.) Für die Edition waren zahlreiche handschriftliche und gedruckte Quellen der Partitur, der Orchesterstimmen, der Solostimme und des Klavierauszugs heranzuziehen, darunter die autographe Partitur (jüngst auch als Faksimile im Laaber-Verlag erschienen), ein Korrektur-Vorabzug der Partitur mit Eintragungen des für Simrock tätigen Korrektors Robert Keller sowie ein Geschenk-Vorabzug des Klavierauszugs für die mit Brahms befreundete Elisabeth von Herzogenberg. Insbesondere die Vorabzüge gewähren Einblicke in die letzten kompositorischen Änderungen zwischen Abgabe der Stichvorlage und Erscheinen des Erstdrucks, also in eine Phase der Werkentstehung, die bei Brahms meist im Dunkeln liegt. Wie in der *JBG* üblich, werden alle nachträglichen Änderungen des Komponisten sowie sämtliche Eingriffe des Herausgebers im Editionsbericht nachgewiesen, der außerdem umfassend über die vorhandenen Quellen informiert. Die Einleitung des Bandes rekonstruiert die Entstehung und Publikation des 2. Klavierkonzerts von den ersten Einfällen im Frühjahr 1878 bis zum Erscheinen der Erstdrucke im Januar (Klavierauszug) bzw. September 1882 (Partitur und Stimmen), beschreibt die ersten Proben und Aufführungen durch Brahms selbst und andere Pianisten, insbesondere Hans von Bülow und Eugen d'Albert, und verfolgt Tendenzen der zeitgenössischen Kritik, die sich durchaus noch nicht einig war über den Rang dieses Werkes, das heute unbestritten als eines der bedeutendsten von Brahms gilt.

NEUERWERBUNG

Es ist mehr als erfreulich, wenn sich musikliebende Privatsammler und musikwissenschaftliche Institutionen zu einer fruchtbaren Kooperation zusammenfinden. So war es im Fall des norddeutschen Brahms-Liebhabers Wilhelm Voß und der Kieler Brahms-Forschungsstelle. Wilhelm Voß, beruflich in der Verwaltung eines Krankenhauses tätig, hatte schon früh seine Liebe zur Musik des 19. Jahrhunderts und vor allem zu Johannes Brahms entdeckt. Vorsichtig suchte er den Kontakt zum Kieler Musikwissenschaftlichen Institut und zur dort ansässigen *Brahms-Gesamtausgabe*, immer in der Sorge, als Nicht-Fachmann vor den Wissenschaftlern nicht bestehen zu können. Schnell ergab sich jedoch ein freundlicher Austausch mit der Brahms-Forschungsstelle. Als es mit Mitteln der Peter-Klöckner-Stiftung und später der Alfried Krupp von Bohlen und Halbach-Stiftung möglich wurde, ein groß angelegtes Projekt zur Auswertung führender Musikzeitschriften des 19. Jahrhunderts durchzuführen, wurde Wilhelm Voß neben zwei damaligen Doktorandinnen des Instituts (Katrin Eich bzw. ihrer Nachfolgerin Christiane Wiesenfeldt) einer der honorarbasierten Mitarbeiter. Neben seiner Leidenschaft für Brahms' Musik brachte er ein umfassendes biographisches und werkbezogenes Hintergrundwissen zum Komponisten und dessen Umfeld mit. Darüber hinaus versorgte er die Forschungsstelle mit Hinweisen auf teilweise entlegenste Literatur, stellte Notendrucke aus seiner stetig wachsenden Sammlung für die Auswertung zur Verfügung und gab wertvolle Tipps zu Antiquariaten und Auktionen.

Nach seinem Tod im Januar 2001 blieb ein freundschaftlicher Kontakt zu seiner Witwe Ute Haase-Voß bestehen. Die beiden Mitarbeiter der später personell erweiterten Forschungsstelle, Michael Struck und Katrin Eich, katalogisierten in mehreren Sitzungen den umfangreichen Notenbestand der Sammlung Wilhelm Voß und Ute Haase-Voß. Ende 2012 wurde es schließlich durch die Bereitschaft von Ute Haase-Voß und mit Hilfe der Akademie der Wissenschaften und der Literatur, Mainz, möglich, die Notensammlung für die Kieler Brahms-Forschungsstelle zu erwerben. Sie umfasst ca. 350 Notendrucke Brahms'scher Werke, außerdem Drucke mit Werken aus der Brahms-Zeit – von Eugen d'Albert bis hin zu Robert Volkmann. Beide Säulen dieser Sammlung stellen für die Kieler Forschungsstelle eine wesentliche Bereicherung der zuvor aufgebauten Sammlung von Erst- und Frühdrucken insbesondere Brahms'scher Werke dar.

Zunächst decken die Brahms-Drucke der „Sammlung Haase-Voß" eine breite zeitliche Spanne ab. Denn in ihr befinden sich sowohl Erstdruck-Exemplare, also Exemplare der jeweils ersten Auflage der Erstausgabe, als auch spätere Auflagen oder neu gestochene Ausgaben bis etwa zum Anfang des 20. Jahrhunderts. Für das Konzept der *JBG* ist diese Mischung überaus wichtig, ja sogar nützlicher als eine Sammlung, deren Schwerpunkt allein auf Erstdrucken liegt. Denn für die editorische Arbeit an gedruckten Quellen muss die Zeit bis kurz nach Brahms' Tod berücksichtigt werden, wobei zu prüfen ist, ob der Komponist nach der Drucklegung noch kompositorisch relevante Korrekturen am Notentext veranlasste oder ob sonst Änderungen vorgenommen wurden. So bietet jeder Band der *JBG* unter anderem eine Art Querschnitt durch die erschienenen Auflagen, seltener auch Neuausgaben der enthaltenen Werke bis kurz nach der Wende vom 19. zum 20. Jahrhundert. Hierfür eine breite Basis an Notenmaterial vor Ort zu haben, spart viel Zeit, Kraft und Kosten.

Selbst Dubletten können von Nutzen sein: Unter Umständen finden sich in bestimmten Exemplaren einer Auflage handschriftliche und/oder gestempelte Zusätze, die beispielsweise Aufschlüsse über Datierungen, Schenkungen oder Aufführungen bieten. Darüber hinaus sind Schwankungen im Druckbild möglich, bei denen sich solche Exemplare wechselseitig erhellen, oder es können sich mehr oder weniger deutliche Spuren von Plattenkorrekturen zeigen, also von Korrekturen, die die Stecher auf der betreffenden Stichplatte ausführten. Gerade für kompositorische Korrekturen, die Brahms quasi ‚in letzter Minute' vor Abschluss der Drucklegung vornahm, ist dies ein wichtiger Beleg. Aber auch die Drucke von Werken anderer Komponisten der Brahms-Zeit sind für die philologische Arbeit hilfreich. Brahms komponierte in einem Beziehungsnetz von Freunden und Kollegen, Werke nehmen aufeinander Bezug, fremde Kompositionen werden im Briefwechsel erwähnt oder diskutiert. Die Kenntnis solcher über Bibliotheken oder den Antiquariatshandel oftmals nicht leicht erhältlichen Werke ist daher für das Verständnis historisch-philologischer Zusammenhänge bedeutsam.

Ein positiver Nebeneffekt dieses Erwerbs bestand im Übrigen darin, dass sich weitere Materialien der Sammlung Wilhelm Voß und Ute Haase-Voß sinnvoll in öffentlich zugänglichen Institutionen unterbringen ließen: So konnte die Kieler Brahms-Forschungsstelle einige Brahms'sche Schreiben an seinen Verleger Fritz Simrock an das Brahms-Archiv der Hamburger Staatsbibliothek Carl von Ossietzky vermitteln, während die umfangreiche Bibliothek mit Literatur über Brahms und andere Komponisten des 19. Jahrhunderts ideal in die im Aufbau befindliche Brahms-Arbeitsstelle am Wiener Institut für kunst- und musikhistorische Forschungen, Abteilung Musikwissenschaft, passte.

Neugründung, Tagungen und Feierlichkeiten

Was hat es mit dieser neuen Wiener Brahms-Arbeitsstelle auf sich? Einige Jahre lang erhielt die *JBG* eine finanzielle Unterstützung vom Österreichischen Bundesministerium für Bildung und Forschung. Diese Förderung ging im Dezember 2011 in die Finanzierung einer halben Personalstelle an der damaligen Wiener Kommission für Musikforschung der Österreichischen Akademie der Wissenschaften über, die inzwischen mit der Kommission für Kunstgeschichte zum Institut für kunst- und musikhistorische Forschungen zusammengelegt ist. Somit wurde in Wien eine Brahms-Arbeitsstelle eingerichtet, die der Arbeit der *JBG* unmittelbar zu Gute kommt. Die dortige Kollegin Katharina Loose, die zugleich an einer analytisch-philologischen Brahms-Dissertation arbeitet, ist dabei in einen Stab von Mitarbeiterinnen und Mitarbeitern eingebunden, die teilweise ebenfalls in einer bzw. für eine Gesamtausgabe tätig sind. Eine enge Verbindung ergab sich bald zur Wiener Arbeitsstelle der Neuen Schubert-Ausgabe. Gemeinsam entstand hier die Grundidee zu einem internationalen musikwissenschaftlichen Symposium in Wien, das schließlich im September 2013 unter dem Titel „Brahms' Schubert-Rezeption im Wiener Kontext" in Kooperation zwischen der Gesellschaft der Musikfreunde in Wien, dem Musikwissenschaftlichen Institut der Universität Kiel und der Österreichischen Akademie der Wissenschaften im Steinernen Saal des Musikvereins stattfand. Seitens der *JBG* nahmen daran neben den Autoren dieses Beitrages der Projektleiter Siegfried Oechsle und die Wiener Mitarbeiterin Katharina Loose mit Vorträgen teil. Zuvor hatte die *JBG* selbst im Rahmen der Jahrestagung der Gesellschaft für Musikforschung 2011 in Kiel das Symposium „Brahms am Werk. Konzepte, Texte, Prozesse" organisiert.

Neben der editorischen Arbeit mit all ihren Facetten gibt es hin und wieder auch Grund zu feiern. So erhielt die Kieler Forschungsstelle im Jahr 2010 den mit 10.000 Euro dotierten Brahms-Preis der Brahms-Gesellschaft Schleswig-Holstein. Im Oktober 2012 beging die Forschungsstelle zusammen mit dem Kieler Musikwissenschaftlichen Institut den 60. Geburtstag von Michael Struck, dem dienstältesten Mitarbeiter der *JBG*, der die Forschungsstelle mit aufgebaut und deren editorisches Konzept maßgeblich geprägt hat. Im Rahmen der Feierlichkeiten, die musikalisch unter anderem vom Altenberg Trio Wien bereichert wurden, erhielt er ein von seiner Kollegin Katrin Eich und seiner Tochter Anna Theresa Struck herausgegebenes *Liber amicorum*, dessen Druck dankenswerterweise der G. Henle Verlag, München, übernahm.

Wolfgang Sandberger

Neues aus dem Brahms-Institut an der Musikhochschule Lübeck
Bericht aus den Jahren 2012–13

Forschung

Der Lübecker Komponist Jakob Ludwig Bruhns (1852–1923)[1] beabsichtigte Anfang 1896, Johannes Brahms eine Sammlung von 50 Klavierstücken zu widmen. Über dieses Vorhaben unterrichtet uns ein süffisanter Brief von Brahms an seinen Verleger Fritz Simrock:
„Bruhns aus Lübeck schickt mir […] nebenbei 50 Klavierstücke zu oder über 50 Etüden von Czerny, die er mir widmen will!!! und!!! natürlich vorher gelobt haben! Kann man nun auf so was grob, fein oder überhaupt antworten!? Und ich tat es eben, ganz artig. Aber ‚so was' kommt jeden Tag, man kann sich's nicht arg genug vorstellen."[2] Wie sich denken lässt, sind die *Fünfzig Stücke zu Karl Czernys „Kunst der Fingerfertigkeit"* op. 74c dann ohne die Widmung an Brahms bei Schlesinger in Berlin erschienen.

Diese musikhistorische Marginalie führt direkt zu einem Forschungsschwerpunkt, der das Brahms-Institut nachhaltig beschäftigt. Im Mittelpunkt des zunächst von der Possehl-Stiftung Lübeck geförderten Projekts „Brahms gewidmet" stehen die ca. 100 Kompositionen, die Brahms zu Lebzeiten meist „verehrungsvoll" oder „freundschaftlich" dediziert worden sind, darunter Werke von namhaften Komponisten wie Max Bruch, Ferruccio Busoni, Antonín Dvořák, Joseph Joachim, Theodor Kirchner, Max Reger, dem Ehepaar Schumann oder Johann Strauss (Sohn). Für das ‚Brahms-Bild' sind diese Kompositionen insofern relevant, als sich in ihnen

---

[1] Bei Jakob Ludwig Bruhns handelt es sich um einen Nachfahren des Buxtehude-Schülers Nikolaus Bruhns.
[2] Vgl. Johannes Brahms an Fritz Simrock, Brief vom [30. Januar 1896], BW XII, S. 190. Leider ist der dort angesprochene Antwortbrief von Brahms an Bruhns nicht bekannt.

Abbildung 1 | Bernhard Scholz: *Quintett für zwei Violinen, Viola und zwei Violoncells* op. 47 „Johannes Brahms gewidmet."
Erstdruck, 1878, Breslau, Julius Hainauer, Titelblatt

die Brahms-Erfahrungen des ambitionierten Umfeldes spiegeln. Die einzelne Widmung verweist dann auch nicht nur auf den biographischen Kontext der Zueignung eines Werkes, sondern wird hier verstanden als ein komplexer Vorgang, der gerade durch die Drucklegung der Komposition eine öffentliche Kommunikation intendiert. Die sich dieser Thematik widmende Lübecker Dissertation von Andrea Hammes steht kurz vor dem Abschluss.

Daran anschließend wurde das editorische Projekt „Brahms gewidmet" entwickelt, das nach verschiedenen Evaluationen seit Januar 2013 von der

VolkswagenStiftung großzügig unterstützt wird. Im Mittelpunkt stehen vier Kammermusikwerke (von Robert Fuchs, Hermann Goetz, Bernhard Scholz und Josef Suk, vgl. Abbildung 1), die in einem neuen editorischen Ansatz, in dem sich philologische Edition und die Kontexte reflektierende digitale Dokumentation miteinander verbinden, erschlossen werden sollen. Als Pilotprojekt ist „Brahms gewidmet" Teil eines von der Musikgeschichtlichen Kommission geplanten großangelegten Forschungsvorhabens „Bürgerliche Musikkultur in Deutschland im 19. Jahrhundert". Anders als in den traditionellen Musikergesamtausgaben soll hier der musik- und kulturwissenschaftliche Kontext der Werke verstärkt dargestellt werden. Die Editionen (Buchform) werden daher mit Texten und vielfältigen anderen Dokumenten in einem Online-Portal (entwickelt von der Bayerischen Staatsbibliothek München) begleitet und so auch für die interessierte Öffentlichkeit aufbereitet. Kooperationspartner sind zwei weitere Pilotprojekte in Regensburg (Wolfgang Horn) und Marburg (Lothar Schmidt). Das Thema „Text – Paratext – Kontext. Zur Transaktion der Widmung bei Johannes Brahms" war schließlich auch Gegenstand eines Beitrags des Institutsleiters im Rahmen des Symposiums „Brahms am Werk" während der Jahrestagung der Gesellschaft für Musikforschung in Kiel im Herbst 2011.

Weitere Forschungsfelder ergeben sich aus der Sammlung des Instituts. 2011 erhielt das Haus den Nachlass von Renate Wirth, die mütterlicherseits Enkelin des Sängers und Brahms-Freundes Julius Stockhausen war. Ihr Großvater väterlicherseits, Emanuel Wirth, war als Bratscher im Joachim-Quartett ein ebenfalls renommierter Musiker. Der Nachlass enthält umfangreiche Quellenbestände, Anfang Oktober 2013 wurde von Susanne Cox mit der wissenschaftlichen Aufarbeitung begonnen. Im Rahmen der dazu eingerichteten

Abbildung 2 | Johannes Brahms und Julius Stockhausen, Wien 1869

Doktorandenstelle, die von der Possehl-Stiftung gefördert wird, soll eine Studie über Julius Stockhausen auf Grundlage des Nachlasses entstehen (vgl. Abbildung 2).

Einen Forschungsschwerpunkt des Instituts stellt weiterhin die Korrespondenz des Komponisten dar. Das online verfügbare Brahms-Briefwechsel-Verzeichnis (BBV), das als Verzeichnis sämtlicher Briefe von und an Johannes Brahms ein wichtiges Grundlagenwerk für die Forschung zu Leben und Werk des Komponisten darstellt, wird weiter aktualisiert und gepflegt. Die Perspektiven für eine neue Edition des gesamten Brahms-Briefwechsels werden derzeit vom Institutsleiter gemeinsam mit Christiane Wiesenfeldt (Weimar) ausgelotet.

Ausstellungen/Symposium

Vielbeachtet waren die verschiedenen, von Stefan Weymar und dem Institutsleiter kuratierten Ausstellungen in der Villa Eschenburg (siehe Auflistung im Anhang). Höhepunkt war die Schau „Ich will euch trösten" zu *Ein deutsches Requiem* von Brahms, die vom 27. Juli bis 15. Dezember 2012 in den Ausstellungsräumen der Villa gezeigt wurde. Eröffnet wurde die Ausstellung durch ein wissenschaftliches Symposium, das in Kooperation mit dem Schleswig-Holstein Musik Festival veranstaltet wurde. Neben konkreten Fragen zur Textkompilation standen philologische, rezeptionshistorische und schließlich auch frömmigkeitsgeschichtliche Aspekte im Mittelpunkt der Beiträge, die den bei edition text & kritik (München) erschienenen Katalog einleiten. Der Katalogteil dokumentiert alle Exponate der Ausstellung, die konzeptionell in mehrere Abteilungen geordnet war: Nach den verschiedenen Aufführungsstationen (Wien, Bremen, Leipzig) lenkt der Katalog den Blick auf Aspekte der „Textgrundlage", der „Aufführungspraxis", der „Tradition und Inspiration" sowie auf das „nationale Ideenkunstwerk". Im Wesentlichen handelte es sich um Quellen aus unserer eigenen Sammlung (vgl. Abbildung 3), die in der Schau aber um einige spektakuläre Leihgaben aus Wien (Gesellschaft der Musikfreunde, Wienbibliothek im Rathaus) ergänzt werden konnten, darunter etwa eine der Bibeln von Brahms mit aufschlussreichen Anstreichungen zum Requiem. Die Ausstellung war außergewöhnlich gut besucht, zahlreiche Kantoreien und Chöre haben sich zu Führungen gemeldet. Auch ein museumspädagogisches Projekt von Studierenden der Musikhochschule sei erwähnt.

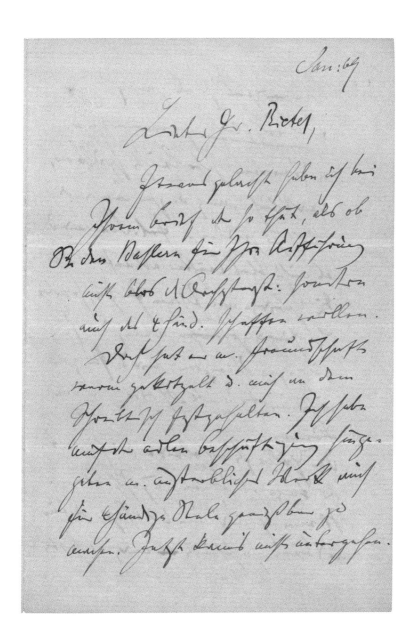

Abbildung 3 | Neuerwerbung des Brahms-Instituts, Juni 2012:
Johannes Brahms: Brief an den Verleger Rieter-Biedermann in Winterthur, Januar 1869, Seite 1 und 2
Brahms geht in diesem Schreiben auf den Wunsch des Verlegers ein, das *Deutsche Requiem* auch in einer Ausgabe für Klavier vierhändig zu arrangieren. Voller Ironie äußert er sich dabei über das Requiem; auch süffisante Anspielungen auf die klavierspielende ‚höhere Tochter' des Verlegers bleiben nicht aus:
„Ich habe / mich der edlen Beschäftigung hinge- / geben, mein unsterbliches Werk auch / für 4händige Seele genießbar zu / machen. Jetzt kann's nicht untergehen [S. 2]

241

Übrigens ist es ganz / vortrefflich geworden u. / außerdem sehr leicht spielbar, / wirklich ganz u. gar leicht u. / flott zu spielen. Frl. Ida wird / es nicht bloß leichter ablaufen als / die Gebirge mit Ihrem Papa, sondern / ihr Götzig Göttlicher nein, doch götziger Meister [Anspielung auf Hermann Goetz] wird sie gar nicht im Andante-Schritt halten können."

SAMMLUNG/DIGITALISIERUNG

Im Berichtszeitraum konnte die Sammlung des Instituts durch gezielte Erwerbungen, aber auch durch großzügige Schenkungen erweitert werden. Herausgehoben sei die Überlassung eines außergewöhnlich klangschön restaurierten Blüthner-Flügels aus dem Jahr 1856 (Fabrik-Nr. 1101) durch das Lübecker Ehepaar Margarete und Hartmut Gothe. ‚Eingeweiht' wurde das kostbare Instrument im Brahms-Institut im Herbst 2012 durch das renommierte Klavierduo Stenzl mit der vierhändigen Klavierfassung des *Deutschen Requiems*. Weitere Einzelheiten zu den Neuerwerbungen bietet die Aufstellung im Anhang.

Dem Ziel, die gesamte Sammlung in digitaler Form in hochwertiger Qualität der interessierten Öffentlichkeit zur Verfügung stellen zu können, ist das Institut einen weiteren großen Schritt näher gekommen. Weltweit einzigartig sind nun auch die Erst- und Frühdrucke der Werke Robert Schumanns über www.brahms-institut.de zugänglich – weitere 8.176 Einzelseiten. In Anwesenheit des Staatssekretärs Rolf Fischer wurde das Projekt am 8. November 2013 freigeschaltet. Das Brahms-Institut in Lübeck besitzt mit 128 Erst- und Frühdrucken über achtzig Prozent der Werke Schumanns (vgl. Abbildung 4). Mit einer Förderung des Landes Schleswig-Holstein, der Sparkassenstiftung Lübeck sowie unseres Fördervereins über insgesamt 56.000 € konnten die Ausgaben in einem zweijährigen Projekt digitalisiert und bibliothekarisch erschlossen werden. Das Schumann-Projekt zeigt nicht zuletzt die Bandbreite der Sammlung, die weit über Johannes Brahms hinausreicht. Die Digitalisierung erleichtert die Schumann-Forschung, gleichzeitig werden die kostbaren, bisweilen fragilen Originale geschont. Zu den Digitalisaten gehören auch diverse Exemplare mit eigenhändigen Widmungen von Schumann und handschriftlichen Besitzvermerken, unter anderem von Clara Schumann. Ein Großteil der Drucke stammt aus dem Nachlass des Brahms-Freundes Theodor Kirchner. Insgesamt hat das Land Schleswig-Holstein die Digitalisierung der Sammlung inzwischen mit 200.000 € gefördert.

NETZWERK BRAHMS

Das Brahms-Institut war auch im Berichtszeitraum vielfach vernetzt und unterhält enge Kontakte zur Brahms-Gesamtausgabe an der Christian-Albrechts-Universität in Kiel, zur Gesellschaft der Musikfreunde in Wien, zur American Brahms Society, zu Schweizer Institutionen in Zürich und Winterthur sowie zu den Brahms-Gesellschaften Schleswig-Holstein und

Hamburg und anderen Brahms-Gesellschaften. Auch die positive Zusammenarbeit mit etlichen Stiftungen ist hervorzuheben. So war am 5. Oktober 2012 der Freundeskreis der Kulturstiftung der Länder e. V. im Rahmen seines 13. Mitgliedertreffens zu Gast im Institut.

Zum Tagesgeschäft des Instituts gehört es, Anfragen zur Brahms-Forschung und zur Sammlung zu beantworten und auswärtige Projekte auf vielfältige Weise zu unterstützen. Neben der hervorragenden Zusammenarbeit mit der Brahms-Gesamtausgabe in Kiel seien hier stellvertretend für viele Einzelprojekte nur die Brahms-Monographie von Martin Geck (Rowohlt 2013), die zahlreiches Quellenmaterial unserer Sammlung verarbeitet, sowie das vom Institutsleiter beratene CD-Projekt mit chorsinfonischer Musik von Philippe Herreweghe erwähnt. Eigene CD-Booklet-Texte, Einführungen zu Brahms-Konzerten (z. B. im Wiener Konzerthaus) oder Sendungen zur Melancholie bzw. Einsamkeit bei Brahms (SWR 2) ergänzen die musikvermittelnde Arbeit.

Durch die enge Anbindung des Brahms-Instituts an die Musikhochschule Lübeck hat sich auch der fruchtbare Austausch von Forschung und künstlerischer Praxis weiter intensiviert. Das Brahms-Festival der Musikhochschule (MHL), das seit 1992 jedes Jahr zu den Höhepunkten im Veranstaltungskalender der Musikhochschule gehört, ist dafür ein überregional beachtetes Beispiel. Seit 2013 leitet der Institutsleiter nunmehr offiziell dieses Festival. Intensiviert wurde der Austausch mit der MHL auch durch Seminare wie etwa zum *Deutschen Requiem* – um die Studierenden an das Symposium und die Ausstellung heranzuführen. Zahlreiche Themenabende, Vortragskonzerte sowie die Veranstaltungsreihe „Musik im Museum" laden zudem in die Villa Eschenburg. Die moderierten Veranstaltungen mit Dozenten und herausragenden Studierenden der Musikhochschule spiegeln die enge Verbindung von Brahms-Institut und Musikhochschule, von Musikforschung und künstlerischer Praxis.

AUSSTELLUNGEN

◊ Präsentation Beethoven-Brief aus dem Nachlass Renate Wirth, 19. bis 29. Januar 2012.

◊ *„Ich will euch trösten ..."*. *Johannes Brahms – Ein deutsches Requiem, 27. Juli – 22. Dezember 2012.* Begleitendes Symposium: 28. Juli 2012, mit Prof. Dr. Otto Biba (Wien), Dr. Jan Brachmann (Berlin), Prof. Dr. Wolfgang Sandberger (Lübeck), Prof. Dr. Dr. Johannes Schilling (Kiel), Dr. Michael Struck (Kiel)

- *Fixstern Beethoven*, begleitend zum Brahms-Festival 2013, 14. April bis 18. Mai 2013
- Dauerausstellung *Johannes Brahms – Ikone der bürgerlichen Lebenswelt?*, ab 22. Mai 2013
- *Robert Schumann – Die Erst- und Frühdrucke*, 8. November – 14. Dezember 2013, im Rahmen der Reihe *Prisma Schumann. Erstdrucke – Ausstellung – Live-Malerei* am 8., 9. und 13. November 2013

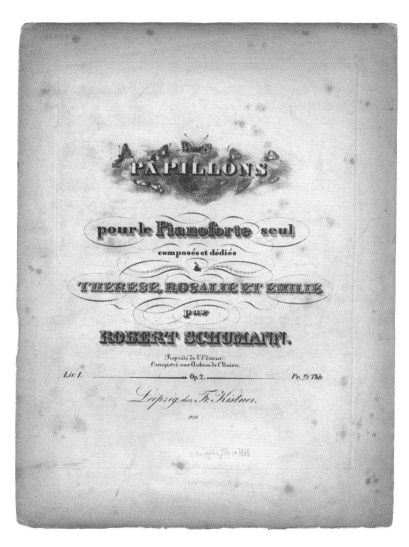

Abbildung 4 | Robert Schumann: *Papillons pour le pianoforte seul* op. 2
4. Ausgabe, Titelauflage, ca. 1860, Leipzig, Fr. Kistner,
Titelblatt: Lithographie mit Schmetterlingsvignette

Neuerwerbungen

- Johannes Brahms: 1 egh. Brief m. U. an Julius Otto Grimm, Hamburg, 9. November 1854, 4 S., Lothar Moehrke, Bad Kissingen, Oktober 2011.
- Johannes Brahms: 1 egh. Briefumschlag an Coelestine Truxa, Bad Ischl, 23. Juni 1895 [Poststempel], Lothar Moehrke, Bad Kissingen, Oktober 2011.
- Johannes Brahms: 1 egh. Briefumschlag an Marie Rückert, Ischl, September 1890 [Poststempel], Lothar Moehrke, Bad Kissingen, Oktober 2011.
- Clara Schumann: 1 egh. Brief m. U. An „Geehrter Herr", Leipzig, 27. Oktober 1870, 2 S., Lothar Moehrke, Bad Kissingen, Oktober 2011.
- Clara Schumann: 1 egh. Brief m. U. an Philippine Kaskel, Leipzig, o. O., o. D., 1 S., Lothar Moehrke, Bad Kissingen, Oktober 2011.
- Robert Schumann: *Quartett für Pianoforte, Violine, Viola und Violoncello* op. 47, Titelblatt des Erstdrucks mit egh. Widmung an Marie Berker, Dresden, 25. August 1845, 1 S., Lothar Moehrke, Bad Kissingen, Oktober 2011.
- Nachlass Renate Wirth mit Teilnachlässen von Julius Stockhausen und Emanuel Wirth, zentrales Stück: 1 egh. Brief Ludwig van Beethovens an Franz Anton Stockhausen, Paris, Juli 1823, 3 S. (November 2011).
- Johannes Brahms: 1 egh. Brief m. U. an Fritz Simrock, Bad Ischl, 2. Juni 1894, 3 S., Musikantiquariat Dr. Michael Raab, Müchen, Januar 2012.
- Johannes Brahms: 1 egh. Brief m. U. an Jakob Melchior Rieter-Biedermann, Wien, Januar 1869, 4 Seiten, Stargardt, Berlin, Juni 2012.
- *Liber amicorum* der Pianistin Hedwig Meyer (Adelheid Reichert, Würzburg, November 2012), beiliegend 1 egh. Korrespondenzkarte von Johannes Brahms an Franz Wüllner, Bad Ischl, 16. Juni 1889.
- Das Wiener Beethoven-Denkmal Caspar von Zumbuschs, Chromolitographie, 1894, Antiquariat Johannes Müller, Salzburg (März 2013).
- Albert Krüger: Radierung nach Max Klingers *Pietà*, um 1900 (März 2013).
- Originalfotografie Maria Anna Friederike von Preußen, Visitformat, ca. 1865, Harry Joelson, Winterthur (Mai 2013).
- Ludwig Michalek: Originallithografie *Richard Mühlfeld mit Klarinette*, Franz-Günter Winkler, Wien (Juni 2013).

BRAHMS-PUBLIKATIONEN:

Wolfgang Sandberger: „Bekenntnis zur Tradition? Zur 4. Sinfonie e-Moll op. 98 von Johannes Brahms", in: *Sinfonie als Bekenntnis. Zürcher Festspiel-Symposium 2010*, hrsg. von Laurenz Lütteken (= Zürcher Festspiel-Symposien, Bd. 3), Kassel 2011, S. 75–92.

Wolfgang Sandberger (Hg.): *„Ich will euch trösten ...". Johannes Brahms – Ein deutsches Requiem. Symposion – Ausstellung – Katalog* (Veröffentlichungen des Brahms-Instituts an der Musikhochschule Lübeck, Bd. 6), München 2012.

Wolfgang Sandberger: „Johannes Brahms im Komponistenhimmel: Zum Deckengemälde der Zürcher Tonhalle von 1895", in: *Imago Musicae* XXV 2012, Internationales Jahrbuch für Musikikonographie, Lucca 2012, S. 129–144.

Wolfgang Sandberger: Geleitwort zu *Brahms in der Meininger Tradition. Seine Sinfonien in der Bezeichnung von Fritz Steinbach.* Neuausgabe mit einem Vorwort von Michael Schwalb, Hildesheim 2013.

Wolfgang Sandberger: Kommentar zum Faksimile des *Wiegenliedes* op. 49, Nr. 4 von Johannes Brahms, Laaber 2013.

Wolfgang Sandberger: „Text – Paratext – Kontext. Zur Transaktion der Widmung bei Johannes Brahms", in: *Brahms am Werk*, Bericht über das Brahms-Symposium der Jahrestagung Kiel 2011, hg. von Siegfried Oechsle (Druck in Vorbereitung).

Die Autorinnen und Autoren der Beiträge

STYRA AVINS ist Past Adjunct Professor of Music History an der Drew University und als Cellistin und Musikwissenschaftlerin tätig. Die gebürtige New Yorkerin studierte Violoncello an der Juilliard School und der Manhattan School of Music, wo sie 1963 den Master ablegte. Ihre Forschungen zu Johannes Brahms konzentrieren sich vor allem auf Briefe und Quellen. Zu ihren Publikationen gehören *Johannes Brahms: Life and Letters* (Oxford U. Press, 1997) und Kapitel zu *Performing Brahms: Early Evidence of Performing Style* (Cambidge U. Press, 2003) sowie zu *Brahms and His World* (Princeton U. Press, 2009). Weiterhin schrieb sie den Brahms-Artikel in *The Oxford Companion to Music* (Oxford, 2002) und „The ‚Excellent People' of the Meiningen Court Orchestra", in *Spätephase(n)?: Johannes Brahms' Werke der 1880er und 1890er Jahre* (Henle Verlag, 2010) sowie Artikel in den *Brahms-Studien* und in *19th Century Music*. Sie ist Vorstandsmitglied der American Brahms Society.

JOHANNES BEHR, Dr. phil., KATRIN EICH, Dr. phil. und MICHAEL STRUCK, Dr. phil. sind Wissenschaftliche Mitarbeiter der Kieler Brahms-Forschungsstelle (Musikwissenschaftliches Institut der Christian-Albrechts-Universität zu Kiel). Als Mitglieder der Editionsleitung erarbeiten und redigieren sie die Bände der *Neuen Ausgabe sämtlicher Werke* von Johannes Brahms. Sie haben Publikationen zur Musik des 18.-20. Jahrhunderts sowie eigene Editionen von Werken verschiedener Komponisten vorgelegt.

KATRIN BOCK wurde 1984 in Bielefeld geboren. Von 2004 bis 2009 studierte sie Musikwissenschaft, Politikwissenschaft und Erziehungswissenschaft an der Universität Bremen und schloss ihr Studium mit einer Staatsexamensarbeit über Wagners *Rienzi* ab. Während der Recherchen zur ihrer Dissertation mit dem Titel *Die Philharmonische Gesellschaft Bremen zwischen bürgerlicher Identität und musikalischer Profession – Geschichte einer Konzertgesellschaft im 19. Jahrhundert* entdeckte sie gemeinsam mit ihrem Doktorvater Ulrich Tadday die Bremer Fassung des *Triumphliedes* von Johannes Brahms, an deren Edition und Erforschung sie seit 2013 beteiligt ist.

BEATRIX BORCHARD, Prof. Dr. phil. habil., studierte in Bonn und Berlin Musikwissenschaften, Germanistik und Geschichte und promovierte über *Clara Wieck und Robert Schumann, Bedingungen künstlerischer Arbeit in der 1. Hälfte des 19. Jahrhunderts* (1983, 2. Auflage Kassel 1992). 2000 habilitierte sie sich mit einer interpretationsgeschichtlichen Studie, die unter dem Titel *Stimme und Geige. Amalie und Joseph Joachim. Biographie und Interpretationsgeschichte* im Böhlau-Verlag Wien erschienen ist (2. Auflage 2007). Weitere wichtige Buchveröffentlichungen: *vgl. http://mugi.hfmt-hamburg.de/Borchard/*. Seit 2002 ist sie Professorin für Musikwissenschaften an der Hochschule für Musik und Theater Hamburg. Hier leitet sie ein von der DFG gefördertes Forschungsprojekt zum Thema *Orte und Wege europäischer Kulturvermittlung durch Musik*. Pauline Viardot – *Sängerin, Pianistin, Komponistin, Arrangeurin, Volksmusiksammlerin, Pädagogin und Veranstalterin* und die Forschungsplattform *Musik/Musikvermittlung und Gender*. Seit 2011 ist sie Mitherausgeberin der *Brahms-Studien*.

JAN BRACHMANN, Dr. phil., geboren in Greifswald, studierte an der Humboldt-Universität zu Berlin Musikwissenschaft, Philosophie und Kulturwissenschaft. Seine Magisterarbeit „*Ins Ungewisse hinauf …*" – *Johannes Brahms und Max Klinger im Zwiespalt von Kunst und Kommunikation* wurde 1999 beim Bärenreiter-Verlag publiziert. Seine Dissertation erschien 2003 unter dem Titel *Kunst – Religion – Krise: Der Fall Brahms* beim Bärenreiter-Verlag. 2000 und 2001 gehörte er zu den Gästen der Brahms-Gesellschaft Baden-Baden und weilte dort zu längeren Arbeitsaufenthalten im Brahmshaus. Für das Usedomer Musikfestival arbeitet er als Dramaturg. Er ist regelmäßiger Autor für die *Frankfurter Allgemeine Zeitung*.

CORD GARBEN, Studium Schulmusik, Klavier und Dirigieren in Hannover. Repetitor am Niedersächsischen Staatstheater. Liedbegleiter u.a. von Edith Mathis, Brigitte Fassbaender, Anne Sophie von Otter, Kurt Moll, Peter Schreier, Dietrich-Fischer-Dieskau. Zahlreiche Preise. Als Produzent und Director Vocal Productions bei der Deutschen Grammophon (7 Grammys). Dirigent u.a. von: NDR-Sinfonieorchester, NHK Symphony Orchestra Tokyo, Tokyo Philharmonic Orchestra, Sinfonietta Kopenhagen. Buchveröffentlichungen: *Die Liedzyklen Franz Schuberts, Arturo Benedetti Michelangeli* (Biographie). Er ist Präsident der Johannes-Brahms-Gesellschaft Hamburg.

NORS SIGURD JOSEPHSON, Prof. Dr. phil., geboren in Palo Alto/Kalifornien, promovierte in Historischer Musikwissenschaft an der University of California. 1975 erhielt er eine Professur für Musik an der California State University in Fullerton. Seit seiner Pensionierung 1992 lebt er in Deutschland (Deidesheim/Pfalz). Er gab im *Corpus Mensurabilis Musicae* drei Renaissance-Kirchenmusik-Ausgaben heraus und schrieb mehrere Aufsätze über die *Ars subtilior* des späten 14. Jahrhunderts. In den letzten Jahren wandte sich sein Interesse zunehmend den slawischen Komponisten des 19. und 20. Jahrhunderts zu: Smetana, Fibich, Dvořák und insbesondere Mussorgski und Janáček. Seine Vervollständigungen von Bruckners 9. Symphonie und Mussorgskis *Chowanschtschina* wurden im Carus Verlag und bei C. F. Peters veröffentlicht. Sein Buch *Eine archaisch-griechische Kultur auf der Osterinsel* erschien 1999 in Heidelberg sowie 2003 in Athen. Zu seinen Zeitschriften-Publikationen zählt ein Aufsatz über Skizzen und Entwürfe zu Sibelius' verlorener 8. Sinfonie im *Archiv für Musikwissenschaft* 2004 sowie über Janáčeks Streichquartett *Intime Briefe* im *Archiv für Musikwissenschaft* 2009.

NORBERT MEURS, Dr. phil., studierte Musikwissenschaft in Bonn und Berlin. Er promovierte über Brahms und die Rezeption seiner frühen Werke *(Neue Bahnen? Aspekte der Brahms-Rezeption 1853–1868)*. Zahlreiche Beiträge verfasste er für Zeitschriften, Rundfunkanstalten und Konzertveranstalter. Seit 1993 ist er Musikredakteur beim Süddeutschen Rundfunk bzw. Südwestrundfunk, seit 2003 in der SWR Landesmusikredaktion Mainz. Seine Schwerpunkte sind Musik des 19. Jahrhunderts, musikalische Interpretation und Konzertdramaturgie (u.a. für das Festival RheinVokal).

ROBERT PASCALL war Ordinarius für Musikwissenschaft an der Universität Nottingham 1988–1998 und an der Universität Bangor 1998–2005, ist jetzt emeritiert und wurde 2009 zum Honorary Professor of Music Philology an der Universität Cambridge sowie zum Honorary Member of the Royal Musical Association ernannt. 1944 in Colwyn Bay (Wales) geboren, studierte er an der Universität Oxford bei John Caldwell, Egon Wellesz und Sir Jack Westrup. Er promovierte 1973 über *Formal Principles in the Music of Brahms* und hat zahlreiche Beiträge über Musik von J. S. Bach bis Arnold Schönberg und Franz Schmidt verfasst, mit Schwerpunkt Brahms. Zudem ist er Stellvertretender Vorsitzender des Trägervereins sowie Mitglied des wissenschaftlichen Beirats der *Johannes Brahms Gesamtausgabe* und ediert hierfür die Symphonien. Er wurde zweimal als Präsident der Society for Music Analysis gewählt und ist Corresponding Director of the American Brahms Society. Neueste Veröffentlichungen: Johannes Brahms, *Neue Ausgabe Sämtlicher Werke. Serie IA, Band 3: Symphonie Nr. 4, Arrangements für ein und zwei Klaviere zu vier Händen*, hrsg. von Robert Pascall, München 2012; *Brahms Beyond Mastery: His Sarabande and Gavotte, and its Recompositions* (= Royal Musical Association Monographs 21), Farnham 2013.

ANDRÉ PODSCHUN, M.A., war von 1986 bis 1995 Mitglied des Dresdner Kreuzchores. Er studierte Musikwissenschaften, Neuere und Neueste Geschichte sowie Philosophie an der Humboldt-Universität zu Berlin. Von 2003 bis 2006 war er Dramaturg und Redakteur bei den Salzburger Festspielen, seit 2007 ist er als Dramaturg bei John Neumeiers Hamburg Ballett engagiert. Programmheftbeiträge schrieb er u.a. für die Salzburger Festspiele, das Lucerne Festival, das Konzerthaus Berlin und die Philharmoniker Hamburg. Weitere Publikationen entstanden zu Richard Strauss' *Daphne* und *Der Rosenkavalier* sowie Georg Friedrich Händels *Alexander's Feast*.

JÜRI REINVERE, M.A., 1971 in Estland geboren, ist Komponist und Dichter und lebt in Berlin. Er studierte an der Warschauer Chopin-Akademie und legte seinen Magister an der finnischen Sibelius-Akademie 2004 ab. Seine Kammermusik zeichnet sich durch Polystilistik aus, durch Verwendung seiner eigenen Poesie – meistens auf Englisch – und die Überschreitung von Genregrenzen. In den Jahren 2000 und 2006 wurde er beim UNESCO Rostrum-Wettbewerb ausgezeichnet. Im

September 2013 war er Gast der Brahms-Gesellschaft im Brahmshaus Baden-Baden. Seine erste Oper *Puhdistus* („Fegefeuer") erlebte 2012 an der Finnischen Nationaloper Helsinki ihre Uraufführung mit internationalem Erfolg. Gegenwärtig schreibt er an der Oper *Peer Gynt* nach Henrik Ibsen mit eigenem Libretto. Die Premiere findet 2014 in Oslo statt. www.reinvere.de.

JAN RITTERSTAEDT, M.A., geboren 1976 in Düsseldorf. Studium der Musikwissenschaft und Geschichte an der Universität zu Köln, anschließend Aufbaustudiengang Rundfunk-Musikjournalismus an der Staatlichen Hochschule für Musik Karlsruhe. Sein Diplom-Feature *Die wahre Art zu komponieren* wurde mit dem LfK-Landesmedienpreis Baden-Württemberg in der Kategorie „Radio/Hochschulen, Ausbildungseinrichtungen" ausgezeichnet. Als freier Autor arbeitet Jan Ritterstaedt regelmäßig für den WDR und NDR und gelegentlich für RBB und SWR. Alle zwei Jahre moderiert er das Festival *Utopie jetzt!* in Mülheim an der Ruhr.

WOLFGANG SANDBERGER, Prof. Dr. phil., geboren 1961, ist Professor für Musikwissenschaft und Leiter des Brahms-Instituts an der Musikhochschule Lübeck. Musikstudium (Violoncello) am Konservatorium Osnabrück/Musikhochschule Hannover (Diplom 1986). Studium der Musikwissenschaft, Philosophie und Geschichte in Münster und Hamburg (Magister artium). Promotion mit einer Arbeit über *Das Bach-Bild Philipp Spittas* (Preis der Joachim Jungius-Gesellschaft der Wissenschaften). Publikationen erschienen zur Musikgeschichte des 17. bis 21. Jahrhunderts. Forschungsgebiete sind neben Brahms und seinem Umfeld rezeptionshistorische und wissenschaftsgeschichtliche Themen. Sandberger arbeitet auch als Autor und Moderator für verschiedene ARD-Anstalten. Gremien: u.a. Stellvertretender Vorsitzender der Musikgeschichtlichen Kommission, Vorstandsmitglied der *Johannes Brahms Gesamtausgabe*, Programmatischer Berater der Göttinger Händelfestspiele. Stellvertretender Vorsitzender der Dieterich Buxtehude Gesellschaft. Zuletzt erschienen (neben Aufsätzen zur Musikfestkultur im 19. Jahrhundert, zur Brahms-Ikonographie oder zu Walter Braunfels): *„Ich will euch trösten...", Johannes Brahms – Ein deutsches Requiem. Symposion – Ausstellung – Katalog*, et+k: München 2012.

NIKLAS SCHMIDT ist Gründungsmitglied des durch internationale Konzerttätigkeit und preisgekrönte Schallplatteneinspielungen berühmten Trio Fontenay, dem er zwei Jahrzehnte als Cellist angehörte. Seit 1987 lehrt er als Professor für Violoncello und Kammermusik an der Hochschule für Musik und Theater in Hamburg. Neben Auftritten in den bedeutendsten internationalen Konzertsälen der Welt gibt er zudem regelmäßig Meisterkurse. Seine künstlerische Tätigkeit umfasst nicht nur Auftritte als Solist, sondern auch mit unterschiedlichen Kammermusik-Formationen (Auryn Quartett und Fine Arts Quartett) und namhaften Partnern wie u.a. Menahem Pressler, Nobuko Imai, Donald Weilerstein. Niklas Schmidt spielt auf einem Violoncello von Giovanni Battista Rogeri (Brescia) um 1700.

KERSTIN SCHÜSSLER-BACH, Dr. phil, studierte Musikwissenschaft, Germanistik und Geschichte an der Universität zu Köln und promovierte 1995 bei Dietrich Kämper (*Die Bühnenwerke Frank Martins*). Von 1990 bis 1997 war sie als Dramaturgin an der Oper Köln, von 1997 bis 2007 als Dramaturgin am Aalto-Theater Essen engagiert. Seit 2007 ist sie Leitende Dramaturgin der Hamburgischen Staatsoper und der Philharmoniker Hamburg. Sie ist Mitherausgeberin der *Brahms-Studien* im Auftrag der Johannes Brahms-Gesellschaft Hamburg. Zahlreiche Werkessays und Radiosendungen schrieb sie u. a. für den WDR, das Lucerne Festival und das Gürzenich-Orchester Köln, Booklettexte für EMI, cpo und SONY. Wissenschaftliche Beiträge veröffentlichte sie zu Brahms, Mahler, Wagner, Henze (in der Reihe *Große Komponisten und ihre Zeit*) sowie zur Kölner und Hamburger Operngeschichte. Im Studiengang Musiktheater-Regie hat sie an der Musikhochschule Hamburg einen Lehrauftrag für Operndramaturgie inne.

MARCUS STÄBLER, M.A., wurde 1970 in Hamburg geboren und hat in seiner Heimatstadt Musikwissenschaft und Philosophie studiert. Als freier Autor arbeitet er u. a. regelmäßig für den NDR, das *Hamburger Abendblatt*, die *Neue Zürcher Zeitung* und *FONO FORUM*. Als ebenso freier Ensemblesänger hat Marcus Stäbler unter Dirigenten wie Frieder Bernius, Sylvain Cambreling, Eric Ericson, Hermann Max, Hans-Christoph Rademann und Hans Zender musiziert und ist im Concertgebouw Amsterdam, dem Palau de la Musica Barcelona sowie dem Gewandhaus zu Leipzig aufgetreten. Seine sängerischen Aktivitäten sind auf zahlreichen CDs u. a. mit dem Chamber Choir of Europe, dem Kammerchor Stuttgart und der Rheinischen Kantorei dokumentiert.

THOMAS SYNOFZIK, Dr. phil., studierte nach kirchenmusikalischer Ausbildung an der Musikhochschule Dortmund Musikwissenschaft, Germanistik und Philosophie an der Kölner Universität sowie historische Tasteninstrumente an den Musikhochschulen in Köln und Brüssel. 1998–2005 lehrte er als Dozent an Hochschulen in Dortmund, Essen, Köln, Detmold und Trossingen. Buch- und Notenpublikationen sowie Forschungsbeiträge galten dem Schumann-Brahms-Kreis, der Musik des frühen 17. Jahrhunderts, der Instrumentenkunde, der Interpretationsgeschichte des 20. Jahrhunderts und dem Umfeld J. S. Bachs. Seit 2005 ist er Direktor des Robert-Schumann-Hauses in Zwickau. Für das Hörbuch *Von Schumann kann ich nicht lassen. Die letzte Nacht des Friedrich Wieck* spielte er 2010 auf dem Wilhelm-Wieck-Flügel des Robert-Schumann-Hauses die Musik ein. 2012 war er „Artist in Residence" für Meisterkurse und Konzerte in Cleveland. Buchpublikationen u.a.: *Heinrich Heine – Robert Schumann. Musik und Ironie*, Köln 2006, ²2010; *Aus den Fotoalben Clara Schumanns* (zusammen mit Jochen Voigt), Chemnitz 2006; *Schumann-Studien* Bd. 10 (Tagungsbericht *Instrumente der Schumann-Zeit*), Sinzig 2010; *Schumann-Briefedition* (mit Michael Heinemann, 14 Bände seit 2008).

ULRICH TADDAY, Prof. Dr. phil., studierte an den Universitäten Bochum und Dortmund Musikwissenschaft und -pädagogik, Philosophie und Germanistik. 1992 wurde er mit einer Dissertation über die Anfänge des Musikfeuilletons promoviert, 1998 habilitierte er sich mit einer diskursgeschichtlichen Arbeit über die Ästhetik, Kritik und Geschichte der romantischen Musikanschauung. 2002 nahm er einen Ruf als Professor für historische Musikwissenschaft an die Universität Bremen an. Seit 2004 ist er Herausgeber der Musik-Konzepte. Seine Forschungsschwerpunkte liegen in der Musikgeschichte und -ästhetik vom Beginn des 18. Jahrhunderts bis in die jüngste Zeit.

CHRISTOPH VRATZ, Dr. phil., geboren 1972 in Mönchengladbach. Studium der Germanistik, Romanistik und Erziehungswissenschaften in Wuppertal und Paris. Promotion über die sprachliche Vermittlung von Musik. Seit 1999 freiberuflich tätig und inzwischen nach Köln übergesiedelt. Mitarbeit u.a. bei *Rheinische Post*, *FONO FORUM* und *Opernwelt*. Zahlreiche Features, Sendungen und Beiträge für verschiedene Rundfunkanstalten, darunter WDR, SWR, BR und DLF. Mitarbeit an verschiedenen Buchprojekten, Autor von Programmheften für Konzerthäuser in Deutschland und Luxemburg, Moderator von Musikhör-Abenden mit Schriftstellern, Musikern u.a. Seit 2003 Jurymitglied im „Preis der Deutschen Schallplattenkritik".

ANDREAS ZURBRIGGEN, geboren 1986 in Saas-Fee (Schweiz), schloss 2009 ein Kompositionsstudium bei Daniel Glaus an der Hochschule der Künste Bern ab und studiert nun Musikwissenschaft, Geschichte und Kunstgeschichte an der Universität Bern. Seit 2012 schreibt er als freier Musikjournalist für verschiedene Schweizer Tageszeitungen.